BIBLIOTHÈQUE CONTEMPORAINE
2ᵉ Série

MÉRY

LES NUITS ANGLAISES

CONTES NOCTURNES

PARIS
MICHEL LÉVY FRÈRES, LIBRAIRES-ÉDITEURS
RUE VIVIENNE, 2 BIS
1853

LES NUITS

ANGLAISES

Chez les mêmes Éditeurs.
BIBLIOTHÈQUE CONTEMPORAINE
Format in-18 Anglais.

1re Série à 2 francs le volume.

		vol.
ALEX. DUMAS.	Le Vicomte de Bragelonne.	6
—	Mém. d'un Médecin (Balsamo)	5
—	Les Quarante-Cinq	3
—	Le Comte de Monte-Cristo..	6
—	Le Capitaine Paul	1
—	Le Chev. d'Harmental	2
—	Les Trois Mousquetaires...	2
—	Vingt ans après	3
—	La Reine Margot	2
—	La Dame de Monsoreau	3
—	Jacques Ortis	1
—	Le Chev. de Maison-Rouge.	1
—	Georges	1
—	Fernande	1
—	Pauline et Pascal Bruno	1
—	Souvenirs d'Antony	1
—	Sylvandire	1
—	Le Maître d'Armes	1
—	Une Fille du Régent	1
—	La Guerre des Femmes	2
—	Isabel de Bavière	2
—	Amaury	1
—	Cécile	1
—	Les Frères Corses	1
—	Impressions de Voyage :	
—	— Suisse	3
—	— Le Corricolo	2
—	— Midi de la France	1
GEORGE SAND.	La Petite Fadette	1
E. de GIRARDIN.	Études politiques	1
—	Quest. administ. et financières	1
—	Le Pour et le Contre	1
—	Bon Sens, bonne Foi	1
—	Droit au travail au Luxemb. et à l'Assemblée Nationale	2
EM. SOUVESTRE.	Un Philosophe sous les toits.	1
—	Confessions d'un ouvrier	1
—	Derniers Paysans	2
—	Chroniques de la mer	1
—	Scènes de la Chouannerie	1
—	Dans la Prairie	1
—	Les Clairières	1
—	Scènes de la vie intime	1
—	Derniers Bretons (s. presse)	2
—	Le Foyer breton (s. presse)	2
—	Sous les filets (»)	1
—	En Quarantaine (»)	1
—	Contes et Récits (»)	1
—	Nouvelles et Romans (»)	1
PAUL FÉVAL.	Le Fils du diable	4
—	Les Mystères de Londres	3
—	Les Amours de Paris	2
L. VITET.	Les États d'Orléans	1
BAB.-LARIBIÈRE.	Histoire de l'Assemblée Nationale constituante	2
ALBERT AUBERT.	Illusions de jeunesse	1
F. LAMENNAIS.	De la Société première	1
GAB. RICHARD.	Voy. autour de ma maîtresse.	1
JULES SANDEAU.	Catherine	1
—	Nouvelles	1
—	Sacs et Parchemins	2
—	Un Héritage	1
—	Romans et Nouvelles (sous presse)	1
ALPHONSE KARR.	Raoul Desloges	2
EUGÈNE SUE.	Les Sept Péchés capitaux.	5

		vol.
LOUIS REYBAUD.	Jérôme Paturot à la recherche de la meilleure des Républiques	4

2e Série à 3 francs le volume.

		vol.
LAMARTINE.	Trois mois au pouvoir	1
PR. MÉRIMÉE.	Nouvelles (3e édit.)	1
—	Episode de l'Hist. de Russie.	1
—	Mélanges historiques et littéraires (sous presse)	1
—	Les 2 Héritages (sous presse)	1
JOHN LEMOINNE.	Etudes critiq. et biographiq.	1
GUST. PLANCHE.	Portraits d'artistes	2
PONSARD.	Théâtre complet	1
—	Etudes antiques	1
EMILE AUGIER.	Poésies complètes	1
JULES JANIN.	Contes d'été (sous presse)	1
—	Hist. de la Littérature dramatique	2
LOUIS REYBAUD.	Jérôme Paturot à la recherche d'une position sociale.	
—	Romans	1
—	Nouvelles	1
—	La Comt. de Mauléon (s. pres.)	1
—	La Vie à rebours (s. presse)	1
Mme E. de GIRARDIN.	Marguerite ou 2 Amours (sous presse)	1
ALPHONSE KARR.	Agathe et Cécile (s. presse)	1
—	Au bord de la mer (»)	1
MÉRY.	Nuits italiennes	1
—	Nuits anglaises	1
DE PONTMARTIN	Contes et Nouvelles	1
LÉON GOZLAN.	Hist. de 130 femmes	1
—	Les Vendanges	1
—	Nouvelles (sous presse)	1
OCT. FEUILLET.	Scènes et Proverbes	1
—	Bellah	1
E. TEXIER.	Critiques et Récits littéraires (sous presse)	1
—	Promenade au Toboso (»)	1
D'HAUSSONVILLE	Histoire de la politique extérieure du gouvernement français, 1830-1848	2
EUG. FORCADE.	Etudes historiques (s. presse)	1
HENRY MURGER.	Scènes de la vie de Bohême.	1
—	Scènes de la Vie de jeunesse	1
—	Le Pays latin	1
—	Scènes de la Vie de Théâtre (sous presse)	1
CUVILLIER-FLEURY.	Portraits politiques et révolutionnaires. (2e édit)	2
—	Portraits historiques et littéraires (sous presse)	2
ALEX. DUMAS FILS.	La Dame aux Camélias (5e édition)	1
—	Contes et Nouvelles	1
HECT. BERLIOZ.	Les Soirées de l'orchestre	1
L.-P. d'ORLÉANS Mon Journal. Evénements ex-roi des Franç. de 1815		2
F. DE GROSEILLIEZ.	Hist. de la Chute de Louis-Philippe (2e édition)	1
CHAMPFLEURY.	Contes vieux et nouveaux	1
—	Les Excentriques	1
HENRI BLAZE.	Ecrivains et Poëtes de l'Allemagne	1
EMILE THOMAS.	Hist. des Atel. nationaux	1

Paris. — Imp. de Mme Ve Dondey-Dupré, rue Saint-Louis, 46, au Marais.

LES

NUITS ANGLAISES

CONTES NOCTURNES

PAR

MÉRY

PARIS

MICHEL LÉVY FRÈRES, LIBRAIRES-ÉDITEURS

RUE VIVIENNE, 2 BIS.

1853

Vu les traités internationaux relatifs à la propriété littéraire, l'Auteur et les Editeurs de cet ouvrage se réservent le droit de le traduire ou de le faire traduire en toutes les langues; ils poursuivront toutes contrefaçons ou toutes traductions faites au mépris de leurs droits.

LE CHATEAU D'UDOLPHE.

LE CHATEAU D'UDOLPHE.

Anne Radcliffe avait une sombre imagination : elle n'a pas inventé les fantômes, mais elle les a perfectionnés ; le nombre des êtres mystérieux que cette femme féconde a mis au jour est incalculable. Les romanciers prennent ordinairement leurs héros dans le monde réel, Anne Radcliffe a exhumé les siens du monde imaginaire. Tout personnage convaincu d'exister était naturellement exclu de ses domaines : aussi, pour se livrer en conscience à l'étude du genre qu'elle exploitait, elle s'était retirée à l'écart, et se faisait une vie conforme à sa vocation d'auteur infernal. Rien de terrible comme un souterrain creusé par les mains d'Anne

Radcliffe. Les châteaux qu'elle a bâtis sont inhabitables et inhabités, car il s'y passe d'effrayantes choses, à minuit, heure officielle des fantômes, heure qu'on n'entend jamais tinter au beffroi sans éprouver douze battements au cœur. Hélas! le siècle a changé : on ne croit plus à rien aujourd'hui. Les spectres sont destitués ; la mythologie d'Anne Radcliffe est tombée dans le néant. Nous sommes tous des esprits forts; nous dînerions avec le spectre de Banco, s'il nous donnait à dîner. Minuit n'est plus pour nous une heure formidable ; c'est le midi de la nuit.

John Lewing ne pensait pas ainsi; c'était un esprit faible. Fils d'un honorable baronnet du Devonshire, il avait hérité d'une immense fortune, à l'âge heureux où l'homme en estime le prix, parce qu'il peut l'échanger en détail contre des jouissances. Mais John Lewing ne se souvenait de sa richesse qu'à de rares intervalles, et ne l'appelait à son aide que pour satisfaire la plus fantastique des passions. Il s'était prouvé qu'il avait vu deux revenants, et un certain nombre de spectres; il avait divisé les apparitions en catégories : il aimait assez les lutins, il plaisantait avec les aspioles, il souriait aux farfadets, il causait même familièrement avec les fantômes, mais il ne pouvait pas souffrir les spectres, et surtout les revenants. Cependant, il ne les craignait pas; il ne négligeait aucune occasion de rencontrer sur son passage une compagnie de spectres enchaînés, et d'entrer en relation de bon voisinage avec eux. Il avait habité dans le Devonshire, plusieurs châteaux, dont la réputation était tarée. Il avait pris à bail quatre de ces châteaux, et toutes les nuits, il changeait de chambre, comme Denis le Tyran, non pour éviter une apparition, mais pour la rencontrer, en supposant qu'un spectre affectionnât plus particulièrement une chambre qu'une autre. Eh bien! avec toute cette verve de curiosité nocturne, il n'était parvenu qu'à voir deux revenants, et encore avait-il des moments de doute lorsqu'il y refléchissait.

La bibliothèque de John Lewing ne se composait que des romans d'Anne Radcliffe : ils étaient reliés en peau de goule, disait-il, et noircis sur tranche, avec des os en sautoir. Les rayons étaient en bois de cyprès. Son livre de prédilection ne pouvait manquer de se nommer les *Mystères du château d'Udolphe*. Quel roman! c'est le beau idéal de la laideur souterraine; comme ils sont gais, auprès de celui-là, tous les tristes ouvrages du même auteur! Jamais Anne Radcliffe n'a fait plus de dépenses de frayeur que dans *Udolphe*. Chaque page semble tourner avec un accompagnement de ferrailles : chaque ligne est sablée avec de la poudre de tombe; chaque lettre est un œil éteint qui regarde le lecteur. Un homme nerveux ne peut dormir dans une chambre habitée par ces quatre volumes sulfureux; il est obligé de les exiler, dans l'intérêt de son sommeil.

Anne Radcliffe a fait l'exacte topographie des montagnes sur lesquelles planait le château d'Udolphe; elle a mis une conscience louable à dépeindre les localités avec les plus minutieux détails; bien différente en cela de tant de romanciers qui ne respectent point le lecteur, et bâtissent des châteaux imaginaires dans des pays qui n'existent pas. Anne Radcliffe a si bien cadastré le domaine d'Udolphe avec ses appartenances et dépendances, que, avec la première carte des Apennins qui lui tombe sous les yeux, le moins géographe des hommes met le doigt sur le point, et dit, comme le héros du roman : *Voilà Udolphe !!!*

John Lewing dessina un jour, sur la poussière d'Hyde-Park, le sombre manoir de Montoni, la montagne qui le porte à regret et le bois de sapins qui s'incline de honte d'avoir couvert tant de crimes. Puis il prit des lettres de crédit sur son banquier de Florence, et s'embarqua à Brighton pour Livourne, avec un exemplaire du roman d'Udolphe et quelques foulards pour tout bagage ; il avait fait un itinéraire sur son album, qui l'aurait conduit à Udolphe les yeux fermés.

John Lewing arriva en Toscane le 4 juin 1832 ; il ne s'arrêta à Livourne que pour prendre du thé à la *locanda* du *Quercia reale*. En six heures, sa chaise de poste l'avait déposé à Florence, chez Schneider.

A table d'hôte, il y avait un Allemand octogénaire qui était venu de Munich pour mourir à Rome devant un tableau de Cornélius; un Anglais qui était amoureux de la Vénus de Médicis, et l'avait demandée en mariage au grand-duc; et trois jeunes Français qui faisaient de l'art et portaient de longs cheveux. Au dessert on parla : chacun exposa ses principes. John Lewing n'avait d'autres principes que ses théories sur les revenants : il les exposa avec beaucoup de gravité ; les convives furent ébahis. La carte des Apennins se déroula sur la table ; on demanda des épingles au garçon; John Lewing se promena sur les crêtes boisées, traversa les lacs, franchit les torrents, pénétra hardiment sous les voûtes sombres du château d'Udolphe, fit habiller ses convives en spectres, avec des serviettes, et fut saisi d'une attaque de nerfs. Les trois Français qui faisaient de l'art accompagnèrent John Lewing à sa chambre à coucher, et lui présentèrent d'une voix sépulcrale une infusion de tilleul. John Lewing, pour récompenser cette générosité française, développa tous ses plans et pria les jeunes Français de vouloir bien l'accompagner à Udolphe. Les Français s'excusèrent civilement, en disant qu'ils étaient forcés de rester à Florence, pour remettre en lumière une fresque effacée de Memmo Gaddi.

John Lewing leur dit :

« Eh bien ! puisque vous ne voulez pas me suivre, je partirai seul. »

A minuit, on se sépara.

Deux jours après, John Lewing demande des chevaux, et court en poste sur la route de Sienne jusqu'à ce village, composé de deux maisons, qui se nomme misérablement Torrinieri. Là, notre Anglais fit seller un cheval, suspendit le roman au cou de la bête, et s'éloigna de la grand'route, pour marcher directement sur le château mystérieux. Entre Polderina et Riccorsi, la chaîne des Apennins s'allonge avec des contorsions effrayantes ; il y a des groupes de montagnes qui semblent s'être associées pour soutenir le ciel. Avant de descendre dans la profonde route qui tombe d'aplomb sur les chaumières de Riccorsi, on aperçoit à droite des amoncellements fantastiques de terrain, des collines rouges, des rochers sillonnés de rides, des montagnes qui ressemblent à des dômes de cathédrales ; tout ce paysage est d'une tristesse qui ne peut jamais parvenir à s'égayer au soleil italien. Lewing prit sa carte, la déroula sur le cou de son cheval, et établit ses positions. Udolphe n'est pas loin d'ici, dit-il ; voilà une véritable campagne de revenants. Il se mit à chevaucher çà et là, toisant les montagnes du sommet à la base, et s'arrêtant par intervalles pour lire un chapitre du roman.

Au milieu de ces perplexités, il avisa un pâtre mélancolique assis sur un tertre de gazon, une houlette à la main et gardé par un chien. Il galope vers le pâtre, et lui demande dans une langue qui avait toutes les peines du monde à se faire italienne, s'il était bien éloigné du château d'Udolphe.

Le pâtre était enveloppé, de la tête aux pieds, d'un vieux manteau rouge, et ne laissait entrevoir que ses yeux et la moitié de son front, car la brise fraîchissait sur les Apennins. Il souleva lentement sa tête, regarda l'Anglais, et lui fit signe qu'il ne comprenait pas.

John Lewing à son tour regarda fixement le pâtre, et un rapide frisson le secoua vivement. C'était effrayant en effet, un pâtre sans troupeau, un manteau rouge et un chien noir. On aurait cru voir un post-scriptum du roman de Radcliffe, oublié dans ce désert. Cependant l'héroïque Anglais imposa silence aux battements de son cœur ; et, appelant à son secours tous les lambeaux de la grammaire de Veneroni que sa mémoire tenait à sa disposition, il engagea le colloque suivant :

« Êtes-vous de ce pays, ô berger ?

— Oui, excellence, répondit le pâtre avec un accent de bucolique, je suis natif de Polderina.

— Me permettez-vous de vous demander des nouvelles de votre troupeau ?

— Eh! mon troupeau m'a abandonné à mon malheureux sort ; mon chien seul m'est resté fidèle.

— Quelle est votre profession aujourd'hui ?

— Pâtre, toujours pâtre. Le seigneur Montoni m'a promis de me monter un troupeau ; j'attends.

— Le seigneur Montoni! dites-vous? Il y a un seigneur Montoni dans cet endroit ?

— Oui, excellence ; vous le connaissez ?

— Si je le connais ! lui, non ; mais son aïeul.... Dites-moi, habite-t-il toujours le château d'Udolphe ?

— Il habite cette chaumière que vous voyez là-bas, là-bas, à deux lieues d'ici. On l'appelle toujours le seigneur Montoni, mais il est aussi pauvre que moi.

— Le scélérat!... Je parle de l'aïeul ; et que fait-il ce Montoni, le petit fils ?

— Il arrête les voyageurs et les dévalise ; au fond, c'est un honnête homme.

— Vraiment! il a donc été exproprié du château de ses aïeux ?

— Oui! le château tombe en ruines.

— En ruines, ce merveilleux château ! Est-il bien loin d'ici?

— Le seigneur Montoni?

— Non, le château.

— On peut le voir de la place où vous êtes... Tenez, montez sur ce petit rocher, et regardez entre ces deux chênes qui se penchent.... Vous voyez quelque chose de noir, n'est-ce pas ?

1.

— De très-noir, oui.

— C'est la dernière tourelle qui reste à Udolphe...

— Ah! il y avait tant de tourelles!... Pourriez-vous m'accompagner jusque-là ?

— Avec plaisir, excellence ; depuis que je n'ai plus de troupeaux, je ne demande que des occasions de me distraire : voilà la placé où je le menais paître tous les jours. Ah !

— Pauvre garçon ! Tenez, voilà vingt guinées pour vous consoler.

— De l'or ! de l'or ! Non, non, gardez vos dons, généreux étranger ; vos guinées m'ôteraient le bonheur dont je jouis.

— Et de quel bonheur jouissez-vous, dans votre infortune ?

— Je cultive la vertu.

— Très-bien ! Après ?

— Voilà tout.

— De quoi vivez-vous ici ?

— Je vis au hasard ; un air pur m'environne, le soleil me chauffe de ses rayons. »

Le pâtre et l'Anglais cheminaient en causant ainsi. Voilà, dit en lui-même John Lewing, voilà le pâtre le plus original que j'aie vu de ma vie ; Dieu me damne, si je comprends cette existence-là ! Après une courte pause, le colloque recommença.

« Monsieur le pâtre, dit l'Anglais, auriez-vous entendu parler, par tradition, des mystères du château d'Udolphe ? »

A cette interrogation, le pâtre s'arrêta brusquement et manifesta une vive émotion ; son corps parut frissonner sous le manteau rouge ; il regarda l'Anglais du fond de ses yeux vitrés par l'effroi. Le chien noir hurla rauquement. John Lewing fit trente conjectures à la minute, et resta muet sur son cheval de poste. Le vent sifflait dans les rameaux secs d'un vieux figuier stérile qui avait l'air de vouloir se mêler à la conversation.

Le pâtre hocha la tête, avec des mouvements solennels et mélancoliques, et John Lewing, s'apercevant qu'il allait enfin parler, descendit de cheval pour l'écouter de plus près.

« Seigneur, dit le pâtre, vous me faites là une demande terrible, et qui rouvre de vieilles blessures ; rétractez-vous votre demande, ou persistez-vous ?

— Je persiste, dit l'Anglais.

— Voulez-vous savoir qui je suis ?

— Oui.

— Je suis le petit-fils d'Annette et de Ludovico.

— Grand Dieu ! le petit-fils de ces deux honnêtes....

— Oui, seigneur, lui-même... regardez ce figuier.

— Je le regarde.

— C'est à l'ombre de ce figuier que ce sont reposés mon aïeul, mon aïeule, et la jeune et belle Émilie, et M. Dupont, lorsqu'ils s'échappèrent du château d'Udolphe.

— Ils se sont reposés là !.... Permettez que je coupe une branche de l'arbre vénérable qui a ombragé tant de vertus. Continuez, fils de Ludovico.

— Savez-vous le nom du village que vous venez de traverser ?

— Polderina, je crois.

— Justement. Eh bien ! c'est là qu'Émilie acheta un

chapeau de paille d'Italie, dont elle avait grand besoin pour son voyage à Livourne.

— Oui, oui ; ce chapeau de paille.... Tome III, page 247, édition d'Édimbourg.

— Avançons toujours, vous n'êtes pas au bout. Voyez-vous ces bruyères qui s'agitent comme des chevelures dans une cuve pleine de damnés, et chauffée à soixante degrés Réaumur ?

— Oui, ô le plus poétique des pâtres !

— C'est là qu'eut lieu la disparition de la signora Laurentina.

— Ombre chère ! elle plane peut-être....

— Elle plane, n'en doutez pas. Aussi ces bruyères s'agitent toujours, même en l'absence du vent.

— Permettez que je coupe un rameau de ces bruyères.

— Nous sommes en ce moment dans le chemin creux où passaient les *condottieri*, quand ils se rendaient de Venise à Udolphe.

— Je ramasse un caillou de ce chemin creux.

— Voici une petite prairie qui fut baignée par les larmes de Valancourt.

— Je cueille un brin d'herbe pour ma collection.

— Et voici..... non, pour me servir de l'expression consacrée, *voilà, voilà Udolphe !*

— Ah mon Dieu !.... tenez un instant la bride de mon cheval, je veux me prosterner.... Comment, voilà donc ce magnifique château ! est-il perché !... Mais, dites-moi, je ne vois pas la forêt de sapins.

— Incendiée, incendiée !....

— Incendiée !

— Par la malveillance. Maintenant, prenons haleine et gravissons ce rude sentier.

— Oh ! je reconnais ce sentier,.... et Valancourt aussi le connaissait ce sentier ! Infortuné jeune homme !.... O jeune pâtre, comment pourrais-je reconnaître le service que vous me rendez ; oh ! je vous serais le plus reconnaissant des hommes, si vous acceptiez un troupeau de ma main.

— Pas une brebis. Je n'ai besoin de rien : ma pauvreté me suffit.

— Ce désintéressement fera mon désespoir. Dites-moi, s'il vous plaît, comment vivez-vous avec le petit-fils de Montoni ?

— Le temps et le malheur adoucissent singulièrement les haines ; je suis intimement lié avec le petit-fils du persécuteur de mon aïeul Ludovico.

— Cela me touche aux larmes et me réconcilie avec le nom de Montoni : le petit-fils ne persécute plus personne ?

— Eh mon Dieu ! qui voulez-vous qu'il persécute ? Il serait bien tenté quelquefois de commettre quelques cruautés par désœuvrement, mais il n'a pas un écu ; il faut être riche pour être cruel impunément. Sénèque l'a dit : *Da posse quantùm volunt.*

— Ciel ! vous avez lu Sénèque ? vous parlez latin ? Oh ! ces montagnes ne méritent pas de vous posséder ! quel troupeau ne se glorifierait pas de vous avoir à sa tête ! Venez à Londres avec moi, Monsieur ; venez, je vous donnerai un de mes vieux châteaux.

— Ah! pourrais-je vivre loin de ces lieux, témoins des malheurs de ma famille et de mes malheurs personnels! Quelle douceur trouverais-je qui valût la calamité qui m'accable à l'ombre de ces figuiers?

En conversant ainsi, ils arrivèrent sur le plateau de la montagne. Un singulier spectacle ôta la parole à l'Anglais.

Des ruines étaient amoncelées dans un fossé large et profond qu'elles avaient comblé. La moitié d'un château était encore vigoureusement debout; une tour bien conservée s'élevait comme la tige d'un aloès, d'un grand bouquet de chênes, et assistait, comme un soldat vivant, à la dévastation d'un champ de bataille. Le pont-levis était ironiquement levé devant une muraille absente; et, sur un fossé sans eau, des pins chétifs avaient envahi la grande galerie, et semblaient s'y promener sur deux rangs, comme des nains mystérieux. Un escalier gigantesque montait vers des appartements supérieurs qui n'existaient plus. Le vent des Apennins avait ensemencé toutes ces ruines, et les avait couvertes de cette végétation puissante et capricieuse que l'art n'imitera jamais.

John Lewing reconnut parfaitement les localités. Il fit le devis du château et nota du doigt, dans l'espace vide, les salles écroulées où se passèrent tant de scènes inouïes. Il se désigna, avec une grande sagacité, les parcelles d'air où était suspendue la chambre funèbre du tableau de cire; il se montra dans le vide le néant où fut cloué ce tableau, et il frémit. Il se promena dans le corridor absent qui avait entendu tant de plaintes nocturnes, et il se recueillit pour saisir encore un écho de ces plaintes. Le pâtre le suivait partout avec son chien noir.

Ils arrivèrent au pied de la tour ; la porte était défendue par des buissons hérissés comme des chevaux de frise. John Lewing se fraie un passage à travers ces épines, en y laissant en ôtage les lambeaux de ses vêtements. L'escalier était vermoulu et sombrement éclairé par des lucarnes pratiquées dans l'épaisseur du mur. Au premier étage, l'Anglais entra dans une chambre qu'il reconnut du premier coup : c'était la chambre d'Émilie ; l'ameublement se composait d'un bois de lit et d'un matelas en putréfaction. John Lewing baisa ce lit. « O Valancourt ! » s'écria-t-il ; et il pleura. Il vit aussi distinctement sur le mur le chiffre VE en caractères de sang.

« La nuit approche, dit le pâtre avec sa voix mélancolique.

— Eh ! que m'importe ! c'est la nuit que j'attends, que j'implore, dit l'Anglais. Quand finira-t-il ce jour odieux ! je déteste le soleil.

— Mais songez, seigneur, que nous ne pourrons pas regagner Torrinieri ou Polderina dans l'obscurité.

— Ça m'est bien égal ; je couche ici. »

Le pâtre recula d'horreur.

« Vous couchez ici !...

— Certainement ! là, dans ce lit... le lit d'Émilie ! ô Valancourt !

— Et où souperez-vous ?

— Je ne soupe jamais. J'irai déjeuner demain à Torrinieri ; faites-moi le plaisir de mettre mon cheval au vert dans les ruines ; il boira la rosée de la nuit. Vous n'avez pas la fantaisie de passer la nuit avec moi, vous ?

— Dieu m'en garde !

— Mettez-vous à votre aise ; mais ne manquez pas de vous trouver demain à Torriniéri, à l'auberge de... à l'auberge enfin, il n'y en a qu'une. Adieu, vous que j'ose appeler mon ami. »

Le pâtre et Lewing se serrèrent cordialement la main, L'Anglais resta seul, dans la chambre d'Émilie ; le pâtre et son chien disparurent bientôt dans le chemin creux.

La nuit tomba sur les vastes ruines et les couvrit d'une ombre transparente qui les faisait saillir dans un relief effrayant. Chaque masse de granit emprunta une physionomie étrange à cette clarté livide qui tombe d'un ciel étoilé, mais nuageux. La verdure des pins, des figuiers sauvages, des noyers, des hautes herbes, se fit noire comme un crêpe de deuil ; c'était comme un cimetière hérissé de tombeaux dévastés, dont les épitaphes avaient disparu sous un voile de mousse, de saxifrage et de lichen.

John Lewing contempla longtemps, à travers des larmes de joie, ce spectacle ravissant pour lui. « Comme il est doux de passer ici ses soirées, disait-il, lorsque l'âge a bronzé notre épiderme et nous a ravi nos émotions ! Cela ne vaut-il pas mieux, dites-moi, que de faire le wist dans un club illuminé au gaz ? Mais à quoi pensent donc les hommes qui s'ensevelissent dans une salle étroite, pour échanger entre eux ces paroles nauséabondes qu'ils appellent les charmes de la conversation ? Les mortels sont vraiment fous ! Oh ! comme la vie est forte au milieu de ces ruines ! Quel soleil vaut cette nuit ? O Anne Radcliffe, grand homme ! pourquoi n'as-tu pas de tombe d'honneur à Westminster ? Je t'en promets une en marbre noir. »

Ce vœu fait, John Lewing se jeta tout habillé sur le lit d'Émilie, non dans l'intention vulgaire de dormir, mais pour penser, dans un saint recueillement.

Il pensait depuis quelques heures, lorsqu'il entendit distinctement sonner un coup d'horloge, puis deux, trois, jusqu'à douze ! minuit !

Il se leva sur son séant et dit : « Voilà qui est bien singulier ! ce n'est point un rêve ; j'ai compté les coups, et la vibration roule encore dans la tour. Il y a donc un beffroi ici ?..... Je donnerais cent guinées pour l'entendre une seconde fois. »

Le beffroi répéta minuit.

« Très-bien ! dit Lewing ; je voudrais savoir quel est l'horloger qui règle cette horloge. » Et il se mit à rire aux éclats, pour faire honneur à sa plaisanterie.

Ce rire fut brusquement suspendu par des sons mélodieux qui semblaient monter du pied de la tour.

« C'est la harpe de Laurentia ! s'écria Lewing, je la reconnais. » Et il courut à la croisée pour entendre et voir. Le prélude de l'instrument annonçait une romance ; une voix chantait :

> O toi qui sus toucher mon âme,
> Mortel sensible et vertueux,
> Prends pitié de ma triste flamme,
> Seconde mon cœur et mes vœux.
> Amant chéri, toi que j'adore,
> Délivre-moi de mes tyrans ;
> Pour flétrir celui que j'abhorre,
> Il ne me reste que des chants.

« Ces vers, dit Lewing, ne sont pas fort bons, mais je les paierais volontiers cinq cents guinées. » Comme il se parlait à lui-même, il vit distinctement une ombre blanche qui se glissait dans les hautes herbes, au pied de la tour.

Respectons ce terrible mystère, dit Lewing; *il ne nous appartient pas de sonder les effets surnaturels*, selon la belle expression de Radcliffe, dans son roman de *Julia, ou les Souterrains de Mazzini*.

Alors commencèrent d'épouvantables scènes, qui auraient glacé de terreur tout autre que l'héroïque John Lewing. La tour trembla sur ses vieux fondements, avec un bruit de ferrailles, si bien nourri, qu'on eût dit qu'elle était habitée par tous les fantômes du bagne de l'enfer. On entendait des cris étranges qui n'appartenaient pas à des poitrines d'hommes; ces cris s'élançaient avec des sifflements brisés, comme s'ils avaient fait irruption à travers une rangée de squelettes; du moins, c'était ainsi que se les expliquait Lewing. Il entendait des mots isolés, des phrases sans suite, sans doute interrompues par un vif aiguillon d'une flamme infernale qui suit le damné sur la terre, lorsqu'il a obtenu un congé de Satan. C'étaient des paroles lamentables, prononcées dans un italien à l'anglaise, comme si le plaignant eût voulu se mettre à la portée de son seul auditeur. Puis de longs éclats de rire qui allaient s'éteindre dans un concert de sanglots; puis des râles affreux, comme si toutes les potences de Tyburn eussent fonctionné sur cent misérables agonies vouées au bourreau : le tout assaisonné de plaintes de vent, de bruissements de feuilles, de vagissements de nouveau-nés, de ferraillements de fossoyeurs, de duos d'orfraies et de hiboux, de glas de cloches fêlées, de frôlements de suaires, de craquements de saules pleureurs, de lamentations de vierges outragées, de cliquetis de glaives, de soupirs de pont-levis, de fracas de torrents sous une écluse, de souffles de fantômes infusés dans l'oreille, de miaulements de chats-tigres, de toutes les désolantes harmonies qui s'élèvent des lieux funèbres où la chair souffre, où le corps verdit, où l'âme pleure, où la vie se fait mort.

John Lewing analysa tous ces effets et les consigna dans un procès-verbal, en invitant l'assemblée invisible à venir le signer. Personne ne se présenta; Lewing jugea convenable de se retirer dans une pièce voisine, pour laisser libre accès aux signataires.

A l'aube, le calme revint aux ruines; jamais aube ne fut plus maudite que celle-là : Lewing était furieux contre elle; d'abord il ne voulut pas la reconnaître et la nia.

L'aube ne tint pas compte de cet aveuglement, et fit son chemin dans le ciel, en attendant l'aurore; puis un rayon courut sur la longue et double crête qui encaisse le large torrent de Riccorsi : c'était le précurseur du soleil; l'astre agile, en s'élançant sur l'horison, rencontra une malédiction de John Lewing.

Cet innocent soleil fut traité, en cette occasion, comme un de ces brouillons qui viennent troubler au théâtre un spectacle amusant et font baisser le rideau.

John Lewing rentra dans la chambre d'Emilie, et prit la feuille de papier sur laquelle il avait écrit, en grosses lettres, dans les ténèbres, le procès-verbal de la nuit. Jugez de sa joie; il lut au bas les signatures suivantes, en caractères sulfureux.

Ont signé :

> Montoni père et fils, ombres vaines.
> Signora Laurentina, aspiole,
> Valancourt, fantôme errant.
> Émilie, jeune spectre.
> M. Dupont, revenant.
> Annette, goule.
> Ludovico, farfadet
> Chœurs de *Condottieri* vénitiens. *

Lewing ne témoigna aucun étonnement à la vue de ces signatures; il trouva cela très-naturel, mais sa joie était délirante. Il serra précieusement le procès-verbal, descendit de la tour, et se mit à chercher son cheval, sans espoir de le trouver, car il était probable qu'il avait disparu dans l'ouragan infernal de la nuit. « Comme tout est calme, disait-il, à cette heure! Qui croirait que ces lieux viennent d'assister à tant de bruyantes scènes? » En prononçant ces derniers mots, il heurta du pied son cheval qui dormait tranquillement étendu sur le côté.

« Pauvre bête! dit-il, le voilà qui se remet de l'insomnie agitée d'une terrible nuit! Allons, voyons, sur pied! tu dormiras à Torrinieri. »

Le cheval, mourant de faim et de soif, se leva péniblement, avec un maintien piteux de résignation; John Lewing s'élança lourdement sur lui, et piqua vers Torrinieri.

Il trouva le pâtre exact au rendez-vous sur la porte de l'auberge. Le pâtre sauta de joie en revoyant Lewing,

---

* Tous ces personnages appartiennent au roman du *Mystère d'Udolphe*.

comme s'il l'avait cru perdu sans retour. Lewing fut sensible à ces vives démonstrations d'amitié.

« Déjeunons maintenant avant tout, lui dit-il ; j'ai bu l'absinthe des Apennins, et je meurs de faim. Jeune pâtre, comment vous nommez-vous ?

— Perugino.

— Perugino, je t'adopte pour mon fils.

— J'ai un père, seigneur lord.

— Tu en auras deux. Assieds-toi là, mon fils, et demandons un bon déjeuner. Voyons, toi qui connais le pays, que trouve-t-on ici de bon à manger ?

— Rien du tout, Monsieur; de la mortadelle fraîche et des œufs qui ne sont pas frais.

— Mangeons toujours... Voyons, dis-moi, à qui appartiennent les ruines du château d'Udolphe ?

— Au seigneur Montoni, mon ami.

— Cela ne lui rapporte rien, n'est-ce pas ?

— Beaucoup moins.

— Vendrait-il cher ces ruines ?

— Oh ! il ne les donnerait pas pour un million ; c'est le château de ses pères, et il a la consolation d'aller y mourir de faim, un jour, avec moi.

— Comment donc ! est-il fou ?

— Ah ! seigneur, il faut respecter les honorables scrupules de la piété filiale; mon ami veut léguer à ses enfants cet héritage intact.....

— Un héritage de revenants ! A quoi pense-t-il ?

— Des revenants tant qu'il vous plaira, mais vous ne vendriez pas, vous, le château de vos pères.

— Un fameux château! des ruines !

— Oui, mais des ruines bien chères au cœur d'un fils. Nous sommes pauvres, nous, mais pleins de respect pour la mémoire de nos aïeux.

— Vos aïeux étaient des brigands.

— Sans doute, mais un fils ne s'informe pas de la profession de son père ; il le vénère, quel que soit le nom dont la société l'ait flétri.

— Voilà de singuliers principes! Enfin, peut-on le voir ce M. Montoni, petit-fils ?

— Il déjeune en ce moment chez son cousin Vilbarggio.

— Rendez-moi le service d'aller lui dire que je veux lui parler, Perugino.

Le pâtre laissa John Lewing se débattant avec un nerf de mortadelle, et courut chercher Montoni le petit-fils.

Montoni arriva. C'était un jeune homme de trente ans d'une figure farouche ; il était vêtu en jeune seigneur ruiné du seizième siècle ; ses haillons annonçaient une ancienne splendeur. Il portait une épée au fourreau de cuivre semé de taches de vert-de-gris ; ses bottines avaient oublié leur semelle sur les Apennins.

— « Voilà mon noble ami », dit le pâtre.

Montoni salua fièrement ; Lewing s'inclina avec toute la courtoisie complaisante d'un Français.

« Seigneur Montoni, dit Lewing, vous êtes le propriétaire du château d'Udolphe, m'a dit Perugino?

— Oui, seigneur, et je m'en fais gloire, répondit Montoni avec un accent mâle très-prononcé.

— Voudriez-vous le vendre ?

— Le vendre ? et que dirait la noblesse italienne, si l'on savait que j'ai trafiqué du berceau de mes pères !

— Sans faire tort à vos pères, je vous prie d'observer que leur berceau est bien délabré ; et je crois que la noblesse italienne ne se scandaliserait pas de cette vente. Écoutez, Montoni, vous me paraissez peu fortuné ; je suis dix fois millionnaire, moi ; je puis vous payer vos ruines ce qu'elles valent ; demandez-moi un prix.

— Si je consentais à un pareil trafic, ce ne serait que dans le but légitime de m'enrichir d'un seul coup, afin de rendre à mon nom cet éclat, ce luxe, cette splendeur qu'il avait autrefois. Je vous avoue franchement que je ne vendrais pas mon château pour un prix ignoble et indigne de lui et de moi ; mais je le céderais avec une certaine répugnance pour une somme d'une haute valeur. Donnez-moi cent mille écus, et je me résigne, en pleurant, à embrasser Udolphe pour la dernière fois.

— Touchez dans ma main, seigneur Montoni ; Udolphe est à moi.

— Seulement, milord, je veux qu'il me soit permis d'y aller expirer de douleur, si la vie me devient à charge après cette cession.

— Tout ce que vous voudrez ; mais vous n'expirerez pas.
— J'expirerai.
— Où sont vos titres de propriété ?
— A Sienne. Je possède le château sous le nom de Filangieri, mon aïeul maternel ; le nom de Montoni est proscrit en Toscane. Donnez-moi trois jours pour m'habiller

convenablement, et je vous attends à Sienne, *Piazza del Campo*, à midi.

— Et moi, je vais écrire à mon banquier de Florence.

— Adieu, noble lord.

— Adieu, seigneur Montoni : adieu, Perugino. »

Trois jours après cet entrevue, les ruines d'Udolphe appartenaient à John Lewing.

Le voyageur ne se possédait plus de joie ; dans son impatience de propriétaire, il monta à cheval et courut à franc étrier vers la montagne désirée. « Quelle douce nuit je vais encore me donner ! disait-il à chaque élan du cheval ; oh ! comme je vais savourer cette noble veillée ! Peut-être verrai-je des choses que je n'ai pas vues la première fois ; les fantômes aiment la variété. Je donnerais pourtant cent guinées pour entendre une seconde fois la romance de Laurentina. »

Il arriva devant les ruines d'Udolphe à l'approche de la nuit : tout était à sa place ; il mit son cheval au vert, et alla reprendre son poste dans la chambre d'Émilie.

Les ténèbres ne tardèrent pas d'envelopper le sommet de la montagne ; elles étaient intenses à faire frémir. « Voilà une nuit irritée et menaçante, dit John Lewing ; il se prépare ici quelque chose d'affreux et d'imprévu : c'est une déclaration de guerre de l'enfer ; je suis prêt. »

Disant cela, il se coucha, plein de joie et de résolution, l'oreille tendue au bruit du dehors, l'œil ouvert et impatient de curiosité. A chaque murmure de la nuit, il se levait sur son séant, et disait d'une voix sourde : « Ah ! voilà que ça commence ! » Puis rien ne commençait, et il reprenait sa position horizontale. Jamais amoureux, au rendez-vous, n'éprouva plus de trépignements d'impatience que John Lewing au rendez-vous des fantômes.

Il fit sonner sa montre à répétition, et compta onze heures trois quarts. « C'est très-bien, dit-il, il n'y a pas de retard; soyons juste et n'accusons personne. Si l'horloge de ces messieurs est réglée sur ma montre, comme cela doit être, je n'ai plus que quinze minutes d'ennui à subir; oh! qu'elles sont longues quinze minutes de nuit! »

La montre sonna une seconde fois; Lewing compta minuit et le quart. « Oh! dit-il, il n'y a pas encore de quoi s'étonner; le beffroi retarde, ou bien ils ne sont pas prêts ces gens-là; je les ai pris au dépourvu. Attendons. »

La montre sonnait tous les quarts avec une rapidité désespérante. Lorsque l'heure attendue est arrivée sans amener le plaisir promis, le temps s'écoule aussi rapidement qu'il marchait avec lenteur dans l'expectative. John Lewing s'était levé d'impatience, et la tête appuyée sur ses deux mains, il contemplait de la croisée les ruines d'Udolphe, déjà légèrement blanchies des lueurs matinales de l'été. « Il faut convenir, murmurait-il, que c'est indécent de se comporter ainsi. Voilà l'aube, et rien ne paraît! »

Rien ne parut, en effet. L'aurore entrait avec sa clarté d'opale dans la chambre de la tour. La montagne et la plaine étaient à découvert. John Lewing exhalait sa rage contre les revenants, et méditait un procès contre eux.

Au lever du soleil, il descendit à l'auberge de Torrinieri et demanda le pâtre Perugino. Personne ne le connaissait dans le village. Il résolut alors de passer la journée à l'auberge, et de rentrer à Udolphe le soir : c'était justement la veillée du vendredi au samedi. « S'ils me font encore faux-bond cette nuit, disait-il, je désespère de les revoir ; mais je me vengerai bien de ces fantômes-là ! »

Il fut exact au rendez-vous qu'il s'était donné. La nuit ressembla parfaitement à la veille ; minuit passa comme une heure ordinaire. Le soleil du samedi trouva Lewing assis sur une ruine, et pâle de consternation. Une troisième tentative qu'il fit encore en désespoir de cause n'eut pas un résultat plus heureux. « Retournons à Sienne, dit-il et demandons des nouvelles de Perugino, de Filangieri et de Montoni. »

A Sienne, John Lewing heurta à la porte de la maison où le contrat avait été passé. La porte ne s'ouvrit pas : elle était inhabitée depuis cinq ans. « Je suis la victime de l'enfer de mon vivant, murmura-t-il, avec un accent de mélancolique résignation ; allons prendre du thé au café de la *Piazza del Campo*. »

En prenant son thé, il parcourut la *Gazette de Florence*, et jugez de sa stupeur lorsqu'il lut l'article suivant :

« Un Anglais millionnaire, sir John Lewing, vient d'envoyer à la caisse de *Buon Governo* la somme de 100,000 écus, qu'il destine à l'entretien de la grande route de Sienne à Riccorsi. Cette noble générosité britannique trouvera de la reconnaissance chez tous les Toscans ; les voyageurs béniront, à chaque pas, le nom de John Lewing. Ce nom sera gravé sur une borne milliaire, au bas de la côte de Sienne, entre la Loûve et le Griffon, armes de la cité. »

John Lewing ressemblait à un homme qui sort d'un rêve : il avait beaucoup de bon sens, folie à part. Il se mit à réfléchir froidement et récapitula son histoire ; il passa en revue les trois jeunes Français railleurs de la table d'hôte de Florence, et ce pâtre Perugino, qui avait un si singulier langage, et ce jeune Montoni, si fièrement délabré, et toute la fantasmagorie du château. Puis, se levant avec calme, comme un homme qui a pris son parti, il demanda une plume et du papier, et écrivit à la *Gazette* le billet suivant :

« Je viens de me convaincre que les 100,000 écus que j'ai donnés seront insuffisants pour l'entretien de la route de Sienne ; j'ajoute une somme égale à la première, qui est à la disposition du gouvernement, chez mon banquier Filippo Boggi, place du *Marché-Neuf,* à Florence.

« JOHN LEWING. »

Le lendemain, il fit un auto-da-fé des romans d'Anne Radcliffe.

BOUDHA-VAR.

BOUDHA-VAR.

Un jour, en sortant du *Zoological-Garden,* qu'on vient de terminer sur le High-Liverpool, nous entrâmes dans la *Necropolis,* en face de ce jardin. Nous lûmes les épitaphes, et nous nous étonnâmes de la quantité de philanthropes que le comté de Lancastre avait dévorés en six mois. On se mit alors à raconter des histoires de philanthropes, et quand vint le tour de Valerio, voyageur si peu connu, il nous fit ce récit incroyable et vrai :

I

« Quand on a laissé à droite, sur sa haute montagne, le château massif de Stradford, route de l'Oxfordshire, on traverse une rivière charmante qui coule sous le plus joli pont de briques rouges qui se puisse voir, et, après, en quatre bonds du quadrige de *Golden-Cross*, vous arrivez à un village délicieux nommé *Old-Woodstock*.

Ce village a une physionomie française : on le croirait bâti par des architectes bourguignons exilés de leur pays pour avoir fait de la mauvaise maçonnerie ; mais la campagne, les jardins et la colline qui le borne au midi ont conservé cette gracieuse opulence de végétation qui couronne les villages anglais. Aussi, peut-on vivre facilement deux mois à Old-Woodstock, sans mourir de mélancolie ; juillet et août lui donnent quelques-uns des charmes de l'été ; les dix autres mois de l'année ne peuvent y être acceptés comme tolérables que par les naturels du pays, gens à l'épreuve de tout, et boucanés sur et sous l'épiderme d'un triple enduit de wiskey, d'ale double et de porter.

Quand un Français passe à Old-Woodstock, il s'arrête au *Lion-Rouge*, et consacre deux jours à visiter ce village et ses environs, d'abord en souvenir de la France représentée par des maisons champêtres mal bâties, ensuite en souvenir de Walter Scott, qui a placé là le théâtre d'un roman historique, faux comme l'histoire.

Ces deux raisons m'arrêtèrent impérieusement. C'était le 24 juillet 1837 ; j'entrai au *Lion-Rouge* d'Old-Woodstock, et je demandai une chambre modeste, dans laquelle un voyageur français pût passer deux nuits sans se ruiner.

Les domestiques, le chef de cuisine, le Landlord et les servantes étaient en ce moment occupés à faire triompher l'élection de Parker. On me présenta, sur un plat, une brochette de rosettes bleues pour ma boutonnière. Ce fut le seul déjeuner qui me fut servi.

Comme je ne m'intéressais que faiblement à l'élection de M. Parker, que je n'avais pas l'honneur de connaître, et comme je n'avais point d'effets de voyage à déposer, parce que tout mon bagage m'avait été volé à la vapeur sur le *rail-way* de Manchester, en plein midi, je ne m'arrêtai point au *Lion-Rouge*, et je me dirigeai vers la colline ombragée, dans l'espoir d'y rencontrer, à travers les massifs de ces arbres, le château de Cromwell et de Walter Scott.

Il me fut impossible de me livrer à d'historiques rêveries concernant Cromwell : sur le tronc des rameaux et des sapins, dans la longueur d'un mille, on avait placardé, en lettres de trois pieds anglais, cette inscription : *Electors of Oxfordshire vote for Parker!* Ce point d'admiration, que je reproduis ici dans sa simplicité typographique, était sur les placards un véritable monstre ; il s'élevait convulsivement dans les airs comme une épée flamboyante, et menaçait tous les adversaires de Parker qui se promenaient dans les bois.

Derrière la colline, je trouvai un petit lac, au bord duquel méditait un grand Lakiste, qui me parut assez peu préoccupé de M. Parker : je fis plusieurs exclamations gutturales pour détourner son attention du lac et la fixer sur moi. Il eut la bonté de me remarquer, et même de venir de mon côté. C'était un homme de cinquante ans ; il avait des cheveux noirs et un teint olivâtre, contre l'usage des Lakistes, qui sont pâles et blonds. Ce fut lui qui m'adressa la parole le premier :

—Monsieur est Français? me dit-il avec un sourire verdâtre.

Un instant je faillis avoir la pensée de me faire Espagnol ou turc, car le sourire du Lakiste m'avait épouvanté. Je me rappelai d'ailleurs des scènes récentes qui m'avaient prouvé, à Londres et à Liverpool, que nous, Français, nous étions encore considérés par beaucoup d'Anglais comme à l'époque de Pitt et Cobourg; à Highgate surtout, par une belle matinée de juin, nous fûmes appelés *Français-chiens* et *Français-grenouilles*, ce qui est le comble de l'esprit à Highgate, chez les garçons boulangers, qui font du très-mauvais pain. Malgré ces antécédents, je ne cachai pas ma nationalité au Lakiste.

— Oui, Monsieur, lui dis-je, je suis Français.

— Vous êtes égaré dans ce bois? me dit-il; me permettez-vous de vous remettre sur votre chemin? Vous alliez sans doute à Oxford ou à Bedford?

— Non, Monsieur, je me promène au hasard, dans la campagne d'Old-Woodstock; je cherche la fraîcheur, car la chaleur est forte.

— Vous êtes venu voir les élections en Angleterre?

— Oui, et je suis enchanté de ce que je vois, c'est fort amusant. Croyez-vous que M. Parker sera nommé?

— Cela m'est fort égal, à moi, je ne vote pour personne.

— Je vous comprends, Monsieur, vous êtes un Anglais philosophe, un poëte, un penseur, un de ces hommes qui étudient la nature et s'éloignent de la société. Les lacs, voilà votre domaine; vous donneriez la grande rue d'Oxford et tout Oxford pour cette pièce d'eau, source éternelle des hautes et mélancoliques inspirations.

Le Lakiste me lança un regard effaré; ses yeux noirs entrèrent dans les miens ; son teint se basana singulièrement.

— Moi, Monsieur, me dit-il, je suis un simple *rate-payer* d'Old-Woodstock.

— Vous êtes né dans le comté?

— Je suis né à Éléphanta.

— Je ne connais pas cette ville anglaise...

— C'est une île de l'Inde, près de Bombay...

— Vous n'appartenez donc pas à la secte des Lakistes?

— Des Lakistes? non, Monsieur. J'ai bien un lac, que voilà ; mais je n'appartiens pas à une secte. Lorsque vous m'avez vu, j'étais occupé à chercher une petite anse favorable pour ma pêche de ce soir. Mon lac est très-poissonneux.

Cette réponse me consterna. J'étais heureux d'avoir découvert un Lakiste, et cet être, à peine révélé, venait de s'évanouir devant moi !

— Excusez encore une question, Monsieur, lui dis-je. C'est bien là, sous ces arbres, le château de Blenheim ?

— Oui, Monsieur.

— Qui fut donné à Marlborough, lorsqu'il s'en allait en guerre, en 1704?

— Ah! je ne sais pas.

— Qui fut bâti sur les ruines du vieux château que Cromwell habitait en 1652?

— Je ne sais pas.

— Qui a été célébré en quatre tomes par Walter Scott?

— Je ne sais pas.

Voilà un Anglais fort instruit, me dis-je à part; il

est vrai qu'il est Indien. Je continuai pourtant mes interrogations :

— Avez-vous entendu dire qu'il y ait eu des apparitions de revenants à Woodstock ?

L'Indien-Anglais recula de trois pas, et son teint devint vert-de-gris.

— Des apparitions de revenants ! qui vous a dit cela ?

— La chronique.

— Je n'ai jamais entendu parler de ces choses, me dit l'Anglais avec une figure et une voix de plus en plus bouleversées. On vous aura fait des contes au *Lion-Rouge,* ajouta-t-il avec un sourire d'origine sérieuse.

— On ne m'a rien dit au *Lion-Rouge ;* on m'a servi un plat de rosettes *whigs*, voilà tout. C'est M. Defauconpret qui m'a révélé ces revenants de Woodstock.

— M. Defauconpret est un imposteur.

Les yeux de l'Anglais-Indien brillaient comme les deux étoiles polaires du nord et du sud. Une colère sourde passait visiblement sous l'épiderme de sa face. Il jeta un regard significatif sur le bord du lac, comme pour s'assurer s'il y avait assez de profondeur pour y noyer un homme, et il me toisa de la tête aux pieds.

Alors je me rappelai certaine aventure nocturne de *Lime-Street* à Liverpool, où un Français faillit être dévoré par un Anglais entre deux chandelles de suif, et je m'effrayai sérieusement de ma nouvelle aventure devant un lac, et sous la griffe puissante d'un Anglais d'Éléphanta. La diplomatie seule pouvait me sauver d'un danger que je ne comprenais pas, mais qui me parut trop réel. Je ne perdis point mon temps à me demander pourquoi cet homme, d'abord si bienveillant, s'était soudainement irrité contre les revenants, contre M. Defauconpret et contre moi, au point de méditer l'holocauste d'un Français dans l'abîme d'un lac. Je savais que les graves Anglais sont des foyers vivants de bizarreries inexplicables, et je renvoyai au lendemain mes études sur cette rencontre, si je m'en retirais sain et sauf.

— Monsieur, lui dis-je en riant, je vous fais mes excuses; si j'ai irrité votre sensibilité par un sujet de conversation qui attaque le système nerveux ; moi-même......

Il m'interrompit vivement.

— Oh! Monsieur, me dit-il, ne prenez point de détours; parlez-moi plutôt avec franchise, et vous pourrez encore regagner mon estime : car je vois toujours un ami dans un Français, jusqu'à preuve contraire ; avouez-moi que vous me connaissez, et que vous me cherchiez.

— Pardon, Monsieur, avant de vous répondre, je vous demande une minute de recueillement, pour bien me convaincre que je ne fais pas un rêve à cette heure.

— Non parbleu! vous ne rêvez pas! vous n'êtes pas endormi, Monsieur, et je puis vous le prouver...

Il s'avança les poings fermés.

— Un instant, Monsieur, lui dis-je; veuillez bien rester à trois pas de distance, ou je serai forcé de faire sur vous l'épreuve de ces deux pistolets de Birmingham.

Une couche de térébenthine plaqua son visage. Cet homme avait, à la disposition de ses pensées, toutes les nuances du vert. Jamais être plus mystérieux !

— Ah! vous venez donc ici pour m'arrêter violemment!

s'écria-t-il ; on a choisi un Français pour m'attirer dans un piége, et obtenir de moi des révélations. Eh bien ! conduisez-moi au shérif, je suis prêt à vous suivre ; je vous suis ; j'engage ma parole à ne pas lever mes mains sur vous, je le jure par le plus grand des dieux indiens, par Siva, qui a deux pagodes souterraines à Éléphanta ! je le jure par Vichnou ; par le *Tchakra* qu'il tient dans sa huitième main, et par le *Tchang* harmonieux qui enchante le jardin Mandana ! par Vichnou, surnommé *Nilakanta,* c'est-à-dire *bleu,* parce qu'il est bleu ! et par *Indra,* le dieu du firmament !... Puisque vous me connaissez, vous devez savoir si je suis homme à violer des serments aussi sacrés.

A ces mots il tira de sa poche un foulard français, et, avec une dextérité de jongleur indien, il se lia étroitement les mains avec ses dents.

Quant à moi, j'étais immobile et muet ; mes pieds et mes mains étaient liés sans foulard.

Il y a de ces choses étranges dans la vie des voyages ! Les professeurs de philosophie et les commentateurs domiciliés à Paris, lesquels déjeunent à midi, dînent à sept et se couchent à dix invariablement, crient à l'invraisemblance dès qu'ils lisent quelque part qu'un homme a pris du chocolat à minuit. Voulez-vous lire un roman invraisemblable ? ne lisez rien : voyagez.

Toutefois, je conviens que ce que je voyais à cette heure, devant le lac de Woodstock, était plus invraisemblable que le miracle d'Amphion, ou qu'un succès dramatique de M. Knowles à Covent-Garden.

L'Anglais d'Éléphanta s'était avancé, les poings liés, jusque sur la pointe de mes bottes, dans l'attitude résignée d'un esclave, et il attendait que je le conduisisse au shérif. J'étais fort embarrassé de cet Anglais.

— Conduisez-moi donc, me dit-il avec calme ; puisque je suis découvert, je ne veux plus faire un mystère de mes actions. Elles sont d'ailleurs honorables, mes actions : je n'en rougis pas. En présence de la justice je dirai tout, et malheur à celui qui m'aura dénoncé !

Il y avait tant de véritable bonne foi au fond de cet accent, de ce maintien, de ces paroles, que je n'hésitai pas à lui donner une marque éclatante de confiance.

— Monsieur, lui dis-je, laissez-moi délier vos mains, et faites-moi le plaisir d'accepter ces jolies armes qui sortent des ateliers de Welkes, *New-Street,* à Birmingham.

Mon procédé amical le toucha visiblement. Il me permit de lui ôter ses menottes, et il accepta mes pistolets.

— Je vous fais mes excuses, me dit-il ; je me suis trompé sur votre compte, mais les apparences étaient contre vous...

— Comment étaient-elles contre moi, les apparences ?

— Ne m'avez-vous pas parlé des apparitions de revenants à Woodstock ?

— Je ne comprends guère de quelle façon je me suis compromis avec ces revenants. Avez-vous lu *Woodstock ?*

— Non.

— Connaissez-vous Walter Scott ?

— Non.

— Voilà le centième Anglais que je rencontre qui ne con-

naît pas Walter Scott.(je dis cette phrase à part). Eh bien !
Monsieur... veuillez m'apprendre votre nom.

— Boudha-Var.

— C'est un nom indien ?...

— Qui signifie *mercredi*.

— Merci. Eh bien ! donc, monsieur Boudha-Var, ce Walter
Scott, que Defauconpret a inventé, est l'auteur d'un roman
de Woodstock, dans lequel MM. Everard, Bletson et Wildrake
sont tourmentés par des apparitions nocturnes ; ils enten-
dent chanter l'office des morts, à une heure indue, à l'heure
où l'église paroissiale du roi Jean est fermée aux prêtres et
au public... Connaissez-vous le *Quaterly-Review* ?

— Je n'en ai jamais entendu parler.

— Connaissez-vous M. Kemble, le fils ?

— Non.

— Eh bien ! M. Kemble le fils, dirige le *Quarterly-Review*,
et il a fait dans ce recueil de précieux commentaires sur
les revenants de Woodstock ; il a prouvé que le vain fantôme de Robert Lee était réel, qu'il chantait à minuit précis
l'Hymne de Luther de Handel, *Great god what do I see and
hear*, etc., et que le roi Jean accompagnait avec l'orgue, et
chantait le second dessus. Vous n'avez jamais entendu parler de ce commentaire de M. Kemble, fils, qui heureusement
pour lui a eu le bonheur d'avoir un père ?

— Je n'ai jamais entendu parler de ces choses-là.

— Voilà qui est singulier, je crois qu'on lit fort peu en
Angleterre...

— On ne lit pas du tout; le loisir manque; il faut se brosser les ongles et essayer des paires de gants toute la journée. Il ne reste plus de temps pour lire.

— Au reste, monsieur Boudha-Var, il me suffit que vous soyez convaincu que je n'ai pas touché la corde des revenants pour offenser votre pays...

— Oh! Monsieur, il me suffit que vous soyez Français pour ne garder aucune rancune contre vous. Venez vous reposer un instant chez moi, et boire un verre d'excellent porter *Barclay-Perkins*.

La jolie maison que Boudha-Var appelait son *habitation* était bâtie dans le goût indien, du moins quant à l'extérieur. La façon anglaise avait décoré l'intérieur : on y voyait, comme partout, des meubles solides et luisants, des tentures à grands ramages, des fauteuils bien assis, des porcelaines bleues, des miroirs à reflets lilliputiens.

Pendant qu'on préparait le plat de porter, je jetai un coup d'œil sur le vitrage d'une bibliothèque, et quelle fut ma surprise en y découvrant la collection complète des œuvres de Walter Scott, traduites en anglais sur le français de Defauconpret ! *Charning-cross !* m'écriai-je (c'était un jurement que je m'étais inventé en Angleterre), *Charning-cross !* M. Boudha-Var, vous avez un Walter Scott !

— C'est possible, me dit-il avec tranquillité. Tout Anglais qui a 200,000 livres de rente est obligé de recevoir les ouvrages nouveaux ; l'intendant les fait relier et les met sous clef dans cette prison d'acajou.

— Ah ! voilà encore une collection du *Quarterly-Review* ! vous êtes donc abonné à M. Kemble, fils, qui a eu le talent de signer le livre d'autrui ?

— C'est encore possible. Mon intendant souscrit à toutes les *Revues*, ainsi que tout bon Anglais doit le faire ; mais nous ne les lisons jamais, ni moi, ni mon intendant, ni aucun Anglais de l'*East* ou du *West-India*.

C'est ainsi que nous achevâmes deux pintes de *Barclay-Perkins*. J'ouvris le volume de Walter Scott, pour montrer à Boudha-Var le passage des revenants de Woodstock ; il fut enchanté, il me pressa la main, il me parla indien. Nous nous séparâmes le cœur serré ; je lui donnai mon adresse à Paris et une paire de gants, de Boivin, qui avaient prévu tous les doigts, même les doigts d'Eléphanta.

Me voilà seul et errant à l'ombre d'un bois de pins pulmonaires, qui se tournaient vers le midi pour vivre. Une forte symphonie militaire attira mon attention au bas de la colline de Woodstock ; je me précipitai sur l'orchestre ambulant. La musique anglaise fait mon bonheur ; elle a été inventée pour moi par un mathématicien du bourg de Saltford ; je ferais cent lieues pour entendre un orchestre anglais.

C'était une procession. Deux mille Anglais de l'Oxfordshire se promenaient avec des bannières bleues, en se dirigeant vers un château de belle apparence. On lisait sur le guidon de tête ces deux mots touchants et mal écrits : *Filantropic-Club*. Cent musiciens extorquaient violemment des cataractes de notes à des trombonnes, et à des clarinettes invalides, chassées de l'orchestre Musard pour crime de faux.

Toujours avec cette noble indépendance qui caractérise l'artiste anglais, chaque musicien improvisait son air, sans se soucier de l'air de son voisin, de sorte que l'auditeur jouissait de cent mélodies diverses à la fois, ce qui est beaucoup moins monotone qu'au Conservatoire de Paris, où nos artistes se courbent servilement sous le bâton du tyran Habeneck.

Je suivis la procession, et je priai mon voisin de m'expliquer le but de cette belle cérémonie.

Le voisin dit qu'on allait tenir *meeting* de philanthropie au château d'Archibald Murphy, le plus riche philanthrope du comté, un Nabad, un Pérou incarné, un galion vivant; et il me le désigna du doigt.

Archibald Murphy me parut âgé de soixante-cinq ans. Il avait une grande figure pâle et plate, des cheveux d'argent vif, des yeux éteints par l'ennui, ce compagnon de l'extrême opulence. Il était vêtu complétement de noir et marchait à pas lourds.

Je me rapprochai d'Archibald Murphy, pour mieux étudier ses mœurs et engager une conversation avec lui. Archibald appela deux domestiques qui portaient une vaste corbeille pleine de trombonnes et de clarinettes en disponibilité, et daigna me prier de choisir un de ces instruments.

C'est inouï, la consommation de clarinettes qu'on fait en Angleterre : lorsqu'un comté en a crevé quelques milliers à force de *meetings,* un spéculateur achète cette masse d'instruments et les envoie au café de la Tempérance, *Lime-Street,* à Liverpool. Le limonadier les fait étuver dans une chaudière d'eau pure de la Mersey, et en compose du porter. Les membres de la société d'abstinence ne peuvent boire que du porter de clarinettes : le houblon leur est interdit par les statuts comme troublant la raison.

Je pris une clarinette pour obéir à M. Archibald Murphy.

On arriva au château. La grande salle était disposée pour le meeting ; elle pouvait contenir quinze cents philanthropes, c'est-à-dire trois mille philanthropes, car le philanthrope anglais est très-gras et compte matériellement pour deux.

Archibald ouvrit la séance par un discours sur les souffrances de la côte de Coromandel : il gémit pendant une heure sur la dureté de tant de maîtres anglais qui, depuis l'abolition de l'esclavage, ont acheté plus d'esclaves que jamais, et les forcent à pêcher des perles dans une mer où il n'y en a pas; il gémit encore sur d'autres odieux compatriotes qui ont changé les versants méridionaux d'Hymalaïa en jardins suspendus, et se sont faits ainsi les habitants de l'air pour n'avoir rien à démêler avec les lois de la terre, et cultiver l'esclavage en paix, à l'ombre des cèdres, et à quatre mille toises au-dessus du niveau de la mer.

L'assemblée, visiblement émue, bénissait Archibald Murphy.

Un philanthrope nommé, me dit-on, Lockett-Arrowsmith, répondit au maître du château, et éleva sa bienfaisance jusqu'au ciel de l'Angleterre, lequel ciel est à la vérité assez plat.

La musique recommença ; je donnai ma démission et allai me promener sur la terrasse, en songeant aux maux qui désolaient la côte de Coromandel.

Le *meeting* terminé, je me disposais à prendre congé d'Archibald Murphy, lorsqu'il m'offrit lui-même une chambre pour passer la nuit dans son château.

— Vous ne trouverez pas un lit à Woodstock, me dit-il, les

électeurs ont envahi les auberges. Il est trop tard pour gagner Oxford ; et si M. Parker a été nommé, vous ne trouverez pas une chambre dans cette ville ; restez chez moi jusqu'à demain.

J'acceptai l'hospitalité.

— Quel philanthrope ! me dis-je à moi-même ; il prévoit tout.

— J'ai besoin de voir auprès de moi nombreuse compagnie, les soirs de *meeting*, ajouta Murphy, je suis fort triste naturellement ; je dors peu quand j'ai parlé.

— Vous n'êtes donc pas heureux, sir Archibald Murphy ? lui dis-je ; rien ne paraît vous manquer cependant.

Il secoua la tête avec mélancolie.

— Il y a des mystères, Monsieur ; cette résidence de Woodstock n'est pas bonne, en certaines nuits.

— Grand Dieu ! m'écriais-je, M. Defauconpret aurait-il raison ? Woodstock serait-il encore troublé par de nocturnes apparitions ?

Je sentis sur ma main le rude poignet d'Archibald.

— Que dites-vous ? s'écria-t-il aussi, en reculant, M. Defauconpret a parlé de cela ?

— Et certainement, sir Murphy, il en a parlé en quatre volumes in-12, chez Gosselin.

Archibald baissa la tête et se laissa lourdement absorber par de terribles réflexions.

— Voilà de l'étrange ! me dis-je intérieurement ; on ne peut pas toucher la corde des revenants, dans ce pays, sans faire pâlir un visage anglais.

Cependant, au bout d'une demi-heure, Archibald releva la tête et me serra les mains cordialement.

— Il est tard, me dit-il, avec un sourire faux : vous devez être fatigué ; un domestique va vous conduire à votre appartement. Bonne nuit !

La chambre qui me fut donnée était éclairée au gaz, et meublée au dernier goût. Quatre colonnes torses, de bois des îles, soutenaient aux angles du lit de magnifiques rideaux de cachemire. Les tentures des quatre murailles, tissues à Bombay, représentaient les principales actions du grand *Aureng-Zeb*, si vénéré dans l'Inde ; on aurait dit que cette œuvre de tapisserie sortait de nos Gobelins.

Je me divertis fort longtemps à considérer cette histoire peinte par un artiste inconnu. Mais ce qui m'étonna surtout, ce fut le luxe merveilleux de cette chambre réservée aux voyageurs ; jamais chambre de maître ne fut plus somptueuse. Voilà, me dis-je, de la véritable philanthropie ; Archibald Murphy est peut-être couché dans quelque mansarde, et il offre, avec générosité, ses plus beaux appartements aux étrangers.

A minuit le lustre d'hydrogène s'éteignit ; la chambre ne fut plus éclairée que par une petite lampe de gaz, emprisonnée dans une veilleuse de porcelaine de Pékin. La lueur qui s'échappait de là avait une teinte sinistre qui me donnait de légers frissons.

Je me jetai tout habillé sur le lit, et j'appelai le doux sommeil en fredonnant l'air du quatrième acte de la *Muette*. Hélas ! le sommeil n'arrivait pas. Les visions de Woodstock me revenaient sans cesse à l'esprit. En face de mes yeux, horizontalement posés, se trouvait un pan de tapisserie lugubre ; ce tableau indien représentait le grand Aureng-Zeb recevant la tête de son frère Dara-Checoub sur un plat d'or. L'illustre monarque était assis sur un fauteuil de perles, et souriait fraternellement au soldat qui lui faisait ce don touchant et simple. Mes cheveux hérissés s'agitaient comme de menus serpents sur mon oreiller.

Tout à coup, j'entendis auprès de moi un souffle terrible comme celui dont parle Job, et, après le souffle, une plainte; après la plainte, un hurlement de tigre du Bengale. Aureng-Zeb me parut tressaillir sur son fauteuil, et il me sembla que la tête de Dara-Checoub ouvrait ses yeux sanglants et regardait son plat; la mienne ferma les siens.

Le rugissement expira, et une voix formidable et sonore, une voix qui tonnait dans une pyramide pleine d'échos, prononça distinctement ces paroles :

« O Archibald Murphy! ô perfide Nabab! les griffes des
» *boudha çoura (mauvais esprits)* te poursuivront partout :
» car tu es maudit. Depuis le règne du grand Sévadjy, le
» fondateur de l'empire mahratte, l'Inde n'a pas vu de
» chrétien plus féroce que toi. Reste dans tes souvenirs et
» tremble, ô Archibald Murphy ! »

Bien que l'anathème ne me concernât point, je frémis involontairement, et je jetai au hasard des regards effarés dans la chambre toute pleine de cette voix. La chambre était vide : les deux magots chinois riaient sur la cheminée et regardaient au plafond dans la même attitude que je leur avais remarquée en entrant. Aureng-Zeb était toujours assis sur son fauteuil; Vichnou continuait de se promener sur la tapisserie, dans le jardin de Mandana, avec une immobilité de dieu. J'avais l'honneur d'être le seul vivant parmi tant d'images peintes en camaïeu indien.

La voix recommença un autre discours :

« Archibald Murphy, souviens-toi de l'île Servendrong,
» sur la côte de Kouken. Là, tu as fait mourir sous les coups
» l'esclave Neptunio pour s'emparer de sa fille Mammali !
» Souviens-toi de Reouare, près de Delhy, où tu fis périr
» quatre esclaves dans les tourments parce qu'ils t'avaient
» dérobé une once d'indigo ! Souviens-toi de sir Georges
» Prole, le colonel des Cipayes, qui te couvrit de sa protec-
» tion, parce que tu étais riche et Anglais. »

Après ce verset, je me levai hardiment, comme un homme qui a peur et qui veut s'en imposer à lui-même, et je fis une visite domiciliaire dans ma chambre. J'ouvris la croisée pour me donner la société de la lune et des étoiles, et pour faire diversion à mon effroi avec le système de Copernic. C'était vraiment une adorable nuit, la campagne de l'Oxfordshire me parut aussi belle que le ciel. La grande route, avec ses deux trottoirs de gazon, ressemblait à un immense ruban de satin bordé de fleurs, et jeté sur ce délicieux comté comme une décoration agreste. Ce spectacle dissipa mes terreurs ; je crus avoir fait un songe indien provoqué par la tapisserie d'Aureng-Zeb et bizarre comme tous les songes, et je repris ma place horizontale sur mon lit.

Un râlement de tigre m'annonça le troisième verset sorti de la bouche invisible ; j'entendis ces mots :

« Archibald Murphy ! tu as fait la traite des nègres sur la
» côte du Zanguébar, avec le vaisseau la *Brahmanesse*, sous
» pavillon hollandais. Lorsque tu reparus à la factorerie de

» Delhy, sir Robert Boldock, brigadier major, te manda au-
» près de lui, et te reprocha ton infâme industrie ; tu ré-
» pondis qu'en ta qualité d'agent de la compagnie de *West-*
» *India,* tu n'avais à répondre de tes actions que devant le
» conseil de l'Amirauté. Lorsque tu sortis ce jour-là de la
» maison de Robert Boldock, tu fus honteusement hué par
» le 17ᵉ régiment d'infanterie cipaye devant lequel tu passas.
» O Archibald ! après cela, fais tes *meetings* philanthropi-
« ques ! chaque schilling de ton immense fortune est une
» goutte de sang humain. »

Voilà, me dis-je, une biographie en trois chapitres bien courts, mais bien forts. L'invisible fantôme connaît son Archibald Murphy sur le bout du doigt : c'est sans doute l'ombre du géant Adamastor.

Il me fut impossible de goûter les douceurs du sommeil dans cette étrange nuit ; bien que la voix colossale ne se fît plus entendre, elle avait laissé à mes oreilles des échos qui me donnaient l'insomnie. J'attendis l'aube précoce de juillet, et son premier rayon me rendit un peu de ce courage si nécessaire au voyageur.

A l'heure convenable, je quittai cette chambre mystérieuse, et je descendis dans le parc pour me délivrer complètement des terreurs de la nuit, avec une infusion des premiers rayons du soleil. J'attendis plusieurs heures le lever d'Archibald, et voyant qu'il n'arrivait pas, je me hasardai à demander de ses nouvelles au premier domestique :

— Sir Archibald Murphy, me dit-il, a passé une fort mauvaise nuit dans ses chambres (*rooms*), et il ne se lèvera qu'à midi.

— Dans ses chambres ! il couche dans plusieurs chambres ? dis-je au domestique avec un étonnement mal dissimulé.

— Oui, Monsieur, il couche ordinairement dans quatre chambres, les nuits de *meeting* philanthropique. Cette nuit il n'a couché que dans trois, parce qu'il vous avait cédé la quatrième.

— C'est bien.

L'histoire de ce tyran antique qui changeait de chambre toutes les nuits pour tromper ses assassins me revint à la mémoire.

— Il paraît, me dis-je, que le fantôme indien le poursuit partout, même dans l'alcôve où il ne dort pas. C'est un fantôme qui prend ses précautions, et qui ne veut pas manquer son coup.

Et par le même chemin suivi la veille, je me dirigeai vers Woodstock. En passant devant l'habitation de Boudha-Vhar, je ne pus m'empêcher de jeter un coup d'œil dans le salon du rez-de-chaussée, dont les croisées étaient ouvertes. L'Indien fumait, couché sur son divan ; il m'aperçut et se leva vivement pour me serrer la main :

— Comment ! me dit-il, vous n'êtes pas parti ?

— Non, mon cher Boudha-Var ; j'ai passé la nuit chez le Nabab.

— Chez Archibald ! s'écria-t-il avec un teint vert.

— Oui, chez Archibald Murphy, le chef des philanthropes du comté.

— Et dans quelle chambre ? demanda l'Indien d'un air inquiet.

— Dans la chambre d'Aureng-Zeb.

Il se laissa tomber sur le divan et brisa une fort belle pipe d'écume de mer.

— Allons, me dis-je, voilà l'histoire des revenants qui recommence !

— Vous avez couché dans la chambre d'Aureng-Zeb, reprit Boudha-Var, et vous avez dormi..... Parlez-moi franchement.

— De tout mon cœur, Boudha-Var ; ainsi, je vous avoue que je n'ai pas dormi.

— Vous avez donc entendu ?...

— Tout : maintenant, je connais Archibald.

— Vous ne le connaissez qu'à demi. Écoutez : je pars aujourd'hui pour la France ; vous savez que j'aime les Français, je dois ma fortune à vos compatriotes. Un riche Français de l'île Maurice m'a fourni les moyens de m'enrichir, lorsque j'eus brisé mes fers d'esclave...

— Ciel ! m'écriai-je, vous avez été esclave ?

— Oui, Monsieur, esclave d'Archibald Murphy jusqu'à l'âge de vingt ans ; il ne me reconnaîtrait plus aujourd'hui. Quand nous serons en France, je vous conterai mon histoire. Maintenant, qu'il vous suffise de savoir que le fantôme de Woodstock, c'est moi.

— Je l'avais déjà deviné.

— Je suis fils d'un jongleur indien, et il ne me coûte pas plus de peine pour monter sur le toit de la maison du Nabab, et parler dans les cheminées de ses quatre chambres, qu'il n'en coûte à cet oiseau pour voler sur cette branche et chanter. Vous comprenez tout, n'est-ce pas ?

— C'est fort clair.

—Tous les ans je reviendrai à Woodstock pour l'anniversaire de ses *meetings*, et je lui crierai sa vie à ses oreilles jusqu'a ce qu'il soit mort de peur... Voulez-vous faire route jusqu'à Londres avec moi?

— Avec grande joie, mon cher Boudha-Var.

— Eh bien! pour écarter tout soupçon, allez m'attendre, à Oxford, à *Swan-Inn*, dans la Grande-Rue.

— Bien! Ainsi donc, sans adieu.

II

Nous voyagions en *Out-Side* sur la route d'Oxford à Uxbridge, comme dans un aérostat de la force de quatre chevaux, et j'écoutais l'histoire que me faisait Boudha-Var.

« Je pourrais choisir dans ma longue vie, me disait-il, trente histoires qui vous paraîtraient des fables, parce que rien n'est plus invraisemblable que la vérité ; mais je me contenterai de vous dire l'épisode le plus intéressant de ma vie, celui que je me rappelle dans ses moindres détails, et qui me rend les impressions ineffaçables de mes vingt ans. Ce sont aussi, malheureusement, ces terribles jours de ma jeunesse qui ont tant influé sur mon existence, et qui, de bonne heure, m'ont appris à soulever, sur certains visages, le masque de philanthropie qui cache tant de faux sourires, tant de contradictions, de haine et de basse cupidité.

» Je pourrais vous conter quelques particularités de la vie d'Archibald Murphy, le président actuel du *meeting philanthropique*, et le suivre à Bombay, à Ceylan, à Calcutta, où ma vengeance légitime s'est acharnée contre lui : aujourd'hui, il me suffira de vous parler des événements qui se rattachent à sa résidence à Madras.

» Sir Archibald Murphy était alors à la tête de sa factorerie de Madras. Sa maison de ville était située à *Fort-Square*, devant l'hôtel de ville du gouvernement. Sa maison de campagne était dans la plaine de Tchoultry, sur les bords de la rivière Triplicam : on y arrivait par une belle allée de tulipiers.

» J'avais alors vingt ans ; j'en ai soixante aujourd'hui, quoique je paraisse plus jeune, parce que le teint de mon visage est vert.

» Parmi les jeunes esclaves d'Archibald, j'eus le malheur de distinguer la belle Daï-Nathá. Ah ! Monsieur ! le Lancashire n'a pas une femme à comparer à ma douce Indienne. Je n'ai vu qu'une vierge aussi parfaite dans ma vie, c'est la statue de Lakmi, la déesse de la beauté, dans la pagode de Bangalora.

» Daï-Nathá m'avait remarqué avantageusement, et quelquefois, le soir, nous nous entretenions ensemble de la sainte *Nar-Singha Avatar*, la huitième incarnation de Vichnou, homme et poisson. Souvent aussi, elle me chantait le *Ramaïaná* du grand poëte Valmiki, et elle me disait comment Hanoumâna, le chef des satyres, secourut Rama contre le tyran de Ceylan, Ravana, le ravisseur de la chaste Syta. Oh! mes larmes coulent encore à ces tendres souvenirs !

» Archibald Murphy n'était pas voûté de vieillesse, comme vous le voyez aujourd'hui ; il était dans toute la vigueur de ses vingt-cinq ans, et dans toute la furie de ces passions intraitables que le ciel de l'Inde met dans le cœur de l'homme et du serpent. Archibald se mit à aimer la belle Daï-Nathà... Vous n'avez jamais été dans l'Inde, Monsieur ?... Non... Eh bien ! vous ne savez pas comment on aime, et vous ne le saurez jamais. Il y a des heures, dans la plaine de Tchoultry, où la terre, l'arbre, la fleur et l'homme secouent des étincelles, où les cailloux d'argent du rivage fument, comme des pastilles d'aloës dans des cassolettes, où les ondes perlées de la Triplicam bouillonnent comme si elles roulaient sur un lit de soufre embrasé. Alors, si vous êtes couché sur la natte, près de la fontaine ou du lac, dans la colonnade d'un *chattiram*, et que vous voyez Daï-Nathà passer en riant sous un parasol de feuilles de palmier, esclave, vous brisez votre front contre la pierre ; maître, vous faites un signe, et vous devenez dieu ou bourreau.

» Archibald avait fait un signe... Oh! depuis le jour où l'Inde se vit plonger dans l'abîme par le démon Hyraneya-Kacipou, jamais on ne vit étinceler des yeux terribles comme les yeux d'Archibald.

» Daï-Nathà se mit sous la protection de notre grand Dieu et du serpent *Ananta*, qui signifie *sans fin*. Mais Archibal était un impie qui se moquait de nos plus respectables divinités. Un jour on l'avait vu rire même devant *Kourma-*

vâtarani, le dieu-tortue, et il dit qu'il avait mangé ce dieu la veille en *turtle-soup*, et qu'il était fort bon.

» A l'épouvantable regard que me jeta le soir Archibald, je compris que j'avais été dénoncé à mon maître comme l'amant de Daï-Nathá, et que ma vie ne tenait plus qu'à un fil.

» En ce moment, l'arrivée d'un grand personnage détourna mon maître de ses projets amoureux et peut-être homicides. Sir Wales, membre de la Société royale de Londres, et savant très-renommé dans le West-Kent, venait rendre visite à sir Archibald; il portait une lettre de recommandation de lord Cornwallis, et il se recommandait beaucoup plus lui-même en s'annonçant, dès le premier salut, comme le flambeau de la science zoologique et le révélateur de tous les secrets de Dieu.

» Comme j'étais fort inquiet sur le sort réservé à la belle Daï-Nathá et à moi-même, je me permis d'écouter la conversation d'Archibald et de Wales. La nuit était sombre sous la colonnade, et j'avais pris ma retraite dans les rameaux d'un palmier; roulé comme un serpent sous les larges feuilles, et ma tête flottante comme une grappe de dattes, je ne perdais pas un mot.

» —Sir Archibald, dit sir Wales, voici le but principal de mon expédition scientifique. Je tiens à honneur de classer définitivement le fameux arbre *boom-upas*, et de surprendre à tout prix ses vertus mystérieuses; mon but, comme vous le voyez, est tout philanthropique. Il s'agit de savoir, pour le bonheur de l'humanité anglo-indienne, si le *boom-upas* est tout simplement un mancenillier de la bénigne espèce, ou si c'est réellement un individu meurtrier, tuant impitoyablement les hommes et les animaux qui s'approchent de son feuillage. Si c'est un mancenillier, nous le laisserons croître et vivre paisiblement sur nos domaines ; si c'est un *boom-upas* véritable, nous extirperons cette race dans les îles de la Sonde, dans les Célèbes et partout. Il ne sera pas dit qu'un arbre se permette de tuer un sujet anglais qui cherche l'ombre et la fraîcheur, sur la foi des traités. Lord Cornwallis, qui commande à Madras, m'a donné plein pouvoir sur le *boom-upas*: il m'a affirmé que vous en aviez un sur vos terres ; est-il vrai, sir Archibald Murphy ?

» — Très-vrai, répondit Archibald. A l'extrémité de la plaine de Tchoultry, et sur les limites des carrières d'Élora, je possède un *boom-upas* de la plus belle venue ; c'est le seul arbre qui soit debout à dix lieues à la ronde, parce qu'il tue tout dans son voisinage, même les végétaux. Je l'aurais déjà fait couper, pour défricher une lande et y planter du riz, mais je n'ai trouvé personne qui osât lui porter un coup de hache. Le *boom-upas*, taillé par l'acier, saigne comme un corps humain, et les exhalaisons de ses blessures donnent la mort. J'ai demandé au commandant du fort Saint-Georges une pièce de canon, pour détruire mon *boom-upas*, impunément, à un demi-mille de distance ; mais on m'a répondu que cette affaire devait être préalablement exposée à la Chambre des communes, et qu'il fallait une autorisation spéciale du lord de l'amirauté.

» — Gardez-vous bien de l'abattre ! s'écria sir Wales ; j'ai fait cinq mille lieues pour l'étudier, et la Société royale de Londres m'a promis un *rent* de quatre cent livres, reversibles sur ma veuve, si je lui apporte un morceau d'*upas* grand comme ma main. Votre arbre fera la fortune de ma famille. Laissez-le vivre encore quelques jours, et quand je l'aurai dessiné, à l'encre de Chine, vous planterez du riz sur son tombeau à votre fantaisie. La science et l'humanité doivent passer avant tout. Nous ne sommes pas des savants et des philanthropes pour notre plaisir. L'Angleterre s'est chargée de faire le bonheur du genre humain, puisque Dieu s'est démis de cette noble tâche depuis Adam. Vous voyez que nous avons un rude travail sur les bras.

» — Faisons le bonheur de l'humanité, dit Archibald avec résignation.

» — Pouvez-vous me prêter un esclave? dit sir Wales d'un ton leste.

» Archibald ouvrit de grands yeux et attendit une demande plus intelligible.

» — Oui, poursuivit sir Wales, un mauvais petit esclave dont vous ne savez que faire. Il nous pourra servir dans l'expérience en question.

» — Quelle expérience? fit Archibald.

» — Eh! l'expérience du *boom-upas!* Je prends ce mauvais sujet d'esclave, je le fais garrotter proprement, je l'étends horizontalement sous le *boom-upas*, et le lendemain je reviens voir si l'arbre a opéré.

» — Mais, dit Archibald, l'arbre aura opéré, n'en doutez pas.

» — La science doit toujours douter jusqu'après résultat accompli; c'est la maxime de la Société royale de Londres. Il faut que je constate le fait, moi, dans l'intérêt de la science et de l'humanité. Voyons, cherchez dans votre bande de singes domestiques le plus inutile de tous ; je vous le paierai d'ailleurs au prix du tarif. Dieu me préserve de léser le prochain ! Je suis, moi, le martyr de la science à tel point que je serais prêt à me garrotter moi-même et à me faire empoisonner cette nuit par le *boom-upas*, si je n'étais arrêté par l'idée qu'il me serait impossible demain d'envoyer mes observations à la savante Société.

» — C'est juste, sir Wales.

» — Nous donnerons le corps de votre esclave à la galerie nationale de *Pall-Mall* ; et ce sera, j'espère, un assez grand honneur pour un individu de cette espèce d'être exposé à l'admiration des siècles, empaillé ou embaumé. Tous les esclaves ne sont pas si heureux après leur mort.

» — Sir Wales, dit Archibald après un instant de réflexion, je crois que je tiens votre individu...

» — Ah !

» — Un véritable mauvais sujet...

» — Ce qu'il me faut.

» — Un petit païen qui adore toutes les horribles idoles de ce pays.

» — Très-bien.

» — Et qui n'a pas vingt ans...

» — Encore mieux ; il ne doit pas encore être attaché à la vie...

» — Son nom indien est Boudha-Vhar ; mais je l'ai nommé, moi, Erinn, pour lui donner un nom chrétien.

» — J'accepte Erinn, et je vous le paie ce qu'il vous a coûté.

» — Deux cents livres.

» — Marché conclu. Seulement, si le païen survit à l'épreuve, je vous le rends...

» — Oh! soyez tranquille, je vous réponds de la vertu de mon *boom-upas*.

» — Sir Archibald Murphy, dit sir Wales debout et d'un air solennel, vous avez bien mérité de la science et de l'humanité. L'Angleterre déclare par ma bouche que vous avez fait votre devoir.

» En ce moment, je crois que ma raison me fit défaut, car je poussai un éclat de rire infernal, comme dans un accès de délire. La tige du palmier frémit, comme un boa verticalement posé sur le sable, et le feuillage de mon palmier s'agita comme la crinière du lion. Archibald et Wales, saisis de terreur, levèrent les yeux vers le toit de la colonnade, et distinguèrent, à la clarté de la lampe du vestibule, une tête d'Indien qui les regardait avec des yeux sanglants.

» — C'est lui! c'est lui! s'écria Archibald. C'est votre Erinn.

» — Le drôle nous espionnait, dit sir Wales. Faites-le saisir par deux... Avez-vous des *policemens*, des constables?...

» — J'ai mieux que cela, j'ai mes deux commandeurs, deux serviteurs dévoués et discrets.

» Archibald frappa du doigt sur une feuille de cuivre suspendue à un pilier, et les deux commandeurs arrivèrent sur-le-champ. Archibald leur dit quelques mots à l'oreille, et mon sort fut décidé.

» Oh! je vous atteste, *Mataydvatara* et *Saphari*, double incarnation de Brahma, lorsqu'il se changea en poisson bleu pour échapper au démon *Hayagriva* (*cou de cheval*), je vous atteste, ô vous les plus saintes divinités de mon enfance, quelle fut la pensée qui traversa mon esprit lorsque je fus saisi et garrotté par les deux féroces commandeurs ! Oh ! je ne regrettai ni ma vie, ni ma jeunesse : toutes mes pensées se tournèrent vers la belle Daï-Nathà, que je laissais exposée aux fureurs de mon puissant et terrible rival. — Daï-Nathà ! m'écriai-je d'une voix déchirante comme le son du tam-tam, et aussitôt ma bouche fut bâillonnée ; je fis un dernier effort pour lutter avec mes bourreaux ; dans cette convulsion suprême, mon sang indien bouillonna dans ma tête, je sentis un frisson au cœur et je m'évanouis.

» Lorsque je repris mes sens, je compris à la faiblesse de tous mes membres que bien des heures s'étaient écoulées depuis la scène du palmier.

» J'étais dans une grotte immense, qui, à la faible clarté d'un rayon extérieur horizontal, me parut être un de ces temples souterrains, comme j'en avais vu plusieurs dans ma chère île natale d'Éléphanta. Cependant les sculptures qui se détachaient autour de moi du flanc des rochers étaient si belles, que je les attribuai à des dieux et non à des hommes.

» — Me voici dans un autre monde, me dis-je à moi-même ; j'habite la demeure des morts ; le *boom-upas* m'a tué, mais le grand Siva, qui m'aime, n'a pas permis que sir Wales emportât mon cadavre dans la ville des Anglais. Oh ! ma belle Daï-Nathà, quel sort est le tien en ce moment sur cette terre maudite ! que la chaste Sita veille sur toi, elle qui est assise sur un trône d'indigo, à côté d'Indra, le dieu du firmament.

» Le rayon extérieur s'étendait de plus en plus dans la grotte, et quelle fut ma joie en apercevant deux superbes tableaux en pierre où je reconnus Indra et son épouse Indrani. Non, la terre ne possède rien de si beau, de si grand, de si parfait.

» La figure d'Indra était colossale ; le dieu était représenté assis sur son éléphant favori, nommé *Iravalti*, et quatre paons se posaient au-dessus de sa tête, dans les feuillages d'un manguier. Son épouse, Indrani, était assise sur un lion.

» Je me prosternai devant ces vénérables images, et je les priai d'abréger les siècles que je devais passer dans ce vestibule d'expiation.

» Ma prière fut interrompue par un grand bruit d'échos qui roula sous les colonnades souterraines, comme si un mugissement sourd fût sorti des trompes de chaque éléphant de pierre qui servait de base aux larges piliers.

» Un jurement anglais courut horizontalement et tomba sur la statue d'Indra qui lui refusa son écho. Je tressaillis et mon sang se glaça. Ce jurement appartenait à la terre, il m'enlevait au ciel, il me menaçait d'une seconde mort. J'avais reconnu la voix sifflante de mon maître Archibald ; bientôt je le vis lui-même, accompagné de sir Wales, marchant à tâtons dans le souterrain et s'aidant du rayon du jour rampant sur le sable, comme d'un fil conducteur. Aussitôt je me précipitai dans une sombre excavation du rocher, derrière la croupe d'un éléphant de granit noir. Les deux Anglais tenaient alors cette conversation.

» — Sir Archibald, disait Wales, vous avez là vraiment, dans votre voisinage, des merveilles que la Société royale de Londres ne connaissait pas.

» — Eh ! sir Wales, cela ne produit rien. Toutes ces pierres ne valent pas une livre de riz.

» — Sans doute, sans doute; mais la science prise fort ces curiosités... Vous dites donc que nous sommes dans les temples d'Elora ?

» — Oui, sir Wales.

» — Toutes ces montagnes sont pleines de temples de cette façon ?

» — Oui, sir Wales.

» — C'est fort curieux, vraiment... Permettez que j'écrive sur mon album les impressions que j'éprouve dans les temples d'Elora... Éprouvez-vous aussi des impressions, sir Archibald ?

» — Moi, je pense à ce coquin de Boudha-Var que nous n'avons pas trouvé ce matin, mort comme il devait être, sous le *boom-upas*.

» — Comment donc ! c'est une affaire finie. Lisez le rapport que j'adresse à la Société royale de Londres..., le voici sur mon album..., écoutez : « Le *boom-upas* est originaire
» des Célèbes ; le *boom-upas* n'est pas, ainsi que quelques
» naturalistes français l'ont prétendu étourdîment, le man-
» cenillier, ni le *mancanilla*, comme l'affirment gravement
» les savants espagnols, et notamment Clusius ; ni l'*hippo-*
» *mane*, comme l'avance avec légèreté M. Linnée ; ni la ca-

» momille, comme l'affirme Hermolaüs ; ni le *gnaph-ale*,
» comme l'atteste Plumier. Le *boom-upas* n'est autre chose
» que le *boom-upas* ou l'*upas* tout court, mot célébique qui
» signifie *poison*. L'individu que j'ai observé dans le voisi-
» nage des temples d'Élora, non loin de Madras, est un véri-
» table *upas* de la plus grande espèce. Le savant voyageur
» Crown a fait des expériences sur l'*upas* d'Élora. Il lia un
» touraco à ses branches, et le lendemain le touraco était
» mort, on ne trouva que ses plumes au pied de l'*upas* ; il
» avait été dévoré par un serpent. On trouva le serpent à
» quelques pas de l'arbre, et le reptile ne donnait pas signe
» de vie ; il avait été étouffé par une aile du touraco. La peau
» du serpent, victime de l'*upas*, est exposée, sous le n° 127,
» à *National-Galery*. Brown n'avait pas expérimenté sur les
» corps humains. Il m'était réservé, à moi, d'éclaircir les
» doutes de la science sur les vertus homicides du *boom-*
» *upas*. Un vieil esclave, nommé Boudha-Var, païen et ido-
» lâtre, lequel nous avait suivi dans notre expédition, com-
» mit l'imprudence de s'endormir sous l'arbre d'Élora. Son
» maître, animé par le zèle de la science et de l'humanité,
» me permit de ne pas réveiller l'esclave et de laisser agir la
» nature. J'obéis, et nous abandonnâmes Boudha-Var aux
» douceurs du sommeil. Le lendemain, à l'aube, nous re-
» tournâmes à l'*upas*, l'esclave était mort dans la nuit, et
» nous vîmes sur les rochers d'Élora les farouches oiseaux
» de proie qui avaient dévoré son cadavre. Je dessinai la
» place où Boudha-Var avait péri empoisonné par les va-
» peurs de l'*upas*, et le but de ma mission étant rempli, je
» m'en revins à Madras. La Société royale de Londres in-

» demnisera sir Archibald de la perte de son esclave Boudha-
» Var. »

» — Vous voyez, poursuivit sir Wales, en fermant son album, vous voyez avec quelle modestie je parle d'une expédition aussi périlleuse. La science doit être simple dans l'exposé de ses travaux. Maintenant, sir Archibald, vous qui connaissez les localités, veuillez bien m'aider à sortir de ces repaires de serpents.

» —Voulez-vous visiter le temple souterrain jusqu'à l'extrémité pour faire votre rapport à la Société royale de Londres?

» — Il suffit, sir Archibald, j'en ai vu assez. Allons manger la soupe de tortue à votre habitation. Aujourd'hui la science et l'humanité ont fait un grand pas.

» Sir Archibald et le savant sortirent du temple ; et moi, conseillé par la prudence, je n'abandonnai ma retraite qu'à l'heure où le soleil, arrivé au plus haut cercle du firmament, ne permet plus à l'homme de passer dans la plaine de Tchoultry et sur les roches ardentes d'Elora.

» Par quel miracle avais-je été délié et conduit dans le temple souterrain d'Indra? Je l'ignorais. A force de réfléchir, je parvins à me persuader que le grand Soupramany-Samy, le second fils de Siva, qui a longtemps habité les grottes d'Élora, sous la forme d'un serpent, avait eu pitié de mon malheur, et qu'il m'avait déposé endormi dans ce souterrain.

» Après avoir échappé à l'*upas,* à sir Archibald, aux commandeurs et au savant, je ne tardai pas à m'apercevoir que j'expirais de faim et de soif.

» Dieu bleu du firmament, m'écriai-je, sublime *Nalicanta*, qui avez été nourri par un mendiant *Pandaron*, à votre cinquième incarnation, donnez un des yeux de vos sept têtes au plus dévot de vos enfants... Venez à son secours :

» Et, plein de foi dans ma prière je sortis du souterrain, et je gagnai le sommet du plus haut des temples, qui était consacré, comme vous savez, aux dix incarnations de Vichnou, et qu'on nomma *Dès-Avâtara*. Je m'assis sur le point culminant du *Viranda*, sur le front large du bœuf *Nandy*; et de là j'embrassai toute la plaine jusqu'à la mer. La plaine était jaune comme le dos d'un paon rôti ; la mer était d'un bleu mat comme un miroir d'indigo. Je ne voyais d'autre végétation que le feuillage du *boom-upas*, sur lequel s'étaient abattus des oiseaux qui venaient boire un peu de fraîcheur, à défaut d'eau de source. Le feu coulait dans l'air, en étincelles visibles, et il me semblait que le bœuf granitique Nandy exhalait une odeur de festin anglais. Je crus assister à la onzième incarnation de Vichnou. A cette heure, le dieu du firmament, le sublime Nalicanta, descendait sur la terre pour la brûler de ses baisers d'époux, et les longues collines d'Élora me paraissaient tressaillir comme des mamelles fécondes sous les embrassements du dieu.

« Le silence qui régnait dans ces ruines fut soudainement interrompu par des cris terribles et un bruit de pas précipités. Je me cachai prudemment derrière la corne du bœuf Nandy, et je plongeai mes regards dans le gouffre des temples voisins. Un Indien tombait à genoux devant le portique du temple de Visouakarma, et se mettait sous la protection de ce dieu du second ordre, le glorieux architecte des temples d'Élora. A son large madras humide, à son voile de laine, à sa pagne bleue, à son bâton orné de plaques de fer flottantes, dont le son effraie les serpents, je reconnus un *telinga*, ou porteur de lettres. Il me fut aisé de deviner la cause de son désespoir. Frère, m'écriai-je, je vais à ton secours ! Le telinga, qui se roulait déjà sur le sable dans les convulsions de l'agonie, crut entendre la voix de Visouakarma ; il se leva, regarda le ciel, poussa un éclat de rire et retomba lourdement. Lorsque j'arrivai, il était mort. Le malheureux avait été piqué par le plus terrible des serpents qui désolent la plaine de Tchoultry.

» J'ouvris la boite de fer-blanc qu'il portait sur la tête, selon l'usage des telingas, et je ne trouvai qu'une lettre. Elle était adressée à *Mistriss Anna Goldingham, dans la vallée d'Élora, sous la cataracte.*

» C'est à un mille vers le nord, me dis-je. Il n'y a pas à balancer : faisons-nous telinga. Une lettre portée à cette heure est une chose sainte qu'il ne faut pas laisser au désert.

» Je pris dans mes bras le cadavre du malheureux facteur, et je le déposai dans le temple même, au pied de la statue de Visouakarma. Ce dieu est représenté pressant le petit doigt de sa main gauche avec deux doigts de la main droite, parce que l'histoire raconte qu'il fut piqué par un serpent sur ce lieu même. Je regrettai bien de ne pouvoir visiter ce magnifique temple, qui est une merveille de l'Inde. Je pris la lettre et le bâton du telinga, et je me dirigeai vers le nord. Les carrières d'Élora semblaient vomir des flammes ; cependant je les traversai au pas de course, ne donnant qu'un léger salut de respect aux temples de Djaga et de Vidjaga, déesse de la fécondité ; aux temples de Doumar-Leyna, de Nilkan-Mandiou, de Kaïlaça, des Cendres de Ravana, de Tin-Tali, avec ses trois étages de portiques, et de Dau-Taly, qui n'en a que deux. Tout à coup j'entendis un bruit plus harmonieux que le Sitrim qui enchante le jardin Mandana, lorsque Koumâra, fils du Soleil, fait danser les bayadères, ses épouses, à l'ombre des acacias en fleurs. C'était le roulement de la cascade, et déjà je me désalterais à ce bruit, tant il répandait de fraîcheur dans l'air. Cette cascade est née d'une larme de la chaste Sita. Le souvenir de cette jeune fille des hommes, aujourd'hui épouse d'un dieu, est ainsi éternellement lié à cette cataracte harmonieuse, qui ravit les pèlerins d'Élora. Avec quelle joie je baignai mes lèvres dans ces eaux divines, qui venaient de la femme et du ciel !

» Des hauteurs de Doumar-Leyna je tombai dans la vallée du nord. Là, le désert : ici le jardin. Il y avait un cottage dans des massifs de palmiers, des parterres couverts de fleurs, des enclos avec des haies de vanille, des *caudries* en piliers d'érable, des volières à treillis de fil d'argent, pleines de petits oiseaux qui ressemblaient à des émeraudes volantes et à des rubis aîlés. Oh! je reconnus la demeure d'une dame anglaise à cette grâce céleste, à cet enchantement de paysage qui ravissait le pauvre Indien. Je baisai le seuil de la porte du jardin, et je montrai ma lettre à un jeune esclave qui arrosait des fleurs.

» La grille me fut ouverte, et l'esclave me précéda pour m'introduire sous la colonnade d'érables, où les oiseaux chantaient avec les fontaines.

» Il y avait là, mollement renversée sur des nattes douces comme des tissus de Kackmir, une jeune femme dans le voluptueux négligé de notre pays. La souple robe d'indienne, jetée avec abandon sur un corps divin, laissait à découvert ses pieds d'ivoire, ses bras, son cou, ses épaules dont la brancheur éblouissante s'animait de teintes roses sous l'influence de notre ciel, qui a bronzé la chair des filles de l'Indoustan. Telle m'apparut mistriss Anna Goldingham, et mes yeux, qui avaient supporté le soleil d'Élora, se fermèrent devant cette apparition. J'oubliai ma faim, ma soif, ma fatigue, mes malheurs ; une joie que je n'avais jamais ressentie remplit mon corps et mon âme ; des larmes de plaisir remplirent mes yeux ; je fus saisi d'une langueur délicieuse qui doit être cette volupté, fille de Lucthme et de Sursutée, les deux épouses de Vichnou.

» Mistriss Goldingham eut à peine ouvert la lettre qu'elle poussa un cri de joie, et tous les rayons, qui courent le soir comme une bordure d'or sur les rives du Coromandel, se réunirent en une seule gerbe pour composer le sourire de son visage. Puis, elle abaissa ses lèvres jusqu'à l'air inférieur que je souillais, et elle me dit :

» — Tu viens donc de Pondichéry, pauvre enfant ?

» En ce moment, les oiseaux et les fontaines qui chantaient harmonieusement, comme le *bin* et le *sitar*, firent silence pour écouter la voix de la divine Anglaise d'Élora ; et moi, je demeurai muet aussi, sous le charme de cette parole inouïe, de ces syllabes destinées à l'oreille d'un vil esclave indien.

» A genoux, le front sur la natte, et mes mains croisées

sur la tête, je répondis : Je ne viens pas de Pondichéry, je viens des temples d'Élora.

» Et mistriss Goldingham m'ayant demandé l'explication de ces mots, je lui contai l'histoire du malheureux telinga, mordu par le terrible serpent *cobra capell*, dans la plaine de Tchoultry.

» Après avoir écouté avec une ardente émotion mon triste récit, cette femme, si indolente, se leva toute radieuse d'énergie virile, et s'écria :

» — Esclave, tu viens de faire une bonne action, et Dieu m'ordonne de te récompenser. Mais je ne veux pas que le corps du malheureux facteur indien, venu de Pondichéry pour moi, reste exposé à toutes les injures dans les carrières d'Élora. Pars sur-le-champ avec mon *jemidar* (domestique); cours au temple de Visoukarma, et rapporte à mon habitation le corps du telinga. Je veux lui donner une sépulture honorable, au pied de ce *Tody*, l'arbre bienfaisant qui fait vivre les pauvres Indiens.

» Le jemidar, habitué à devancer les ordres de sa maîtresse, était déjà devant la grille du cottage, et son doigt me disait : Viens. Nous nous élançâmes vers les carrières, agiles comme deux tigres à la piste d'une proie. Le matin j'étais abattu de souffrance; en ce moment je ressuscitais. Rien n'excite comme la parole d'une femme bonne et belle; elle arracherait les morts du tombeau.

» Nous remontâmes les rives de la cascade, buvant son eau dans le creux de notre main, au vol, sans nous arrêter. Nous tombâmes, d'un bond, de la plaine sur le sommet de la montagne. Nous franchîmes les portiques des temples, en effleurant à peine de nos pieds le dos des éléphants et des *sings* taillés dans la roche. Bien avant le jemidar j'entrai dans le souterrain de Visouakarma, et le cri de surprise que je poussai devant la statue d'Indra fut répété mille fois par les échos du temple. Le cadavre du facteur avait disparu. Le sable conservait encore la forme d'un corps, et rien n'annonçait qu'une bête féroce fût entrée dans le temple, car l'empreinte du sable était pure dans le contour de ses lignes, et il n'y avait auprès que des vestiges de pieds humains.

» En mesurant ces traces avec mes pieds, je fus frappé d'une nouvelle surprise ; elles étaient beaucoup plus larges que les vestiges que j'avais laissés en d'autres endroits du souterrain. Un autre homme vivant était donc entré dans le temple, et il avait enlevé le corps du telinga quelques instants avant notre arrivée !

» Oh ! de quel désespoir je fus saisi, à l'idée de ne pouvoir rapporter le corps du facteur au cottage de la belle Anglaise ! Elle ne croira pas notre parole, dis-je à son jemidar ; elle nous accusera de lâcheté ; elle dira que nous avons reculé devant le serpent *cobra capell* qui siffle dans Élora au brûlant milieu du jour.

» Le jemidar était consterné. Moi, j'eus une idée fatale, inspirée, sans doute, par Myhassor, l'esprit malin que combattit la déesse Dourga. Je cherchai dans ma mémoire quel genre de suicide était permis par notre sage législateur Menu, et je résolus de me précipiter du haut de la cataracte dans le gouffre noir de la vallée.

» — Allons ! dis-je au jemidar.

» Gardant un triste silence, mon compagnon et moi nous

sortimes du temple de Visouakarma, nous dirigeant vers la cataracte, et comme nous passions devant Dau-Tali, nous aperçûmes un Indien de la campagne, un pawn, assis à l'ombre du Viranda, et fumant son *Houka*. Elle est si extraordinaire, la présence d'un homme dans ces roches, et à cette heure du grand soleil! nous nous arrêtâmes pour questionner le pawn, et lui emprunter quelques noix de bétel, qui étaient éparses devant lui en assez grand nombre. Il nous demanda par un signe la permission de terminer son *poitah* (chapelet), et, au dernier grain, il nous parla ainsi :

» — La nuit passée, un *beraïdje* (cultivateur) m'a abordé et m'a dit : Voilà vingt *couris* pour ta peine. Tu iras aux roches d'Élora ; tu trouveras sous l'arbre *boom-upas* un homme étendu et garrotté. Tu couperas ses liens, et tu le conduiras dans les ruines d'un temple voisin, en lui recommandant de se cacher et d'attendre. Reviens promptement. A ton retour, tu me trouveras dans ce bois de manguiers. J'ai obéi. J'ai couru au *boom-upas*, j'y ai vu l'homme, mais il ne donnait aucun signe de vie. J'ai coupé ses liens, et je l'ai porté dans un des temples voisins. Ce matin, à mon retour aux manguiers, j'ai raconté au beraïdje ce que j'avais vu et fait. Il m'a dit : Attends-moi, j'aurai peut-être de nouveaux ordres à te donner. Cette fois il m'a dit : Voilà trente *couris*, pars, retire du temple le corps du malheureux Boudha-Var, et donne-lui la sépulture, afin que les insectes et les oiseaux de proie ne dévorent pas son cadavre. C'est ce que je viens de faire, et vous me voyez priant pour me préparer à l'ablution.

Le *Pawn* n'avait plus rien à nous dire ; il baissa la tête, ferma les yeux, et recommença la prière du *poitah*. Mon premier mouvement fut de m'écrier que le corps enseveli n'était pas celui de Boudha-Var, que Boudha-Var vivait encore par la grâce du dieu Siva ; mais une réflexion bien naturelle me retint. J'avais intérêt à passer pour mort aux yeux d'Archibald Murphy, mon maître : cette erreur me rendait ma liberté. J'allais recommencer une autre vie, au cottage de cette belle Anglaise, dont la vue seule devait être pour moi le bonheur de toute une vie d'exil dans les solitudes d'Élora.

» A mon retour, je demandai à mistriss Goldingham la permission de lui conter mon histoire : elle consentit gracieusement à m'écouter et parut touchée de mes infortunes. Vous resterez auprès de moi, me dit-elle, et dans quelque temps je vous faciliterai les moyens de quitter la côte de Coromandel, et de vous rendre dans quelque possession française, où vous braverez la colère d'Archibald. En attendant, vous prendrez rang parmi les *angrys* (laboureurs) de mes plantations ; ils sont libres et bien payés. Le service que vous m'avez rendu en m'apportant la plus précieuse des lettres me fait un devoir de vous donner une heureuse et honnête condition.

» Je tombai à ses pieds, et je couvris de baisers et de larmes la place qui gardait l'empreinte de ses sandales.

» Oh ! si le souvenir de Daï-Nathà ne se fût présenté à chaque instant à mon esprit, j'aurais été, à cette époque de ma vie, au comble de la félicité terrestre. Les heures s'écoulaient pour moi dans un ravissement à exciter l'envie des dieux. Je n'aurais pas fait un échange de mon sort avec le riche Palmer, qui avait autant de diamants, de vaisseaux et d'esclaves que le dieu Indra sème d'étoiles dans le ciel ; et pourtant il ne m'était permis de voir mistriss Goldingham que de loin, et jamais rien dans mon attitude ne devait trahir cette admiration secrète et ce chaste bonheur qui était dans mon âme. La voir le matin descendre sous la *chandrie*, radieuse comme une étoile vivante, illuminant cette douce vallée pleine d'ombre et d'eaux vives ; la suivre des yeux devant la volière, où les oiseaux saluaient sa venue comme le lever d'un autre soleil ; l'entendre chanter un de ces airs venus d'Europe, et qui nous charment tant, nous, Indiens impressionnables, quand une voix de femme les livre à l'écho de nos solitudes : tels étaient mes plaisirs et mes joies. Je n'aurais jamais demandé davantage au plus puissant de nos dieux.

» Un soir, comme je travaillais au verger, le jemidar me dit :

» — Lève-toi, ta maîtresse t'appelle.

» A cette parole, tous les bruits mystérieux de la cataracte, tombant au gouffre, retentirent dans mes oreilles ; mon cou se gonfla, mes yeux se voilèrent, mes pieds furent paralysés.

» Mistriss Goldingham était assise et lisait. En m'avançant avec lenteur, je pus la contempler tout à mon aise. Elle était vêtue du *sari* à soie rose, à bords travaillés, comme les grandes dames indiennes : ses cheveux noirs, à reflets mobiles de pourpre, dégarnissant le front et les tempes, venaient s'arrondir en masse compacte derrière sa tête ; sa bouche, qui daigna s'ouvrir avec un sourire pour moi, aurait fait honte à Ceylan, qui n'a pas de perles si fines dans du corail si beau.

» — Boudha-Var, me dit-elle, votre histoire fait du bruit ; je viens de recevoir l'*Asiatic-Journal, or Madras-Review*, qui parle de vous.

» Elle fit un charmant éclat de rire, et elle ajouta :

» — Êtes-vous bien aise de lire votre histoire ? Prenez... je vous permets cela, Boudha-Var ; vous n'êtes plus un esclave, vous êtes une célébrité historique... Lisez, lisez ; vous verrez... nos savants n'en font pas d'autres.

» Je m'inclinai, je me raffermis sur mes pieds, je demandai à mon soleil de dissiper le brouillard de mes yeux, et je lus cet article :

SCIENCES NATURELLES.

» Sir Wales, envoyé dans l'Inde par la Société royale de Londres pour étudier les vertus de l'arbre *boom-upas*, vient d'accomplir sa mission périlleuse avec le plus grand succès. Cet illustre savant a découvert un *boom-upas* dans les domaines de sir Archibald Murphy, planteur de Madras et philanthrope éclairé. Son intention était de braver lui-même le venin de l'arbre, et de se dévouer dans l'intérêt de la science ; mais un jeune esclave qui suivait l'expédition, s'étant endormi sous le *boom-upas*, a fort heureusement détourné par cette imprudence le coup fatal qui menaçait les jours précieux de sir Wales. L'esclave a été tué subitement par les exhalaisons de l'arbre de mort. Son corps, provisoirement enseveli à Élora, sera envoyé, aux frais de la compagnie, à *National Galery* de Londres, dans un cercueil de bois d'upas.

Les membres du *zoologycal-club* de Madras ont offert un banquet à sir Wales. Lord Cornwallis présidera. Le banquet aura lieu, dans la grande salle du Panthéon de Madras, le jour qu'on célébrera le *Tcharok-poudjah*, la fête de l'expiation. »

» — Eh bien ! me dit mistriss Goldingham riant aux éclats, voulez-vous assister à ce banquet, Boudha-Var ? C'est dans dix jours, justement le jour de mon mariage. M. d'Hermilly arrive de Pondichéry à Madras la veille : la lettre du pauvre Telinga m'a donné cette heureuse nouvelle ; il est juste que vous appreniez cela de ma bouche, puisque c'est à votre zèle et à votre intelligence que je dois la lettre de Pondichéry. Vous resterez à notre service, n'est-ce pas ?

» Certainement, jamais je n'aurais osé, moi pauvre esclave, élever la plus vague de mes pensées vers cette femme placée au-dessus de Boudha-Var de toute la hauteur du ciel. Eh bien ! le croirez-vous ? ce mot de mariage m'entra au cœur comme la pointe d'un couteau. Elle attribua sans doute le trouble et la lenteur de ma réponse à ma timidité d'esclave, car elle essaya de m'encourager par des mots obligeants qui achevaient de bouleverser mes esprits.

» Je me retirai, en prenant l'attitude muette d'un serviteur dévoué qui consent à tout ce qu'un maître exige de lui.

» Seul et à l'écart, je réfléchis sur cette situation étrange que le hasard m'avait faite. A vingt ans j'étais mort et enterré pour tout le monde, excepté pour madame Goldingham. Le chemin de Madras m'était fermé. Plus d'espoir de revoir la douce Daï-Nathà, aux épaules de cuivre doré ; plus d'espoir de revenir à ces premières amours, sans courir la terrible chance de me replacer imprudemment sous le bâton d'un maître et d'un rival qui, cette fois, ne confierait plus sa vengeance aux vertus douteuses du boom-upas. Ainsi, j'étais exilé à jamais entre le cottage et la cascade d'Élora, pour assister éternellement au bonheur de M. d'Hermilly, qui venait épouser mistriss Goldingham, cette femme qui était à mes yeux pure comme la déesse Indrani, sous le voile inviolable qu'a déposé sur elle le bleu firmament, son époux.

» Hélas ! tout ce que j'avais prévu de bien ou de mal dans mes destinées futures ne devait pas se réaliser.

» Cinq jours après, mistriss Goldingham me fit un signe ; je m'approchai ; elle me dit :

» — Boudha-Var, décidément vous êtes à moi. J'ai envoyé mon intendant à votre premier maître, sir Archibald Murphy, et je lui ai fait proposer une bourse de deux cent livres pour acheter de lui votre corps. Sir Archibald a cru d'abord que ma proposition était une plaisanterie ; mais mon intendant a déposé la bourse sur une table, et a demandé un reçu. « Ma foi, a dit Archibald en riant, je vends un esclave mort
» au prix de deux esclaves vivants : c'est une bonne affaire
» de commerce. Je vois bien que c'est une spéculation à
» l'anglaise ; mais n'importe, je n'y perds pas. Au reste, je
» comptais fort peu sur l'indemnité promise par sir Wales.
» Me voilà indemnisé. » Aussitôt Archibald a donné son reçu. Ainsi, Boudha-Var, vous êtes libre et maître de vos actions.

» Je ne répondis à ces paroles que par des larmes et un cri de surprise et d'admiration. Cette divine femme me retirait vivant de ma tombe d'Élora ; mais, en même temps, elle jetait un tison de plus sur ce foyer de passion que je sentais bouillonner dans ma poitrine, et qui ne devait s'éteindre jamais !

« Quelques mots que j'arrachai à la discrétion du jemidar me mirent au fait de la position sociale de mistriss Goldingham. A vingt ans elle avait perdu son mari, tué sur la brèche de Séringapatam, à côté du marquis de Wellesley, colonel comme lui. L'Angleterre avait doté magnifiquement la veuve, qui fut peu de temps inconsolable. M. d'Hermilly, jeune Français résidant à Pondichéry, avait conçu, dans un voyage à Madras, une violente passion pour mistriss Goldingham, et il ne fut pas malheureux dans ses honnêtes prétentions sur elle. Il avait été convenu d'observer la loi des convenances dans leur stricte rigueur, et de célébrer le mariage à l'expiration du deuil.

» Hélas ! le deuil était fini pour elle ; il commençait pour moi.

» Deux jours avant le *Tcharok-Poudjah*, fête de l'expiation, nous partîmes après le coucher du soleil, pour nous rendre à Madras. J'avais demandé et obtenu l'honneur de porter un des bras du palanquin de mistriss Goldingham. J'avais lié aux brancards de petits rameaux de myrte, de sandal blanc, d'ébénier, de nancléa, de cassier, de nard, de sycomore, de tous les jolis arbres qui s'élevaient devant le cottage, et qui semblaient ainsi accompagner leur belle maîtresse, et continuer à lui donner la fraîcheur de la campagne à travers les roches d'Élora, brûlantes encore la nuit des flammes inextinguibles du jour.

» A moitié chemin, nous rencontrâmes une cavalcade de jeunes gens. C'était M. d'Hermilly, accompagné de ses amis et de ses domestiques. Les rideaux du palanquin s'entr'ouvrirent, et mon cœur se déchira au bruit strident de la soie. Il y eut beaucoup de paroles échangées en langue française, que je ne compris pas; mais je ne compris que trop un de ces énergiques serrements de mains qui portent tant de caresses en eux, et dont les femmes seules ont le secret.

» Tous les dieux de l'Inde, ces dieux puissants qui ont fait de notre Asie la merveille de la création, n'auraient pas eu le pouvoir de me donner une âme assez forte pour contempler la fête du mariage qui allait s'accomplir.

» — Permettez-moi, dis-je à mistriss Goldingham, d'assister à la fête de l'expiation. J'ai de pieux devoirs à remplir et beaucoup de fautes à expier.

» — Allez, me dit-elle avec ce sourire éternel qui était son visage; allez, vous êtes libre; mais souvenez-vous qu'après la fête nous partons pour Pondichéry, sur le vaisseau *l'Érable*, qui est ancré devant le fort Saint-Georges.

» Que m'importait la fête de l'expiation! je ne demandais que la solitude et le silence. En quelques bonds je traversai la *ville-noire*, le *Tchinà-bâzar*, et je me réfugiai avec mes douleurs sous les manguiers de la rivière de Méléapour. Oh! me disais-je, à cette heure, l'épouse du dieu Kouvera, la déesse Shoubhângi (*belle*), est jalouse de mistriss Goldingham, et ce nuage noir qui descend sur la vieille *Tchinà-Patnam* porte la foudre destinée à un époux qui veut être plus heureux qu'un dieu !

» La nuit tombée, le vent qui soufflait de *mount-rood* apportait le fracas de la plaine où Madras célébrait le *Tcharok-poudjah*. J'entendais avec cet ennui que donnent les réjouissances à ceux qui pleurent le concert aigu des *bins*, des *thoblas*, des *tikoras*, des *baunrs*, des *moundjirahs,* de tous les instruments que l'Asie a inventés pour déchirer les oreilles des hommes et des dieux. Insensiblement ces bruits de musique et de foule se rapprochaient de moi. La ville sortait de la ville et inondait la campagne. Oh ! le tableau que je vis alors ne s'effacera jamais de mon souvenir ! Depuis cette époque, et bien longtemps après, j'ai vu les orgies des nations civilisées ; j'ai vu la nocturne prostitution de Londres ; ce fléau qui coule dans le *Strand*, comme une Tamise de crimes, se brise aux angles de *Charing-Cross,* souille les marbres du palais de Northumberland, insulte au bronze du Stuard décapité, insulte Dieu sur les tombes extérieures de Westminster, et force le ciel à couvrir Londres d'un voile éternel de brouillards, afin que les anges ne soient pas contristés de toutes les infamies de ces nuits. Eh bien ! tout cela n'est pas comparable à la fête indienne de l'expiation. Quelle expiation ! Chez vous, peuples glacés du Nord, l'orgie s'accomplit avec la froideur de votre climat ; vous vous faites criminels par ennui plutôt que par exigence de tempérament ; mais chez nous, fils de cette terre où le même sang coule dans les veines de l'homme et du tigre, le crime secoue des tisons, et semble vouloir rendre au soleil, pendant la nuit, toutes les flammes qu'il en a reçues à midi. C'était dans les ténèbres un épouvantable chaos de prostitution, que dominaient le rugissement d'un amour en délire et les éclats d'une joie fiévreuse, délivrée de la crainte du jour. Je vis passer des bandes de *ram-dijénys,* femmes impudiques de l'Inde, entraînant sur leurs pas une armée d'esclaves qui sifflaient comme des boas ; je vis des bayadères déchirant leurs *saris* de laine, agitant au bout des doigts des *moundjirahs,* comme des danseuses espagnoles, et dévorées au milieu de leurs danses sous des lèvres de démons incarnés qui jetaient dans la nuit les éclairs infernaux de leur yeux ; je vis les misérables femmes de *Blaks-Town* se rouler, avec d'horribles convulsions, sur un lit immense de rameaux de tulipiers jaunes que d'invisibles mains avaient fauchés sur les rives du Méléapour, et se débattre contre les puissantes étreintes des *baloks* et des jongleurs. Voilant mes yeux, courbant mon front, hâtant mes pas, je me dirigeai vers la rivière pour m'y purifier des souillures d'autrui, lorsqu'une jeune fille jeta ses bras à mon cou, et me glaça de terreur.

» Oh ! je la reconnus tout de suite au frémissement de son haleine, avant même qu'elle eût parlé. C'était Daï-Nathà.

» — Oui, me dit-elle avec des éclats de rire furieux, oui, je savais bien que tu sortirais du tombeau pour me voir. Aussi je me suis échappée de ma prison de *Fort-Square* ; Archibald Murphy ne me retrouvera plus. Tu n'as pas encore tué Archibald Murphy ? Réponds-moi ; ah ! tu me l'avais promis hier matin, sous les manguiers de la Triplicam.

» Les racines de mes cheveux piquèrent mon crâne comme des aiguillons de serpent. Daï-Nathà était folle. Un cri de désespoir sortit de ma poitrine, et mes larmes éteignirent ma voix.

» — Viens, me dit-elle avec une voix douce mêlée à des aspirations rauques, viens, allons à la fête ; c'est notre mariage qu'on célèbre. Archibald Murphy dévore ses poings de jalousie; mais le dieu Siva nous a pris sous sa protection. Regarde ce voile, c'est la déesse Lutchmé qui l'a brodé, avec des aiguilles de corail, dans le kiosque de *Soubi-Râmanièn*.

» La pauvre fille, disant cela, me montrait avec complaisance un hideux amas de haillons qui tombaient de ses épaules, avec une déplorable intention de coquetterie, et elle me présentait ce voile en me priant de le baiser.

» Tout à coup, son visage prit une expression de fureur qui me fit trembler. La flamme jaillit de ses yeux, et l'écume de sa bouche.

» — Tu es un mauvais esprit, s'écria-t-elle, avec un rugissement de tigresse, tu ne m'aimes plus. La belle Sursutée, l'épouse de Vichnou, t'a visité dans ta tombe, et tu lui as souri. C'est moi qui ai envoyé le Béraïdje pour couper tes liens sous l'arbre de mort; c'est moi qui t'ai enseveli, par les mains du Pawn d'Élora; c'est moi qui t'ai livré aux caresses de Sursutée! Oh! que Daï-Nathà est malheureuse!... Oui, oui, tu as raison, je ne suis plus digne de toi; je suis la maîtresse d'Archibald Murphy; c'est lui qui m'a brisé ce bras, parce que je lui résistais. Regarde ce bras, il est mort. Je veux mourir aussi, moi; attends, attends. Ne m'embrasse pas! Je suis souillée!..... Le Gange! où est le Gange?..... fleuve saint, donne la pureté à ta fille *Daï-Nathà*. »

» Et elle s'élança dans les flots profonds et ténébreux du Méléapour. N'ayant pu la retenir, je me précipitai après elle pour la sauver.

» Tous mes efforts furent inutiles. Trois fois, je remontai

sur la rive pour respirer ; trois fois je me replongeai dans le fleuve, fouillant, avec mes doigts convulsifs, les herbes, les roseaux et le sable qui forment son lit. Au jeune âge de foi et de religion que j'avais alors, il me fut aisé de croire que la pauvre Daï-Nathà avait été enlevée par les deux épouses de Vichnou.

» Toujours poursuivi par les orgies du *Tcharok-poudjah*, je voulus regagner la ville, en traversant la rivière à l'endroit où s'élève aujourd'hui le pont des Arméniens. Fendant les ondes à la nage, et l'herbe des prairies au vol, je ne m'arrêtai que sur la place du Panthéon. Les vitres rondes de cet édifice luisaient comme une cascade de soleils, dans les épaisses ténèbres de cette nuit de désolation. Par les croisées ouvertes de la salle du festin, j'entendis l'explosion de gaîté qui s'élevait à chaque *toast* porté au courage de sir Wales, et à la généreuse philanthropie d'Archibald Murphy. Cent convives entouraient la table, et je fis un effort sur moi-même pour distinguer dans cette foule mon ancien maître et le savant, son complice. Archibald rayonnait de joie ; sir Wales recevait en ce moment, au milieu des *houras* frénétiques, une couronne de feuilles de *boom-upas*.

» C'est la minute solennelle, me dis-je à moi-même, et je me précipitai dans la salle tout ruisselant de l'eau du fleuve, mes cheveux collés aux tempes, le visage blanc de la pâleur de la mort ; fantôme plus terrible que celui de leur *Hamlet*. Sautant avec une agilité merveilleuse par-dessus les têtes des convives, je tombai du plafond sur la table, au milieu d'un cri général de terreur, et ma voix de tonnerre leur dit : *I am the ghost Boudha-Var !* Je suis le fantôme Boudha-

Var! Et, relancé par l'ébranlement de la table, je disparus soudain par une croisée, comme si j'avais eu les ailes d'un démon.

» Ce n'est que bien longtemps après que je connus les suites de cette épouvantable scène. Le savant sir Wales s'évanouit, et tomba dans une maladie de langueur. Mais, comme son rapport avait été adressé depuis cinq jours à la Société royale de Londres, et qu'il avait été inséré dans les journaux de Madras, je continuai à être mort aux yeux du monde savant et le *boom-upas* ne fut pas justifié de son crime. Archibald-Murphy partit quelques jours après pour Bombay, où il établit sa nouvelle résidence. Moi, la même nuit, je quittai Madras, à bord du vaisseau l'*Érable*, et deux jours après, j'arrivai à Pondichéry, où la générosité de M. d'Hermilly me plaça sur le chemin de la fortune.

« A l'âge de vingt ans j'eus assez d'énergie pour prendre une de ces résolutions que les dévots indiens seuls savent tenir jusqu'à leur mort : je créai pour moi une nouvelle espèce de fakirs ; je voulus être toute ma vie le fakir de la vengeance légitime et de la fidélité d'affection. Je ne coiffai pas ma tête d'un bonnet rouge et bleu ; je ne me couvris point de lambeaux de toile ; je ne pris pas de bâton et de chapelet ; je ne me condamnai point à tenir un doigt en l'air ni à croiser mes jambes éternellement, comme les *Oudoubahous*. Je ne teignis pas mon corps avec de la terre, comme les Indiens sectateurs de Râne. Je n'agitai pas la sonnette de *Gluntha*, comme les *Ramanandys*. Je pris simplement le costume européen, je vécus à l'anglaise ; je m'adonnai au commerce ; je gagnai de l'argent, et je tâchai de me faire la vie bien longue, afin d'aimer plus longtemps les chastes femmes, idoles de ma jeunesse, et de me venger toujours de mon hypocrite maître, le puissant Archibald Murphy. »

Boudha-Var cessa de parler. Nous venions d'entrer à Londres ; nous passions devant *Kensington-Garden*, et notre voix était couverte par le fracas éternel des voitures qui courent à Hyde-Park.

HISTOIRE D'UNE COLLINE.

HISTOIRE D'UNE COLLINE.

I

La grande route.

La diligence de *Golden-Cross*, partie de Londres le 14 juin 1836, avait dépassé le délicieux village de Bucks, sur la route d'Oxford, et s'arrêtait en rase campagne devant un *cottage* isolé. Il était trois heures après-midi.

Le cocher remit le fouet et les rênes au jeune homme qui avait l'honneur d'être assis à côté de lui, sur son siége, quoique ce jeune homme ne fût pas *gentleman*, et quoiqu'il portât des gants de couleur. Cette infraction à la discipline du *coach* n'avait pas été remarquée, parce que le jeune homme ressemblait assez à un gentleman, et que le secret de son humble condition était dissimulé par une figure distinguée, un chapeau *qui capit ille facit*, *water-proof* gris, acheté chez Phythian. D'ailleurs, le cocher connaissait et estimait beaucoup son compagnon de siége ; c'est ce qui l'avait décidé à sauter à pieds joints sur une des lois conservatrices de la vieille Angleterre, ce pays de l'égalité pour quiconque a le bonheur d'être riche ou d'avoir des gants blancs.

John Lively, c'était le nom du jeune homme, ne parut pas extrêmement sensible à l'honneur de tenir, par *interim*, le fouet et les rênes, quoiqu'il ne fût pas gentleman. Il laissa flotter le fouet, tendit les rênes machinalement, par distraction, et les chevaux anglais, qui maintenant profitent de la moindre occasion pour faire des équipées, tant ils sont furieux contre les chemins de fer ! les chevaux, dis-je, se cabrèrent, et un cri de malédiction s'éleva du *out-side* contre l'usurpateur John Lively, qui tenait le fouet et n'était pas gentleman.

Le cocher, qui buvait un verre de *sherry* dans le cottage, accourut au bruit combiné des chevaux et des voyageurs, et se vit contraint à destituer sir John Lively.

» Tant mieux ! dit John Lively, je vais descendre pour boire un verre de *soda-water*. »

Il entra dans le cottage, et demanda du *soda*.

Une jeune dame vint le servir, c'était la maîtresse du logis : une dame de vingt-deux ans, belle, même parmi d'autres Anglaises, et brune, contre l'usage du pays ; une véritable apparition, comme on n'en rêve que la nuit, quand on ne dort pas ; une femme qui aurait pu passer pour idéale, si elle n'eût rayonné de charmes terrestres. Ses cheveux noirs coulaient, comme de l'ébène en fusion, sur des épaules qu'on ne rencontre que sur les gravures des *keepsakes* ; elle livrait beaucoup à l'œil, avec toute l'insoucieuse ignorance d'une *miss* qui sort de pension. Sa figure rappelait ces types extraordinaires des femmes de Chester, les reines du Lancashire ; de grands yeux noirs avec un cil léger, comme un arc délié fait à l'encre de Chine ; un nez désespérant de perfection, et pourtant bien éloigné du modèle grec, des joues dont l'incarnat arrivait, par de merveilleuses dégradations, à la nuance du lis ; une bouche en cœur, comme une feuille de rose découpée ; et puis un ensemble qui résumait admirablement ces harmonieux détails, et un sourire à dorer de rayons les nuits d'Young. Ajoutons avec l'histoire qu'elle avait une robe de popeline si bien ajustée, qu'elle aurait pu être signée Palmyre. Cette robe sortait pourtant des ateliers de Betty Chelding ; elle avait été originairement fort mal faite, mais le corps était si beau qu'il avait corrigé la robe. Ce fut cette femme qui servit pour trois *pences* de *soda-water* à John Lively.

Notre jeune homme buvait le *soda* et tenait ses yeux fixés sur cette Anglaise incroyable ; depuis longtemps même il avait fini de boire, et il avait laissé ses yeux où ils étaient : le soir l'eût trouvé dans cette position, si le cocher, qui n'aimait pas les Anglaises, parce qu'il était Irlandais, ne l'eût rappelé à son poste de voyageur. John Lively se laissa remorquer jusqu'à la voiture, et prit un coin de banquette en *out-side*, derrière le siége où un véritable gentleman l'avait remplacé.

Les quatre chevaux, les crinières au vent, se précipitèrent

sur la route d'Oxford. John Lively ne remarqua pas les airs de fierté que prenait avec lui le gentleman; il regardait fuir le cottage qui semblait courir à l'horizon vers Bucks, tandis qu'il était emporté, lui, en sens contraire; il se croyait écartelé à quatre chevaux. « Il vont bien lentement ces chevaux, dit le gentleman. » A cette parole, John Lively tressaillit de pitié, et lança un sourire dédaigneux à son fier remplaçant du siége.

— Vous trouvez que mes chevaux vont lentement, monsieur Copperas, dit le cocher.

— Ils vont toujours lentement les chevaux, répondit M. Copperas : enfin ils font ce qu'ils peuvent, ces pauvres bêtes! ils ne sont pas à la vapeur.

— Ils ne font pas explosion non plus, monsieur Copperas !

— Vous parlez comme un cocher.

— Et vous comme un ingénieur du chemin de fer de Manchester.

— Pas mal! dit John Lively.

M. Copperas se retourna vers John Lively, haussa les épaules, et se mit à siffler un air qui n'existait pas.

On arrivait, en ce moment, à l'entrée d'un bois, sur le sommet de la montagne d'où l'on découvre l'immense et magnifique plaine du comté d'Oxford. John Lively jeta un dernier coup d'œil sur la cime des arbres qui s'abaissaient derrière lui, et poussa un long soupir.

Le cocher avait entendu le soupir de Lively, et il en avait pris note : Lively était Irlandais comme lui; le cocher attendit l'heure du dîner à Oxford pour lui donner quelques consolations, ainsi que cela doit se faire entre compatriotes, en pays étranger.

A Oxford, la diligence s'arrêta devant *Swann-inn*. M. Copperas descendit du siége, et le cocher, débarrassé d'un voisin importun, dit à Lively : — Ce M. Copperas est bien fier, il vous a fait de la peine : je l'ai compris.

— Ce voyageur ? dit Lively, vous vous êtes trompé, Patrick, je n'ai pas pris garde à lui.

— Ah ! c'est un homme bien méchant ! Encore vingt hommes comme lui, et il n'y a plus un seul cocher en Angleterre. Ils tueront les cochers !

— Ce M. Copperas a tué des cochers ?

— Il en a tué cent déjà !

— Cent cochers ! et on ne l'a pas pendu !

— Est-ce qu'on pend quelqu'un maintenant ?... Mais descendons, et allons dîner, nous parlerons de cela plus tard.

Le dîner attendait les voyageurs, à l'inverse de France, où les voyageurs attendent le dîner. Le *land-lord*, en habit noir, enrichi de manchettes, découpa une colline de bœuf rôti et fit écumer le porter *Barclay-Perkins* dans tous les verres. John Lively mangea peu, et sortit pour acheter une paire de gants blancs, et rêver à la dame du cottage de Bucks.

On se remit en route pour Birmingham à l'issue du dîner.

— M. Copperas s'arrête à Oxford, dit le cocher à Lively, vous pouvez vous asseoir sur le siége.

Lively mit ses gants, roula ses cheveux d'un blond de flamme, assujétit fièrement sur sa tête son *qui capit ille facit* de castor fin, et prit le siége d'assaut. Les chevaux exécutèrent un quatuor de hennissements, comme une ouverture de départ, et firent trembler sous leurs bonds la double file de colonnades moresques, espagnoles, gothiques, italiennes, qui bordent la merveilleuse rue d'Oxford.

A toutes les vitres des kiosques et des balcons suspendus aux riantes maisons de cette rue s'étaient encadrées d'immobiles têtes d'Anglaises qui regardaient passer la voiture; on aurait cru voir, sur un étalage monumental, cent livraisons à l'aquarelle des femmes de Shakespeare et de Byron. Lively feuilleta tout cet album avec ses yeux et se retourna vers le midi en soupirant. Oh! la dame du cottage aurait fait briser de jalousie toutes ces vitres si elle se fût montrée un instant à Oxford!

La diligence entre dans la campagne sur la route de fleurs, de gazon, de pins, de cerisiers qui conduit au charmant village d'*Old-Wostook*. On aperçoit bientôt les hauts massifs d'ombrages qui couronnent le château du Vieux-Wostook, où personne ne se souvient de Cromwell. Soyez Cromwell, après cela!

John Lively ne pensait pas à Cromwell. Un fantôme le suivait au vol dans cette route gracieuse où le soleil couchant d'été laissait tomber tant d'amour pour la nuit.

— Vous pensez donc toujours à votre aventure? dit Patrick à Lively; vous êtes taciturne comme un Anglais, monsieur l'*Irishman!*

— Je regarde la campagne, dit Lively; elle est assez belle, mais j'aime mieux notre Erinn.

— Ah! je crois bien! nous n'en voudrions pas de ce vieux Wostook pour y loger des pourceaux. Avez-vous revu notre Irlande, monsieur Lively, depuis la mort de votre père ?

— Non. Qu'irais-je faire en Irlande? souffrir et voir souffrir.

— Vous avez raison. C'était un bien honnête homme, votre père! Je l'ai conduit cent fois de Liverpool à Birmingham, avant l'invention de ces maudits chemins de fer. Votre père ne doit pas vous avoir laissé grand chose; il était si honnête !

— Il ne m'a rien laissé du tout ; moins que rien, une cabane du côté de Strafford, sur la route de Manchester.

— Et c'est là que vous vivez?

— Oui, Patrick, c'est là que je meurs. Le mois dernier encore je travaillais, à Manchester, dans la manufacture de soie de M. Lewis Schwabe ; mais il a renvoyé ses ouvriers. Cependant je me trouve plus heureux que nos frères qui se couchent, à jeun, sur le seuil des palais de *Sakville-Street* ; je dors, moi, dans une cabane qui m'appartient.

— Vous aviez été chercher du travail à Londres?

— Oui.

— Et vous n'avez rien trouvé ?

— Je n'ai passé que deux jours à Londres. Londres m'étouffait. Un verre de wisky et une patate de mon petit jardin, pour tout repas, dans ma cabane, j'aime mieux cela que mon couvert mis dans le palais du duc de Northumberland, à *Charing-Cross*.

— Oui, voilà parler en brave Irlandais!.. Pourtant quand il faut vivre...

— Il n'est pas très-nécessaire de vivre.

— Vous n'êtes donc pas marié? vous n'avez point d'enfants?

— Non. Est-ce qu'un Irlandais doit se marier?... je me marierai quand je pourrai faire baptiser mes enfants au son de toutes les cloches de Dublin, dans la belle église de Saint-Patrick.

— Vous mourrez garçon.

— C'est plus facile que de mourir marié.

— Vous n'avez passé que deux jours à Londres, monsieur Lively? vous n'avez donc rien vu?

— J'ai trop vu... j'ai vu la femme avilie, et saint Paul apostat. Le troisième jour, je n'avais plus rien à voir, je suis parti.

— Comment vous ont-ils traités les Anglais que vous avez vus?

— J'étais Irlandais et pauvre.

— Assez.

— Croiriez-vous bien, Patrick, que, le premier jour de mon arrivée, j'aurais pu me persuader que les Anglais avaient fait une pièce de théâtre contre moi? Écoutez. En arrivant, j'étais descendu à la *Croix-d'Or*, devant l'église de Saint-Martin, autre apostat; je me fis indiquer *Faringdon-Street*, où j'avais une connaissance; on me dit: « C'est bien loin; prenez le *Strand*, à droite, et marchez deux milles devant vous. » Au bout de *Fleet-Street*, je vis beaucoup de gens qui lisaient de grandes affiches de toutes couleurs. Figurez-vous mon étonnement, lorsqu'en jetant les yeux sur la première de ces affiches, je lus: *Théâtre d'Adelphi; grande attraction; première représentation de l'*IRLANDAIS A LONDRES, *farce en-un acte*. Un nuage me tomba sur les yeux ; je ne vis plus rien ; mon cœur se fondit, ma poitrine se brisa. Je marchai au hasard ; je passai devant *Faringdon-Street*, large comme *Sakville*, et je ne le vis pas ; j'entrai dans une rue en face de moi, et je ne sortis de mon rêve que devant Saint-Paul. Ce temple est noir, comme si Dieu l'avait foudroyé ; il est entouré d'une ceinture de courtisanes et d'autres femmes folles de leur corps. Devant cette grande humiliation d'une église catholique, j'oublïai mon humiliation ; je pardonnai à ceux qui avaient outragé Saint-Paul, la *farce* de l'*Irishman in London* ; mais je vis bien qu'il m'était impossible de vivre plus longtemps dans cet air, et mon départ fut arrêté pour le lendemain. Ce matin, je suis sorti de Londres en secouant la poussière de mes pieds, et je n'y rentrerai plus.

— Oh ! vous y rentrerez, monsieur Lively.

— Oui, quand les Anglais auront inventé le *comfortable* de l'âme, eux qui ont épuisé leur génie à songer au corps.

— Ah ! il faut être juste, monsieur Lively, même envers les Anglais ; voyez s'il est possible de rencontrer une route mieux tenue : les chevaux même s'en réjouissent, ils sont heureux de voyager. Regardez cette rivière charmante qui coule devant ce joli village de Stratford ; regardez ce pont que nous allons passer ; j'aime mieux ce pont que *London-Bridge* ; c'est un pont à mettre sous cloche ; un pont si mignon et qui est divisé en trois allées, avec des rampes pour les piétons, et deux trottoirs. Regardez cette route qui descend à Hamley : c'est une allée de jardin, et à droite et à gauche toujours des trottoirs, avec une bordure de fleurs, pour les piétons ; pauvres malheureux ! on leur a mis du velours sous les pieds...

— Et du bronze dans le cœur, Patrick. Et puis, où mène-t-elle, cette route ? à Londres, où la prostitution coule sur les trottoirs ; à Birmingham, où l'industrie a égorgé Dieu avec un couteau d'acier.

— Ah ! monsieur Lively, le malheur a aigri votre caractère ; si vous étiez riche, vous seriez plus tolérant. On est triste à jeun, et joyeux après dîner. Moi, je suis quelquefois comme vous. Quand le chemin de fer me chassa de la route de Liverpool, je voulus me noyer dans la Mersey. Je ne me noyai pas, et je fis bien. On me donna du service sur la route de Birmingham à Londres, et je vécus.

— Oui, mais l'an prochain, pauvre Patrick, le *rail-way* te chassera de la route de Londres, et tu voudras te noyer dans cette jolie rivière de Stratford que tu admires aujourd'hui. Ce n'est pas sur la route de Birmingham à Manchester qu'on te donnera du service, puisqu'on travaille à l'embranchement ; on te chassera de partout. L'industrie est une belle chose, mais elle fait vivre le fer et mourir l'homme. Un jour M. Copperas, l'ingénieur, te fera passer un wagon sur le corps.

— Vous avez raison, monsieur Lively... et ce n'est pas moi que je plains... je plains mes pauvres chevaux, qui seront forcés de quitter cette belle route qu'ils aiment tant ! On les enverra à Londres ; ils stationneront à *Hay-Market* ou à *Trafalgar-Place* ; ils sécheront d'ennui devant un cabriolet *patent-safety* ; ou bien, ce qui est pis, ils traîneront un omnibus de *Mansion-House* à *Kensington-Garden*. Oh !

les larmes me viennent aux yeux... Je voudrais voir ce M. Copperas roué vif !

— Patrick, souviens-toi que tu es catholique ! Tu dois pardonner à M. Copperas.

— Soit ! je lui pardonne ; mais qu'il ne tombe jamais sous ma main !

Les deux Irlandais cessèrent de parler au tomber du jour. Entre le village d'Hamley et Birmingham, John Lively rompit le silence, et il dit à Patrick :

— Vous arrêtez-vous quelquefois à ce petit cottage de Bucks, où nous avons pris du *soda-water* ?

— Oui, monsieur Lively, quelquefois ; tantôt je m'arrête à *Chepping-Wicombe*, tantôt à *High-Wicombe*, tantôt à *Bucks*.

— Connaissez-vous cette dame qui nous a versé du *soda* ?

— Non, c'est la première fois que je la vois ; elle m'a paru très-belle, cette dame.

— Ne trouvez-vous pas singulier qu'une femme si belle et si bien mise fasse un pareil métier, dans un pareil endroit ?

— Mais... oui, je le trouve singulier ; à présent que vous m'en parlez... Est-ce que vous êtes amoureux de cette dame, monsieur Lively ?

— Tais-toi, Patrick ; cette femme m'étonne, voilà tout. Je donnerais les cinq livres qui me restent dans ma bourse pour connaître l'histoire de cette dame.

— Ce serait peut-être trop payé.

— Je les donnerais volontiers.

— Eh bien!... je crois pouvoir vous économiser cette dépense..... attendez..... mon frère est aubergiste au *Lion-Rouge* à Wycombe; les aubergistes savent tout; je le questionnerai demain sur la dame du cottage, et nous saurons tout comme lui.

— Oh! tu me rendras service, Patrick... Oui... vois-tu... ceci se rattache à une autre histoire... un mystère...

— N'allez pas plus loin, monsieur Lively; vous êtes embarrassé, mettez-vous à votre aise... Où logerez-vous à Birmingham?

— A *Hart-Inn,* sur la place du Marché, en face de la statue de Nelson.

— Je vous reverrai dans trois jours.

— Oh! mon cher Patrick, je te serrerai la main de bon cœur.

— Ah! monsieur Lively, ce n'est pas du *soda* que vous avez bu, c'est du poison anglais.

John Lively ne répliqua pas.

— Voilà Birmingham, dit Patrick.

Le ciel était pur, et aux clartés sereines de la lune et des étoiles, on pouvait distinguer confusément le palais gothique de *Grammar-Schoott* et les chapiteaux aériens de *Town-Hall*, deux merveilles modernes de l'architecture antique. L'immense ville se détachait sur l'horizon du ciel et semblait s'asseoir sur la *Grande-Ourse*, ce fauteuil de sept étoiles, et dormir, à l'air, comme un ouvrier laborieux qui se prépare aux fatigues du lendemain.

II

La cabane de John Lively.

Quatre jours après, John Lively se promenait sur la grande route de Birmingham à Hamley, six heures avant le passage de la diligence de *Golden-Cross*; il espérait ainsi la faire arriver plus tôt, et il ne se trompait pas : pour devancer l'heure d'arrivée d'une voiture, il faut aller au-devant d'elle jusqu'à son mi-chemin.

Le soleil était descendu à ce point de l'horizon où il se laisse regarder en face, et où il semble s'arrêter pour sourire aux impatients qui attendent son coucher. John Lively n'avait que cette montre céleste à consulter, et lui demandait l'heure à chaque instant, comme l'écolier au quart d'ennui qui précède la récréation. John Lively aurait bien voulu faire l'inverse du miracle de Josué, mais il lui fallut se résigner à son impuissance. Tous les bruits qui venaient de la plaine à son oreille se transformaient en roulement de voiture. Cette campagne, qui n'est qu'un haras magnifique, où bondissent des chevaux nus, gais et libres, lui envoyait des hennissements lointains qui le faisaient tressaillir : « Le voici, disait-il, je reconnais la voix des chevaux de Patrick ! » Et il brûlait de ses regards la grande route, silencieuse et nue comme un ruban de sable découpé au désert, et jeté capricieusement sur la plus belle verdure du monde.

Enfin le soleil disparut à l'horizon, en léguant quelques rayons au crépuscule éternel des étés du Nord. A l'extrémité du chemin, il y avait des masses d'arbres arrondis comme un arc triomphal de verdure ; c'était le point que John Lively dévorait du regard, et qu'il croyait voir luire dans l'ombre, en y lançant la flamme de ses yeux. Un corps noir et informe se détacha de cette voûte d'arbres ; un piétinement bien connu, mêlé à des cris d'essieux et de roues, annonça la voiture de Patrick. Lively s'élança au-devant des chevaux ; Patrick ne le reconnut pas dans l'obscurité ; il vit un homme fou qui courait à un suicide équestre, et il arrêta brusquement ses chevaux, comme sur le bord d'une montagne à pic.

— Avez-vous une place pour moi en *outside* ? dit Lively d'une voix haletante.

— Ah ! c'est vous, monsieur Lively !... Non, pas une place ! Nous avons deux voyageurs de plus. Il m'est défendu de m'arrêter. Adieu : dans une heure à Birmingham.

Et les chevaux, comprimé quelque temps, bondirent sous les rênes détendues.

— A Birmingham ! dit Lively ; et il allongea le pas sur le grand chemin.

« Que va-t-il m'apprendre à Birmingham ? disait Lively, dans un monologue intérieur..... A Birmingham ? Patrick a appuyé sur le mot. Il a deviné que j'avais été saisi à la vue de cette femme, et il a prononcé Birmingham avec un accent qui, je crois, signifiait : Soyez tranquille, j'ai quelque chose d'heureux à vous annoncer... Birmingham ! *adieu; dans une heure à Birmingham!* Quel mystère ! une divinité du ciel qui vend du *soda-water* en rase campagne, et qui paraît fort contente de son état !... Patrick sait déjà tout ; son secret vient de passer au galop, là, devant moi. Une pensée a été donnée à cette adorable femme, là dans cet air que je respire et que je bois... Voilà donc l'amour ! il vous arrête, comme un bandit, sur une grande route, et vous dit : Meurs sans moi, ou vis avec moi !... Faut-il mourir, faut-il vivre ?... Courons à Birmingham. »

John Lively avait dans le cœur toute la fougue d'un Irlandais de vingt-quatre ans ; mais, à cet âge, il avait déjà perdu un trésor d'illusions, parce que la pensée et le malheur précoces lui avaient tenu lieu d'expérience. Il apportait au monde le naturel inquiet et orageux du solitaire qui est descendu de la montagne pour bâtir sa hutte au bord de la mer : le grand spectacle de l'Océan du nord ; la campagne irlandaise, avec ses ondulations de verdure ; ses lacs mystérieux où le ciel vient boire; comme dans une coupe taillée dans la montagne ; cette nature énergique, encore défendue contre la civilisation par une ceinture de rochers, d'abîmes, de tempêtes, tout donne à l'Irlandais le caractère puissant de l'homme primitif, et lui assure la vénération des peuples, à une époque où les peuples ne vénèrent plus rien. John Lively était plus malheureux qu'un autre de ses compatriotes, parce qu'il était sorti de sa citadelle, et qu'il venait se heurter, avec ses passions, aux angles d'une société qui ne le comprenait pas. C'était un épisode vivant jeté dans le drame industriel de l'Angleterre.

John Lively s'était assis contre la grille du grand marché de Birmingham, et il attendait Patrick qui pansait ses chevaux. La nuit était sombre, et tout homme qui passait devant *Hart-Inn* était Patrick pour John Lively.

Enfin le cocher irlandais arriva ; il était essoufflé, car il avait gravi, en courant, la rue escarpée qui monte au monument de Nelson. Lively le reçut dans ses bras, et son silence et ses serrements de main étaient plus désireux de réponse que vingt points d'interrogation.

— Grande nouvelle ! dit Patrick ; grande nouvelle ! Laissez-moi me remettre un peu.

— Ah ! dites ! je vous écoute... Remettez-vous... Montons dans *New-Street*, nous serons plus à notre aise... Grande nouvelle ! voyons !

— Oui, monsieur Lively ; grande nouvelle ! L'embranchement du chemin de fer de Manchester n'aura pas lieu.

— Ah !

— Je viens de conduire M. Copperas d'Oxford à Birmingham. M. Copperas s'était arrêté à Oxford pour consulter un célèbre étudiant qui étudie les chemins de fer, et pour voir trois des plus riches actionnaires ; il m'a tout dit, tout. En voyage, on n'a pas de secrets. Figurez-vous que du côté de

Stafford ou de Witmore, je ne sais pas bien, il y a des marécages, de vieux marécages, des *pols* de cent pieds de profondeur avec du gazon par-dessus ; les ingénieurs ont sondé le terrain, et ils se sont enfoncés dans le gazon jusqu'au nez. J'aurais donné une *couronne* pour voir cela... et ensuite...

— Avez-vous vu votre frère l'aubergiste du *Lion Rouge*, à Wycombe? dit Lively

— Oui, oui, attendez... Les ingénieurs ont dit : Il est impossible d'établir des *rails* sur ces marécages ; que ferons-nous donc ! Nous ne ferons rien. Un autre a dit : il faut détruire ces marais et les dessécher à la vapeur ; c'était un savant celui-là. Il a demandé vingt ans pour dessécher. Laissons-les faire, ils se dessécheront sur ces marais, eux, et en attendant, le cocher vivra, le cheval vivra honorablement ; l'aubergiste ne mourra pas de faim. Nous sommes sauvés pour vingt ans.

— Et que vous a dit votre frère sur la dame du cottage de Bucks !

— Ah ! j'ai vu mon frère... oh ! je n'ai pas oublié votre commission !

— Eh bien ! que vous a dit votre frère sur la dame du cottage ?

— Il ne m'a rien dit du tout.

— Rien ?

— Absolument rien, mon frère ne la connaît pas, mon frère ne l'a jamais vue et n'en a jamais entendu parler.

— Mais n'avez-vous pas questionné d'autres voisins, parmi vos connaissances ?

— Oui ; j'ai questionné beaucoup de monde : personne ne

connaît cette dame. Ce matin, je me suis arrêté chez elle pour la questionner; je lui ai demandé un verre de Porto : je l'ai bu; je lui ai offert mon argent, elle l'a refusé, comme elle me fait toujours, dans l'espoir que je lui amènerai des pratiques; je connais cette finesse. Il y avait dans le *cottage* trois membres de la société de *titotal-abstinence*, de Liverpool qui voyagent, à pied, dans le Middlesex, pour recruter des sociétaires. Ces trois membres ont bu vingt pintes de porter *wite-bread*, deux flacons de wisky, et trois de claret, pour célébrer l'abstinence. Quand ils se sont levés pour payer, la dame a refusé l'argent; c'est encore une finesse pour attirer chez elle toute la société de *titotal-abstinence*, qui se compose de cinq cents membres, tous buveurs renommés. Voilà tout ce que je puis vous dire aujourd'hui.

— Tu n'as donc pas parlé à la dame?

— Je n'ai pas eu le temps; et puis, elle m'a regardé avec tant de bonté, que je n'ai pas eu le courage de lui adresser la parole; un ange est plus redoutable qu'un démon.

— Ainsi, nous ne sommes pas plus avancés qu'il y a cinq jours!

— Pas davantage. Cependant, je vous apprendrai qu'elle portait ce matin une robe de soie feuille morte, et qu'elle avait des roses dans les cheveux.

— Et que penses-tu de cette femme?

— Je pense que c'est la femme d'un lord qui a fait un pari.

— Tu la crois mariée?

— Elle n'a pas l'air d'être mariée; et cependant quand on la regarde bien, elle n'a pas l'air d'être demoiselle : c'est fort embarrassant. Je la crois veuve, pour tout arranger.

— Veuve, si jeune !

— On peut être veuve à seize ans, si le mari meurt après un an de mariage. Enfin, puisque vous tenez tant à cette dame, monsieur Lively, allez prendre un logement à Bucks, et vous irez, tous les jours, boire du *soda* chez elle; à la fin de la semaine, vous en saurez plus, peut-être, que vous n'en voudrez savoir.

— Ce bon Patrick ! j'irai m'établir à Bucks, comme un lord, moi ! Il me reste trois guinées, mon ami..., c'est trois jours à vivre.

— Vendez votre cabane.

— Pour mille livres, je ne la vendrais pas... Mon père y est mort !

— C'est différent. Si j'avais de l'argent, je vous en prêterais ; mais...

— Merci, Patrick... merci... j'attendrai. Patrick, je ne dors pas depuis trois nuits...

— Ah ! vous êtes pris, ça se voit, je reconnais-là mon Irlandais.

— Le souvenir de cette femme m'inquiète... je serais plus tranquille, si je lui avais parlé une seule fois.

— Allez à Bucks.

— Non, non, j'irai chez moi ; et puis j'irai à Manchester, je travaillerai ; je gagnerai de l'argent, dussé-je faire des briques à Salford ! je vivrai de peu pour gagner davantage.

— Et quand vous aurez ramassé quelques *souverains*, vous irez au cottage ; vous le trouverez vide ; quelque fils de lord, acheteur de femmes, aura passé par là.

— Oh! si cette figure d'ange mentait, il n'y aurait plus de vertu sur la terre!

— La vertu pauvre est bien exposée sur un grand chemin.

— Elle est plus exposée dans les villes... Cette femme est, en plein air, sous la garde de Dieu.

— Que Dieu la garde bien!

— Patrick, je te remercie de tout ce que tu as fait pour moi... Que tout soit fini là... J'ai oublié un instant ma misère; moi, le pauvre Irlandais! J'ai songé à l'amour, à la femme habillée de soie, au mariage, au bonheur!.. Quelle folie! j'ai dormi; me voici réveillé. Adieu, Patrick, je vais rentrer dans ma cabane; le tombeau de mon père me donnera de sages conseils.

John Lively serra la main de Patrick, et il regagna mélancoliquement sa modeste auberge sur la place du Marché.

Le lendemain, il avait recommencé sa vie d'anachorète, dans sa cabane, non loin du village et du château de Stafford.

La solitude, au lieu de calmer les grandes passions, les alimente; l'homme n'entend gronder la tempête de son cœur que dans le silence du désert. Aux cités, les plaisirs faciles; aux campagnes, les passions inexorables. Lively se promenait le soir sur une petite colline couverte de cailloux, de bruyères et de plantes épineuses, et qui s'élevait derrière sa cabane. Là, jamais il ne donnait un regard aux belles plaines du Lancashire, ni à cet horizon vaste, où l'inclinaison des terres annonce le voisinage de la mer. Cependant l'Irlande, son doux pays, nageait sous cette zone!

Pauvre Irlande! elle était oubliée! Les yeux du jeune homme ne se détachaient pas des montagnes brumeuses, limites de l'Oxfordshire. C'est là qu'il y avait une vie, un amour, un mystère, un paradis.

Cependant les cinq guinées avaient disparu. Il fallut que John Lively descendît des hauteurs de la pensée aux détails ignobles de l'existence prosaïque. Il lui restait trois choses à choisir : la misère, le suicide, ou le travail.

Lively serra vivement ses bras contre sa poitrine, et dit :
— Demain j'irai faire rougir des briques au bourg de Salford.

Il n'avait pas remarqué, dans ses contemplations, deux hommes qui étaient descendus de cheval devant la porte de sa cabane; il tressaillit même dès qu'il les aperçut si près de lui, surtout en reconnaissant l'un deux, M. Copperas, son ennemi de voyage. Ce qui le rassura, c'est que M. Copperas avait un air riant, et qu'il saluait avec une affabilité toute irlandaise ou française.

— Nous nous excusons bien de nous présenter ainsi, sans nous faire annoncer, dit M. Copperas: c'est à M. John Lively que nous avons l'honneur de parler?

— Oui, dit le jeune homme, d'un ton sec.

M. Copperas ne remarqua pas le ton.

— Sir John Lively, poursuivit M. Copperas, vous êtes, m'a-t-on dit, le propriétaire de cette campagne?

— On vous a trompé. Cette cabane appartient au tombeau de mon père; la campagne appartient à la famille de Stafford.

— Je vous en félicite. Cette campagne n'est qu'un marais; vous devez avoir des fièvres en été ?

— Je n'ai jamais eu la fièvre, Monsieur.

— C'est que le voisinage des marécages est très-dangereux.

— Liverpool a été bâti sur un marais; son nom l'indique bien.

— Oui, le *marais* du *Liver* ; ce sont même les armes de la ville : un *Liver*, qui n'est autre chose qu'un héron ou une grue, en *pal*, sur un *champ* d'azur marécageux. Mais depuis cent cinquante ans, le marécage a disparu.

— Est-ce que nous allons faire une longue dissertation sur les marécages? dit Lively en croisant les bras.

— Non, non, sir Lively, nous venons vous proposer une petite affaire. Avez-vous quelque petit terrain à vendre, au vol du chapon, quelque arête de colline, quelque peu de gravier, un rien? je vais vous parler franchement, parce qu'en affaires la meilleure finesse c'est la franchise. Nous avons quelques pieds de *rails* de l'embranchement à faire passer de ce côté; ici, ou un peu loin, si je ne m'arrange pas avec vous. Nous cherchons quelques toises de terrain sec, qui n'aient pas trempé dans cette espère de conspiration que les marécages ont faite contre nos chemins de fer.

— Monsieur, je ne puis rien vous céder, par une excellente raison : je ne ne possède rien.

— Ah! vous ne possédez rien !.. Au reste, si vous possédiez, nous aurions le désagrément de ne pouvoir vous enrichir ; nous voulions faire un appel à votre patriotisme...

— Je n'appartiens pas au comté, Monsieur.

— Mais vous appartenez à la nation; vous êtes Anglais...

— Irlandais.

— Irlandais, encore mieux ; un client du grand O'Connell, un fils de la verte Erinn. Mon aïeul était Irlandais ; j'ai du sang irlandais dans les veines, et deux actions dans le chemin de fer de Kingston à Dublin. Vous voyez que nous sommes à peu près compatriotes.

— Soit.

— A qui appartient cette colline où vous vous promeniez ?

— A moi, Monsieur ; vous voyez que je ne mens pas en vous disant que je ne possède rien.

— Au fait, cela ressemble assez à la bruyère des sorcières de Macbeth. On ne retirerait par dix shillings des chardons de cette colline. Permettez-vous que nous l'examinions un instant ?

— Examinez-la; je vous défie d'y faire pousser un grain de seigle.

— Pierres sur pierres, pierres sur pierres; pas un atôme de terre végétale !... Il doit y avoir des insectes venimeux au mois d'août... Ah ! voilà de la ciguë ! *cicuta*; prenez bien garde de toucher à cette plante !... Notre projet serait d'écorner un tant soit peu cette colline, pour y loger à sec quelques toises de *rail* ; de cette manière, le chemin passerait sous votre croisée, ce qui donnerait subitement une valeur considérable à votre propriété. Nous n'exigeons rien pour ce travail ; nous sommes ravis d'être utiles à un brave Irlandais.

— Ah ! vous n'exigez rien ; c'est fort généreux, vraiment.

Et croyez-vous donc, Monsieur, que je ne tiens pas à ma colline, moi, tout indigente qu'elle est ? C'est la colline de mon père ; le premier coup de marteau que vous donneriez dans ses entrailles, je le ressentirais dans les miennes. Et vous faites sonner bien haut votre générosité qui ne me demande rien pour que je vous laisse éventrer ma chère colline ! voilà qui est singulier !

— Ces Irlandais sont tous les mêmes : voyez quel feu ! quelle charmante colère ! Eh bien ! voyons : nous ferons verser la mesure, nous vous offrirons quelque chose ; nous couperons votre colline, là, nous vous ferons un vallon ; vous aurez deux collines au lieu d'une, sans compter l'avantage que vous retirerez de la proximité du *rail-way*, et nous vous donnons cinquante livres comptant.

John Lively fixa la terre, et puis tourna ses yeux vers le midi.

— Cinquante livres, dit-il, c'est bien peu.

— Mais notez bien que nous vous laissons deux collines ; nous vous achetons le droit de passer dans le vallon.

— Mettez cent livres, et tout est dit ; je signe.

— Savez-vous, sir, que le *rail-way* nous coûtera 150,000 livres ?

— Ajoutez-en cinquante, cela ne vous ruinera pas.

— Cent livres ! sir Lively, vous n'êtes pas rond en affaires.

— Je suis pauvre, Monsieur.

— Vous êtes pauvre, sir Lively ! vous êtes pauvre ! oh ! alors, c'est une affaire conclue. Adjugé pour cent livres ! Montez le cheval de mon ami, et allons signer le contrat.

Il n'est jamais trop tôt pour faire une bonne action. A cheval !

Copperas fit courir le mouchoir sur ses yeux, comme s'il eût essuyé des larmes d'attendrissement.

Et se tournant vers son ami, pendant que Lively fermait la porte de sa cabane :

— Comment le trouves-tu, lui dit-il, celui-là ? Il est plus stupide qu'un Irlandais ordinaire ; on pourrait en faire deux Irlandais.

John Lively leva ses yeux au ciel pour le remercier, monta à cheval et suivit la direction de Manchester. A l'angle du chemin de Stafford, il se retourna du côté de Birmingham, comme pour lui dire : A demain !

III

La dame du cottage.

Lorsqu'on traverse la campagne anglaise, on est étonné du nombre incroyable de troupeaux qui couvrent les pâturages ; mais, ce qui étonne encore davantage, c'est l'absence des bergers. Il n'y a pas de bergers. On vous dit bien que cette profession pastorale a dû être supprimée depuis l'anéantissement des loups, mais cela n'explique pas assez l'anéantissement des pasteurs. D'ailleurs, le paysage y perd, et la poésie bucolique aussi. Cependant, on m'a montré, sur la route de Crewe, un monsieur couvert d'une longue redingote bleue, à double collet, avec des bottes à l'écuyère, un castor de baronnet, un jabot, des gants, et une canne à pomme ; ce monsieur était un berger, un Tityre anglais. En effet, il conduisait une douzaine de brebis à Crewe, et lisait le *Times*. Le berger anglais dédaigne donc la prairie, et ne hante que le grand chemin.

John Lively portait ce costume pastoral que je viens de détailler, lorsqu'il sortit d'Oxford, avec douze *banks-notes* de cinq livres en portefeuille ; il avait dépensé le reste à Manchester, en diverses emplettes de première nécessité. Notre jeune homme avait quitté la voiture à Oxford, et envoyé sa malle de cuir pleine d'effets neufs, à l'auberge du *Lion-Rouge*, à Chepping-Wycombe. Il achevait son voyage à pied, et dans une sorte de déguisement.

A quatre heures du soir, il découvrit à l'horizon la chapelle bâtie sur la colline de Bucks, et les grands arbres qui bordent à droite le grand chemin. Il est inutile de parler des palpitations de son cœur et du trouble de son esprit. Il lui semblait que son amour grandissait avec la plaine, et qu'il embrassait, de toute l'immensité de l'horizon, ce cottage isolé, divin palais d'une femme. Un air tiède, et tout retentissant du murmure des arbres et du chant des oiseaux, l'accompagnait comme un céleste ami, et semblait apporter à son oreille d'exquises confidences d'amour. Qu'allait-il faire au cottage ?.. il ne le savait pas ; il n'avait point combiné de plan ; sa jeune expérience lui disait que, dans les grandes occasions, l'homme doit se laisser faire par le hasard, cet habile régulateur de tout. Aussi, la moindre hésitation ne l'arrêta pas sur le seuil de la porte du cottage ; il entra lestement, comme un piéton ordinaire qui vient se désaltérer, et demanda du porter d'un ton délibéré qu'il s'était noté artificiellement depuis Oxford.

Il s'assit épuisé de l'effort ; il lui sembla qu'il avait rendu son âme dans un seul mot ; sa tête reposait sur ses mains. Un pas léger et un frissonnement de satin le firent tressaillir ; un bras d'ivoire s'allongea sous sa figure inclinée, et déposa sur la table une pinte de porter.

John Lively saisit d'une main convulsive l'anse qui luisait comme de l'argent neuf, et aspira le porter d'un trait ; puis sa tête retomba sur ses mains.

Un instant après, il entendit encore le même pas et le même frôlement de robe, et un bras divin déposa sur la table une seconde pinte de porter. Oh ! cette fois, il se retourna vivement, mais il ne vit pas la figure de la femme. La mystérieuse inconnue marchait vers la porte ; elle s'arrêta sur le seuil et regarda le grand chemin : si elle se fût retournée, en ce moment, elle aurait surpris Lively dans une crise d'extase digne de pitié.

La dame regardait toujours le grand chemin, et Lively regardait la dame dans l'immobilité du ravissement ; elle ne se doutait pas que tant de silencieuse passion rugissait autour d'elle ; sa pose était pleine de nonchalance ; sa robe largement échancrée laissait à découvert les épaules, où deux tours d'un collier de jais se déroulaient capricieusement, comme une incrustation d'ébène sur une amphore d'albâtre. Cette robe était une de ces étoffes aériennes que l'Irlande envoie aux étalages d'Everington à *Ludgate-Street* : la soie voluptueuse et fluide accompagnait les ondulations du corps avec tant d'aisance, qu'on devinait que pas un pli de l'étoffe n'avait prémédité un mensonge et ne recélait une erreur.

L'arrivée d'un voyageur obligea la dame inconnue de

rentrer au cottage. Son visage se révéla soudainement à Lively, comme le soleil quand il s'élance d'un nuage ; elle illumina la salle ; elle l'embauma comme un temple ; elle sema des reflets d'or sur le bois et l'argile ; elle ennoblit toutes les viles choses de sa profession. C'était une déesse qui demandait des autels aux mendiants de la grande route.

Le nouveau voyageur était un mendiant, et sans doute un habitué de la maison, car il s'assit, ne demanda rien, et fut servi avec une promptitude qui confondit John Lively. Bien plus, la dame lui présenta la pinte d'*hafnaff* avec un sourire divin. Le mendiant but et dit : Il fait bien chaud aujourd'hui. A l'instant, la dame lui servit une seconde pinte d'*hafnaff*.

— Il paraît, pensa Lively, que la seconde pinte est pardessus le marché.

— Très-bon l'*hafnaff*, dit le mendiant, meilleur que le porter, et plus rafraîchissant en été.

La dame s'inclina, comme pour le remercier de ce compliment flatteur ; le mendiant reprit son bâton à la porte, et sortit sans payer.

Lively saisit l'occasion au vol pour entrer en conversation.

— Madame, madame, il ne vous a pas payé, ce... voyageur !

— Oui, je le sais, dit la dame, avec un sourire céleste ; que puis-je lui demander ? c'est un pauvre voyageur.

C'était la première fois que Lively entendait cette voix. Jamais la brise du midi dans les pins de l'Irlande, l'harmonie des nuits sur les collines maternelles, la voix lascive des vagues de Kingston, cette voix qui vient des îles voisi-

7.

nes, et meurt dans le golfe ; jamais les mélodies agrestes qui montent des lacs de l'Erinn n'avaient ravi le cœur de Lively, comme ces paroles qui venaient de glisser sur le velours rose des lèvres d'une femme. Il aurait voulu recueillir l'air odorant où s'était évaporé le son de cette voix musicale, sortie d'un timbre d'or. Il se tut avec une sorte de honte, car il aurait craint de profaner par son organe rude cette atmosphère retentissante encore d'une suave mélodie, cette enceinte sacrée, où l'ange avait laissé tomber un écho du ciel.

Il se leva, faible et tremblant, et présenta, les yeux baissés, une demi-guinée à la dame inconnue.

— Gardez votre argent, mon ami, lui dit-elle ; vous en aurez besoin.

Lively n'osa insister ; il sortit machinalement, et marcha, par instinct plutôt que par intention, sur la route de Wycombe. Il ne savait à laquelle de ses pensées donner audience ; elles lui arrivaient à flots, et chaque pensée avait un voile de mystère ; il ne rencontrait que l'inconnu. Au bout de toutes ses conjectures, il ne voyait jamais que deux vérités évidentes : une femme adorable et un amour désespéré.

Sur la porte du *Lion-Rouge* il trouva l'aubergiste, qui lui dit :

— Vous êtes John Lively, si je ne me trompe ?

Il regarda fixement l'aubergiste, et fit un signe affirmatif.

— Voilà une lettre pour vous, dit l'aubergiste.

Lively prit la lettre avec nonchalance, l'ouvrit, et lut :

Birmingham, 28 juin 1836.

« Sir John Lively,

» D'après les ordres que vous m'avez donnés, je me suis
» établi chez vous pour surveiller les travaux que M. Cop-
» peras fait exécuter sur votre colline. J'ai déjà eu trois dis-
» putes avec M. Copperas. A la première, il vous avait traité
» d'imbécile, devant moi; à la seconde, il avait insulté mes
» chevaux; à la troisième, c'était plus grave. Vous savez
» qu'il est convenu qu'il ne coupera la colline que sur un
» côté, afin de vous laisser une colline à peu près entière,
» sauf un petit morceau. Pas du tout; je l'ai surpris, ce ma-
» tin, faisant des plans et un tracé pour couper votre colline
» en deux parties égales. — Qu'allez-vous faire, lui ai-je dit,
» Monsieur? vous oubliez nos conventions; je ne souffrirai
» pas cela; je me ferai plutôt couper en deux moi-même. Il
» m'a menacé d'un poing, je l'ai menacé de deux, et si ce
» n'eût été par respect pour votre cabane, je l'aurais assommé
» comme un bœuf. — Si c'est votre droit, faites-le valoir,
» m'a-t-il dit. — Bien! ai-je répondu. Et j'ai couru à Birmin-
» gham, pour amener deux *policemen*. Avant de repartir,
» j'ai voulu vous écrire pour vous demander vos ordres.
» Mes *policemen* sont prêts. Prompte réponse, ou votre col-
» line est perdue.

» Votre dévoué intendant,

» PATRICK. »

« Adressez votre réponse à Arthur Graves, cuisinier à
Royal-Hotel, New-Street, à côté du théâtre, à Birmingham. »

— Que m'importe ma colline ! s'écria Lively en jetant la lettre de Patrick.

L'aubergiste s'avança et lui dit :

— Vous avez une réponse à me remettre ; le courrier va passer.

— Eh bien ! dit Lively, qu'ils en fassent ce qu'ils voudront !

— De quoi ?

— De ma colline.

— Quelle colline ?

— Au diable !... attendez... excusez-moi ; je suis distrait...

— Vous êtes malade ; voulez-vous une tasse de thé ?

— Donnez-moi du papier et une plume.

— Vous ne voulez pas de thé ?

— Non.

— Entrez au salon, vous trouverez ce qu'il faut pour écrire.

— C'est bien.

Lively écrivit :

« Mon cher Patrick,

» Laisse mettre ma colline en pièces, et ne te mêle plus de rien. »

Voilà la réponse que vous me demandez, dit-il à l'aubergiste.

— Cette réponse est pour mon frère, je sais.

— Ah ! oui, c'est juste ! vous êtes le frère de Patrick ; excusez-moi, j'ai pris un coup de soleil ; je n'ai pas ma tête à moi.

— Mon frère m'a déjà parlé de vous.

— Oui, oui, à propos de...

— A propos de cette dame de là-bas. J'ai pris des informations...

— Ah! de nouvelles informations... Voyons, dites; que savez-vous?

— Il y a trois mois que cette dame a acheté ce cottage.

— Est-elle mariée?

— Elle vit avec un vieux monsieur qu'elle appelle son père.

— Un vieux monsieur? très-vieux?

— Soixante ans.

— Qui est son père?

— A ce qu'on dit.

— Après?

— Elle dépense beaucoup d'argent à sa toilette.

— Elle gagne donc beaucoup?

— Elle ne gagne pas mal; mais elle donne à boire gratis à tous les mendiants de la route; ce qui fait qu'il y a, par-ci par-là, quelques riches fermiers avares qui vont boire au cottage, et ne paient pas. Moi, je la crois folle.

— Folle, parce qu'elle est charitable!

— C'est une idée que j'ai. Je ne crois pas les aubergistes charitables.

— Mais c'est une femme! Savez-vous bien ce que c'est, une femme? un ange? une providence de grand chemin?

— Oui, oui; quand on paie, je suis une providence aussi; mais quand on ne paie pas, je fais mettre en prison.

— Voilà tout ce que vous savez?... Je vous remercie... Faites-moi conduire à ma chambre ; j'ai besoin de repos. Je vais essayer de dormir un peu.

— Vous trouverez votre bagage dans votre chambre, n° 19. Je vous souhaite une bonne nuit... Vous ne soupez pas ?

— Non, j'ai bien dîné, là-bas... avec du porter... Bonne nuit !

Le lendemain, c'était un dimanche. Lively, délivré de ce sommeil agité qui continue les émotions de la veille, ouvrit sa croisée, pour faire sa prière du matin. Le paysage qui se déroulait devant lui était magnifique. Plaines et collines verdoyaient au soleil levant ; le village de Wycombe, couronné de tuiles rouges et riantes, et tout empanaché de tilleuls et de peupliers, semblait avoir revêtu un habit de fête. La grande route, bordée d'arbres et semée d'ombres flottantes, courait jusqu'à Bucks, dont le château dormait encore dans sa vaste alcôve de verdure. Le dimanche était écrit dans l'air : fête à la terre, fête au ciel.

Lively descendit à la salle basse, où l'aubergiste, déjà levé, lui servit une jatte de lait chaud et le félicita sur sa tournure de gentleman. Lively était habillé comme un riche manufacturier de Manchester ; il avait des projets de visite.

— Sir Lively, dit l'aubergiste, si vous fussiez descendu une heure plus tôt, vous auriez vu passer la belle dame en calèche, avec deux chevaux de poste.

Lively laissa tomber la jatte de lait sur la table, et il ouvrit la bouche pour faire une exclamation ; mais sa langue se colla aux lèvres.

— Sir Lively, prenez ce verre de wisky, dit l'aubergiste, vous êtes pâle comme la mort.

— Elle est donc partie! dit le jeune homme avec un effort de voix éteinte.

— Cela me rappelle, sir Lively, une chose que je ne vous ai pas dite hier soir, et que je ne sais que depuis trois jours.. Prenez ce verre de wisky... voici... Le dimanche, la belle dame ferme le cottage, et passe la journée à Londres ; on dit qu'elle va entendre la messe à l'église de la Cité...

— Elle est!...

Lively tomba de faiblesse sur un fauteuil.

— Elle est catholique! murmura-t-il tout bas.

— Catholique, comme vous et moi ; mais moi, je ne vais pas à la messe ; je suis aubergiste.

— Elle est catholique!... Oh! c'est un ange du ciel! Dieu devait un miracle au pauvre enfant de la pauvre Irlande! Dieu a pris pitié de moi ; il m'a choisi, entre tous mes frères qui souffrent, pour me donner un peu de ce bonheur qui accable tant d'hommes indignes de lui! Elle est catholique!... elle devait l'être ; j'aurais dû le deviner ; la prédestination rayonne dans ses yeux.

Lively se leva dans le délire de l'exaltation...

— Je dis, s'écria-t-il...

L'aubergiste accourut.

— Un cheval! donnez-moi un bon cheval ; en deux heures, je puis être à Londres, n'est-ce pas?

— Oui, sir Lively. Je vais vous donner un cheval dont vous serez content.

— Londres! je ne croyais plus le revoir! Oh! qui se

flattera de pouvoir conduire sa vie? La vie est entre les mains de Dieu!... Vite! vite! votre cheval!... point de selle; donnez-le moi nu, sans bride...

— Il n'a pas bu...

— Il boira l'air. Vite! vous dis-je; chaque minute de retard m'ouvre une veine.

— Voilà!... j'ai donné l'ordre, on vous le prépare; un peu de patience, sir Lively; l'an prochain, vous aurez le chemin de fer qui passera là, devant vous.

— Elle est catholique! Oh! femme sainte et bénie!... Elle observe les œuvres de miséricorde; elle donne à boire à ceux qui ont soif!... Ah! voilà le cheval! merci... Où puis-je descendre, dans la Cité, près l'église catholique?

— A *Wite-Horse*, dans le *Cheapside*. L'aubergiste est Irlandais.

— Justement mon cheval est blanc, je ne l'oublierai pas.

Et il s'élança, comme le vent, sur la route d'Uxbridge.

En entrant à Londres, Lively fut obligé de ralentir le pas de son cheval. Comme il passait devant l'église, au clocher aigu, qui ferme *Regent-Street*, un *policeman* lui cria de chevaucher plus décemment, pour respecter la sainteté du dimanche. Il aurait fallu voir quel torrent de mépris tomba de la face de l'Irlandais à cette recommandation qui sortait d'une bouche impie.

— Je respecte la sainteté des lois, dit-il fièrement; et il mit son cheval au pas.

De quel regard il contempla cette tristesse que donne le dimanche à la Babel des hérésies! Comme il tressaillait de pitié en écoutant, sur son passage, les cloches de Saint-

Martin et de Sainte-Marie-du-Strand, qui appelaient les infidèles à l'autel des iconoclastes !

— La prostitution même s'est mise à l'ombre aujourd'hui ! dit-il ; à quel saint exilé du ciel adresse-t-elle aussi sa prière de dérision ?

Enfin, de désert en désert, il arriva dans le *Cheapside*, et de là il ne fit qu'un bond à l'église catholique de la Cité.

C'était comme au temps de Dioclétien. Quelques fidèles se glissaient furtivement sous le porche et semblaient avoir peur de leur religion, dans cette ville où Rome a baptisé cinq cents églises ; où l'on aperçoit de la seconde arche de *London-Bridge* cinquante clochers qui furent catholiques. John Lively entra, la tête haute, dans ces catacombes modernes, et s'agenouilla sur le parvis. Sa première pensée fut pour Dieu ; la seconde..... Il rougit de honte de traîner sa passion dans le temple saint.

Six cierges brûlaient sur un autel indigent ; quelques lambeaux de tenture cramoisie pendaient aux pilastres du sanctuaire ; un vieux Christ, largement percé au cœur par Longin et Henri VIII, était enseveli dans l'ombre de l'abside. Un prêtre, à cheveux blancs, comme le Marcellin de la première persécution, monta les marches de l'autel et commença l'*Introït*. On entendait, par les vitres brisées, le son lent et lugubre de la cloche de Saint-Paul, qui demandait pardon à Dieu pour les hommes.

Le jeune Irlandais ne jeta pas un seul regard autour de lui. Il suivit les prières de la messe, versets par versets, comme s'il n'y avait eu dans l'église que le prêtre pour célébrant et lui pour acolyte. A l'*Ite missa est,* il crut entendre comme une voix intérieure qui lui disait : « Ton sacrifice est sublime, et Dieu t'en tiendra compte un jour. »

La messe dite, il se leva et jeta un rapide coup d'œil dans l'église : elle était presque déserte ; aussi, du premier coup d'œil, il aperçut à six pas de lui la belle et sainte inconnue qui priait. Sa mise était d'une simplicité qui pouvait passer pour de la négligence ; elle avait enfoui la richesse de ses cheveux sous un bonnet de tulle, sans grâce et sans fleurs ; elle portait une robe de l'étoffe la plus grossière et des mitaines de filet noir. Lively ne l'aurait pas reconnue, s'il l'avait moins aimée ; heureux de lui avoir donné un seul regard, il sortit de l'église, et l'attendit dans la rue. Le quartier était désert.

Il n'attendit pas longtemps. Lively la vit se lever sous le porche, comme l'étoile de la mer ; mais il se sentit chanceler, lorsque la ravissante inconnue le regarda fixement avec un léger sourire. L'Irlandais se troubla ; sa figure se contracta de rires et se mouilla de larmes ; puis, cédant à une inspiration qu'il n'avait pas le temps de peser, il s'avança vers la dame du cottage, et, moitié pantomime, moitié paroles décousues, il lui offrit son bras.

— Je vous ai vu prier à l'église, et j'accepte, dit la dame. Donnez-moi le bras jusqu'à *Post-Office.*

— Jusqu'au bout du monde, dit Lively à voix basse.

— Monsieur a le bonheur d'être catholique?

— Oui, Madame.

— Irlandais, n'est-ce pas?

— Oui, Madame.

— Je ne sais si je me trompe, mais il me semble que je vous ai vu quelque part.

— C'est possible, Madame.

— Je ne vous ai jamais vu à la messe, le dimanche, à notre église?

— Je n'habite pas Londres ordinairement.

— Vous avez de belles églises, à Dublin?

— Oui, Madame.

— Ici, la nôtre est dans un état déplorable. Si j'avais quatre mille livres, je les donnerais pour la rendre digne du culte.

— Mais, Madame..... quatre mille livres, à Londres, ce n'est pas difficile à trouver...

— Oui, chez les non-conformistes, chez les dissidents ; mais chez les catholiques, c'est impossible.

— Oh! pourquoi impossible?

— Monsieur, si j'avais un million, je ferais beaucoup de largesses de ce genre. Par exemple, je ferais rebâtir Notre-Dame-des-sept-Douleurs sur la colline de Bucks.

— Oui, moi aussi, j'aime beaucoup la colline de Bucks.

— Ah! la richesse est une belle chose, quand on s'en sert pour gagner le ciel.

— Oh! oui, la richesse est une belle chose! je voudrais avoir tout l'argent qui dort là, tout près, dans *Royal-Exchange*, pour le mettre aux pieds de quelque divinité terrestre qui se chargerait de mon salut.

— Monsieur, je vous remercie bien de votre complaisance; voilà *Post-Office*, je suis chez moi.

Lively salua, balbutia quelques paroles, et, trop délicat pour espionner une femme qui garde quelque réserve avec un inconnu, il se retourna brusquement vers Saint-Paul.

— Combien me reste-t-il dans mon portefeuille, dit-il... Cinquante guinées !... Avec cela il faut gagner quatre mille livres sterling ! C'est difficile, mais Dieu est grand !

IV

Un convive.

John Lively était assis à table dans la salle à dîner de *Wite-Horse*. Il mangeait par habitude et non par besoin. A son côté s'ébaudissaient quelques-uns de ces joyeux convives qui mangent et boivent à heure fixe, et dont l'épiderme est à l'épreuve du chagrin, comme la cuirasse est à l'épreuve du menu plomb.

La salle retentissait de ces paroles nauséabondes qu'on appelle les charmes de la conversation. Chacun voulait user de son dimanche, jour d'abstinence pour le travail et d'intempérance pour la parole. Les deux voisins de Lively, surtout, faisaient une grande consommation de phrases dans cette orgie de propos; ils paraissaient pourtant avoir dépassé l'âge des folies; on les aurait même pris pour deux hommes sages avant le dîner. Lively n'eut pas voulu écouter ce qu'on disait à ses oreilles ; il lui semblait qu'il commettait une indiscrétion ; il écoutait donc comme il mangeait, sans le savoir.

— Oui, mon cher, disait l'un ; il a suivi mon conseil, et il a bien fait.

— Ah! certes, il a très-bien fait, disait l'autre ; je l'ai rencontré l'autre soir, au foyer de Drury-Lane, avec ses quatre maîtresses, comme un grand Turc ; quatre femmes grandes comme moi, avec des robes de cachemire, et des pieds comme ma main..

— Mon Dieu! il pense sagement! Il est jeune et il est riche ; il fait litière de *bank-notes* ; il boit du claret comme nous de l'eau : il dîne trois fois la semaine à *Star and Carter*, à Richmond, avec ses quatre maîtresses, où il dépense vingt livres comme nous dépensons ici trois shillings. C'est un vrai Mahomet, un petit Byron.

— Et qui plus est, Highgate est son bourg-pourri ; nous le verrons aux Communes aux prochaines élections. Il a acheté la moitié d'une rue à Highgate ; vous savez, depuis le *Club-Room* jusqu'au pont qui passe sur la route de Belford. Ce mauvais sujet de Mawbrick ne donnerait pas maintenant sa fortune pour deux cent mille guinées ; il a une action dans la brasserie Barclay qui lui rapporte deux mille livres.

— Il a aussi une bonne qualité, Mawbrick ; c'est la reconnaissance. Il se souvient qu'il me doit sa fortune ; et voici un fait qui l'honore : le mois dernier je fus un peu gêné aux échéances ; il me manquait dix mille livres sterling;

je lui écrivis un petit mot, et il me les envoya par son domestique.

— Ah! c'est très-beau! je ne connaissais pas ce trait.

— J'en fus si touché, moi, que je voulais le faire annoncer dans les papiers publics; il s'y opposa, lui, parce que, me dit-il : « Cela vous portera tort. » Je cédai.

— Très-bien!

— Vous avez poussé aussi le petit Shoffield, vous!

— Comment donc! vous savez qu'on parle de lui pour remplacer sir William Bentinck aux Indes.

— Possible?

— Le lord-chancelier le protége et il sera nommé. Shoffield a acheté l'autre jour, au comptant, soixante colonnes du *Quadrant* et la moitié de *Regent's-Circus*. L'an dernier, il n'avait pas un shilling, pas un penny.

— Je le crois bien! il avait mangé tout son patrimoine avec cette fameuse Betty de *Long acre*, une femme qui a dévoré trois fils de lord.

— Shoffield m'emprunta trente livres pour acheter une action sur un *Fly* qui allait d'Humgerford-Market à la Tour. Au bout de la semaine, il avait doublé son argent, au bout d'un mois il avait acheté le *Fly*; il le vendit et acheta un arpent de terrain à *Tottenham-Road*, qu'il vendit le lendemain à un boucher d'Hampstead six mille livres. Une fois parti comme ça, vous savez que la fortune vous pousse sur un *rail-way*; il n'y a que le premier million qui donne de la peine. Shoffield est aujourd'hui un Sardanapale. Je l'ai rencontré hier soir, devant le *Zoologycal garden*; il était avec deux écuyères d'Athsley, dans une calèche de Milne, ce fameux carrossier d'*Egdward-Road*, vis-à-vis Hyde-Park.

— Et notre ami Storr, aussi, comment a-t-il commencé?

— Avec rien.

— Avec moins. Je lui prête un souverain, il va au club de Crawtord, dans le *Strand*; il gagne mille livres au creps, bien. Il sort, et va manger des écrevisses chez Moss. Bien. Il rentrait chez lui par *Leicester-Square*, lorsqu'il entend tinter des couronnes au second étage d'une maison du *Square*; il monte et gagne six mille livres en un instant; en six parolis, comme disent les Français. Il sort, et va manger un rumsteack et du saumon fumé, au coin de *Castle-Street*. Bien. Il ne s'arrête pas là. — « Puisque j'ai été heureux deux fois, dit-il, j'irai à trois; courons au salon de Piccadilly. » On jouait là un jeu d'enfer. Il y avait trente femmes, trente soleils: ces femmes l'animent; il gagne dix mille livres, et donne vingt guinées à chacune; elles le portèrent en triomphe à *Malborough-Street*, où il demeurait. Le rusé coquin n'a plus joué. Il s'est mis dans le commerce, et aujourd'hui c'est un nabab...

Ce convive s'arrêta court, en prenant un air amical :

— Faites-moi le plaisir, dit-il à Lively, de me faire passer le jambon.

— Très-volontiers, dit Lively qui avait fini par s'intéresser à cette conversation, d'autant plus qu'elle n'avait pas du tout l'air d'être improvisée pour lui.

— Vous n'en prenez pas de jambon, vous, Monsieur? dit le convive à l'innocent Lively.

— J'en prendrai.

— Je vais vous en couper une tranche; à Londres, le jambon est exquis.

— Exquis.

— Vous n'êtes pas de Londres, vous, Monsieur?

— Non; je suis... du Lancashire.

— Ça vaut bien le Kent. Les femmes sont fort belles dans le Lancashire. Monsieur est sans doute un armateur de Liverpool?

— Non, je voyage pour mon plaisir et pour mon instruction.

— Heureux! heureux! C'est bien employer sa jeunesse. Excusez-nous, Monsieur... monsieur?

— Lively.

— Monsieur Lively, excusez-nous; nous avons fait beaucoup de bruit à votre côté; nous vous avons étourdi d'un bruit de paroles. Eh! que faire le dimanche? il faut manger, boire et parler. Parler, c'est ce qui coûte le moins.

— Mais, Monsieur, vous m'avez fait au contraire beaucoup de plaisir. J'aime les histoires des gens qui font fortune.

— Oh! nous vous en raconterions à l'infini de ces histoires-là. Qui ne fait pas fortune aujourd'hui?

— Moi.

— Vous, sir Lively; avec votre âge, votre figure, votre position, vous ferez fortune quand vous voudrez, si vous ne l'avez pas faite déjà... Mais brisons là; c'est par complaisance que vous écoutez cette conversation : parlons d'autre chose..... Mon Dieu! que le dimanche est ennuyeux! on ne sait que dire; on épuise tous les sujets. On parle de ses affaires, ce qui est permis ; mais on parle aussi des affaires d'autrui, ce qui souvent est défendu par la stricte probité.

« Voilà un parfait honnête homme, se dit Lively, et un homme bien amusant en conversation. »

Après le dîner, le convive amusant se leva et dit à Lively : » Monsieur, vous m'avez fait l'honneur de me dire votre nom ; je vous dirai le mien : je suis Saint-Alban, Anglais de la vieille roche, puisque Alban est un saint anglais. Je dîne tous les jours à *Wite-Horse*, et j'ai mon comptoir dans Cornhill, ici tout près, devant la banque. Si vous avez quelque opération en tête, demandez Saint-Alban au premier cocher. Adieu, Monsieur. »

Il sortit avec son ami.

Lively s'accouda sur la table, et donna un libre cours à ses pensées.

« La richesse a été inventée par le démon, se disait-il à lui-même, et pourtant il faut être riche pour vivre ! Est-il heureux ce M. Saint-Alban ?... Si j'avais 4,000 livres je serais plus heureux que lui ! Oh ! oui... 4,000 livres ! Je ne puis maintenant que répéter ces trois mots... avec 4,000 livres, je commanderais un maître-autel de marbre blanc, un tableau de Notre-Dame-des-Sept-Douleurs à un peintre de Paris, six chandeliers d'argent, un ostensoir de vermeil, un calice d'argent, un ornement de soie brodée en or pour les fêtes de première classe, un ornement plus commun pour la semaine, et un autre de laine fine, blanche et noire, pour les messes de mort. Avec mes 4,000 livres, notre église catholique serait un bijou ; et j'irais au cottage, et je dirais à la belle dame : Regardez maintenant cette église, voyez comme elle est riche et décente : eh bien ! c'est votre lot.

« Et je l'épouserais le lendemain ! »

Lively ne parla plus qu'en soupirs, toute la soirée. Il essaya de penser pour prendre un parti pour le lendemain ; mais il ne sut à quoi se résoudre. Il voulut rafraichir son front à l'air du soir ; mais, à peine eut-il mis les pieds sur le *Cheapside*, qu'une mélancolie intolérable lui arriva des quatre points de l'air : il ne vit que des rues immenses et sans peuple, une Thèbes rebâtie et exilée au désert par ses habitants. La nuit descendait, sourde et orageuse. Le gaz prodiguait des trésors de lumière aux briques rouges des façades et aux marteaux de cuivre poli ; le gaz avait la bonté d'éclairer le néant. Rien de triste comme ce silence, cette solitude, et ce jour inutile sous le dôme plat et noir de la nuit.

John Lively rentra à *Wite-Horse*, pour y attendre le jour, et demander au soleil une favorable inspiration.

Il trouva bientôt dans sa chambre un ami sur lequel il ne comptait pas, et qui le prit en traître — le sommeil ; — il ne rêva que millions, banque, fortune, torrents de guinées où il s'abreuvait ; églises de marbre qu'il bâtissait ; cottages pavés de pierreries ; nuages de *bank-notes* ; arabesques de diamants ; il se réveilla pauvre et nu.

« Avec cinquante livres, dit-il, je serai mangé par Londres en quatre jours ; on peut vivre une quinzaine de plus à Wycombe ; et... la voir !... Point de faiblesse ; vite, à cheval ! et à Wycombe ! Vive le soleil, c'est lui qui donne de l'énergie au cœur ! »

Et il descendit à la salle pour prendre du thé.

M. Saint-Alban déjeunait à la fourchette.

— Ah ! vous voilà ! monsieur Lively, s'écria-t-il familièrement, et serrant la main du jeune homme ; voulez-vous déjeuner avec moi ?

— Oh ! vous êtes bien honnête..... Monsieur... je ne sais comment.....

— Allons, mettez-vous là ; je déjeune à la mode française, moi : il me faut de la viande froide le matin, une friture avec un verre de punch glacé. J'ai pris ces habitudes à Paris, lorsque je traitais l'emprunt Aguado pour la reine d'Espagne.

— Moi, je prends du thé habituellement.

— A votre fantaisie, sir Lively..... c'est bien, on va vous servir du thé... Avez-vous lu les papiers, sir Lively ?

— Non, Monsieur.

— Il paraît que nous avons la guerre avec les Birmans. Cela m'inquiète ; j'ai des fonds à Jagrenat..... Sir Lively, que faites-vous après déjeuner?

— Après déjeuner..... mais..... je me promène, je..... fais..... Que fait-on à Londres après déjeuner?

— On fait tout ; chacun suit ses petites habitudes de digestion. Moi, je vais à mon petit club de *Chandos-Street* : un véritable club d'amis, le club de Socrate. Nous sommes là quelques banquiers ; il y a des hommes charmants ; nous secouons un instant la poussière du comptoir. Nous causons ; nous traitons une affaire ; nous faisons un wist, un wist léger, pour passer le temps, à une livre la fiche, deux livres. Ah ! nous ne sommes pas joueurs, dans le commerce ! La première vertu d'un commerçant, c'est la haine du jeu.

Sir Lively, si j'ai un conseil à vous donner, ne jouez jamais!... Vous ne prenez rien après le thé, sir Lively!

— Absolument rien, monsieur Saint-Alban.....

— Que faites-vous donc, sir Lively, laissez-moi donc payer... Remettez votre portefeuille en poche... justement, il faut que je change un billet de *five pounds*..... Ah! je ne changerai pas mon billet! Je me trouve fort heureusement une demi-guinée sur moi. Voici... Maintenant, mon bonheur est de traverser *Fleet-Street* et le *Strand* dans toute leur longueur. Je flâne, comme dit le Français. Arrivé à la hauteur d'*Agar-Street* je prends à droite, j'entre dans *King-William*, et je tombe dans mon petit club *Chandos-Street*. C'est une promenade un peu longue, comme vous voyez; voulez-vous la faire avec moi?

John Lively, comme tous les hommes de la nature, subissait, à son insu, l'ascendant impérieux d'un homme de société. Ce ton décidé, ces allures hardies, ce langage dominateur avaient cent fois plus de puissance qu'il n'en fallait pour entraîner un ingénu campagnard. Lively, d'ailleurs, se sentait honoré, tout fier qu'il était, de marcher en compagnie d'un homme qu'il regardait comme son supérieur de tout point. Il s'inclina devant le génie de Saint-Alban, et sortit avec lui.

Que Dieu sauve Lively!

8.

V

Le club de Socrate.

Saint-Alban conduisit Lively à son petit club de *Chandos-Street*, et le présenta à trois banquiers graves et d'un âge assez avancé.

John Lively s'inclina devant ces millionnaires et jeta un coup d'œil rapide dans la salle. Ce club ne brillait pas par l'ameublement : chaises et tables étaient d'un bois fort commun ; il n'y avait de remarquable que deux statues de plâtre tricolore qui avaient l'intention de représenter Wellington et Napoléon, couronnés de lauriers.

— Vous voyez que c'est bien simple, dit Saint-Alban à Lively ; le strict nécessaire. Nous appelons cela notre club du matin. Le soir, nous allons au grand club de *Pall-Mall*, Oh ! ici nous avons nos coudées franches ; c'est nous qui l'avons fait bâtir ; les six colonnes d'ordre Pœstum de la façade nous ont coûté deux mille livres. Elles sont en marbre sombre des carrières du Lancashire, votre pays. Voulez-vous bien vous asseoir, sir Lively ?

Saint-Alban se tourna vers un des banquiers, et lui dit :

— Qu'avez-vous fait cette nuit au club de Westminster, sir Clayton ?

— J'ai perdu.

— Beaucoup ?

— Non ; une misère, mille livres. J'aurais dû en perdre quatre. On n'a jamais joué d'un malheur pareil... Figurez-vous que j'ai perdu douze *robs*.

— Vraiment !

— Je perds toujours, moi ; toujours. Mais fort heureusement je ne joue que pour m'amuser. Vous, Saint-Alban, c'est tout le contraire ; vous avez fait un pacte avec la fortune.

— Il est vrai, sans vanité, que je suis assez heureux.

— D'ailleurs, vous jouez bien : vous ne perdez jamais un point par votre faute.

— Eh bien ! avant-hier, chez le duc de Sunderland, j'ai perdu un *rob* par une singulière distraction ; on avait épuisé les *atouts* ; il ne restait plus que le *roi* et le *neuf* ; j'avais le *roi*... Connaissez-vous le jeu, sir Lively ?

— Moi... mais... oui... un peu...

— Bien !.. j'avais le *roi* et cinq *levées* ; j'oublie de faire *atout* et *passe-cœur* ; je joue *cœur*, on me le coupe ; nous étions quatre à quatre, et je perdis le *trik*. Cela me fit une différence de cent vingt livres, de là perte au gain.

— Oh! le meilleur joueur a ses distractions.

— Mon Dieu! oui... Ah! voilà midi qui sonne à Saint-Martin... Il faut que j'aille à un rendez-vous aux bureaux de *Regent's-Circus* ; il y a une réunion des actionnaires de l'entreprise des voitures de Windsor.

— Est-ce que vous ferez un petit *rob* ? Le *rob* de midi. comme nous l'appelons.

— Diable !... c'est qu'il est fort tard... Aurons-nous fini à une heure ?

— A une heure, on vous remplacera. Notre monde va venir. Samedi, nous étions cinquante-sept à midi et demi : je vous comptais.

— Allons, soit, un petit *rob*... Mais, je vous préviens, à petit jeu.

— Une livre la fiche... C'est bien modeste.

— C'est singulier; entre amis je n'aime pas jouer gros jeu. Vous savez, sir Lively, que nous ne jouons ici que le *wist* à trois; c'est une mode que j'ai rapportée de France... Voulez-vous faire un troisième, sir Lively, ou bien voulez-vous prendre une action dans mon jeu ?

— Oh ! je ne suis pas assez fort pour jouer, et...

— Voulez-vous être mon associé ? Vous me donnerez des conseils ; perte ou bénéfice, nous partagerons.

— Je veux bien,

Et il se dit tout bas : — Au fond, je ne risque pas grand chose : si je perds, je serai ruiné quelques jours plus tôt; si je gagne, je vivrai quelques jours de plus.

— Sir Saint-Alban, dit Lively, est-il bien nécessaire que je reste ici pendant le jeu?...

— Oh! indispensable! Comment donc!... si j'ai un coup scabreux, je veux être corroboré de la présence de mon associé.

— C'est que je suis appelé par une petite affaire là tout près, derrière Saint-Martin, à l'office des *Coaches* de *Golden-Cross*.

— L'affaire d'un instant, n'est-ce pas?

— D'un instant.

— Ne vous gênez pas, sir Lively, nous commencerons sans vous; nous sommes à cinquante pas de *Golden-Cross*... Il est donc convenu que nous sommes associés?

— C'est dit... au revoir dans l'instant.

La partie commençait lorsque Lively quitta le club de Socrate.

John Lively courut à l'office de *Golden-Cross*, dans l'espoir d'y rencontrer Patrick, qui devait avoir repris la grande route, à la réception du dernier billet. En effet, on lui dit que le cocher Patrick était arrivé à onze heures, et qu'aussitôt il avait été obligé de courir au *Cheapside* pour une affaire des plus importantes.

— Au *Cheapside!* dit Lively; c'est moi qu'il cherche; il ne peut chercher que moi.

Deux partis se présentaient: attendre le retour de Patrick à l'office; ou remonter le *Strand* jusqu'à *Temple-Bar*, en allant au-devant de lui. John Lively prit le parti des impatients. Il se jeta dans le *Strand*.

Au coin de *Wellington-Street*, il rencontra Patrick qui descendait le trottoir au galop.

— Patrick! — Sir Lively!

Et quatre mains se serrèrent. Un lord qui venait de manger un homard sur le pouce, à la poissonnerie d'Adelphi, s'arrêta net, tout scandalisé de voir un gentleman serrant la main d'un cocher.

— Ah! sir Lively, dit Patrick, que de choses!... Venez; allons sur *Waterloo-Bridge*, nous serons plus libres pour parler... Ah! sir Lively!

Lively était muet; son silence seul interrogeait.

— D'abord, je vous annonce que M. Copperas devient fou; il ne peut pas se tirer des marécages, mais il est têtu comme un Anglais. Il va couper votre colline en deux; vous l'avez permis : c'est bien; je ne me plains pas; je vous ai obéi; vous êtes le maître de votre colline. Quand je suis parti, cent ouvriers travaillaient sur elle, à coups de pioche, comme des démons.

— Ensuite, ensuite, Patrick?

— Voici la suite : ce matin, en passant à Bucks, j'ai vu le cottage... Vous savez, ce cottage?...

— Oui... oui...

— Entouré de monde. Il y avait sur la porte un vieux monsieur qui pleurait; il y avait un homme de loi qui écrivait sur une table, et une grande quantité de pauvres gens, hommes et femmes, qui disaient : « C'est une horreur! nous l'assommerons; oui, nous l'assommerons, ce M. Igoghlein!

— Qu'est-ce que M. Igoghlein? ai-je demandé à quelqu'un.

— C'est l'ancien propriétaire du cottage, m'a-t-on répondu. Madame O-Killingham lui doit encore cent cinquante livres, et elle ne peut pas les payer. Madame O-Killingham est à Londres; on l'attend pour la mettre en prison.

— En prison, pour cent cinquante livres !

— Attendez un peu... Il y avait aussi un jeune homme de bonne tournure, qui disait au vieux monsieur : « Tenez, voilà mon portefeuille, il y a trois cents livres ; payez et envoyez promener cette canaille. Je me charge de la chasser à coups de cravache, moi. » Et le vieux monsieur baissait les yeux et repoussait le portefeuille. On disait dans la foule : « Ce jeune homme, c'est M. William Béasley, du château de Bucks ; c'est l'amant de madame O-Killingham. »

— On disait cela, Patrick ?

— Ne faites pas attention, sir Lively ; la foule ne sait jamais ce qu'elle dit. Moi, je me suis avancé alors, et j'ai dit à l'homme de loi : « Attendez jusqu'à ce soir ; M. Igoghlein sera payé. » J'ai pensé à vous, sir Lively, j'ai couru chez mon frère, à Wycombe ; vous étiez parti pour Londres ; j'ai crevé mes chevaux, et me voici. Il faut sauver madame O-Killingham.

— Oh ! s'écria Lively, si j'avais la force de sauter par-dessus ce parapet, je serais déjà dans la Tamise.

Et il tomba de faiblesse sur une banquette de pierre du pont.

— Ce n'est pas pour rien qu'on a fait des parapets de cinq pieds de haut... Sir Lively, tranquillisez-vous... il y a de l'espoir... Combien vous reste-t-il des cent livres de M. Copperas ?

— La moitié.

— Je vendrai mes chevaux.

— Tais-toi, Patrick ; tu me tues !... Cent cinquante livres !... toujours de l'argent !... toujours !... Patrick, il me reste une ressource... accompagne-moi jusqu'à *Chandos-Street*... j'ai là des fonds engagés dans une entreprise. Dieu m'aura été favorable, peut-être... Viens avec moi... tiens-toi prêt, à cheval, tout prêt à partir.

— Tout à vous sir Lively.

Le jeune Irlandais, appuyé sur le bras de Patrick, arriva bientôt à la maison du club; il monta lentement l'escalier pour se remettre et se composer un visage. D'une main convulsive il ouvrit la porte et marcha silencieusement vers la table de jeu.

— Ah! vous voilà, dit M. Saint-Alban, votre absence a été bien longue, mon cher associé. Devinez ce que nous faisons?

— Nous perdons! dit Lively d'une voix émue.

— Non, sir Lively, nous gagnons cent livres; j'ai joué d'un bonheur inouï. Je donne des revanches à ces messieurs.... L'assemblée de *Regent's-Circus* est renvoyée à demain; cela me donne du loisir... Si je gagne le *rob*, nous gagnerons cent quarante livres... Asseyez-vous donc, sir Lively.

— Ne prenez pas garde...

— Voyons; tout dépend de ce coup... J'ai trois points... Il me faut les *honneurs*, et j'ai gagné; c'est la dernière partie. Nous partagerons cent quarante livres, probablement... De quoi retourne-t-il?... Du carreau!... c'est ma couleur favorite. Mon *mort* n'est pas beau: voyons le *vivant*... Quatre d'honneurs contre moi!... et le *trick*! J'ai perdu. . Vous me portez malheur, sir Lively! voilà notre bénéfice réduit à soixante livres!...

— Oui, je vous porte malheur ; cela ne m'étonne pas.....
Continuez, continuez, monsieur Saint-Alban, je vais faire un tour de promenade au parc Saint-James.

— Voulez-vous tenir mon jeu ?

— Non, non ; jouez ; je suis à vous dans la demi-heure.

— Vous paraissez inquiet, sir Lively ?

— Moi ; oh ! non !... Il fait très-chaud ici... je vais respirer sous les arbres.

— Nous irons dîner à *Sceptre and Crown* à Greenwich.

— Où vous voudrez, monsieur Saint-Alban. A bientôt.

— Ou à *Blake-Hall*, si vous aimez mieux.

Lively était sorti. Patrick l'attendait en estafette devant *Saint-Martin-Court*.

— Avez-vous les cent cinquante livres ? dit-il à Lively.

— Je vais les avoir dans quelques instants... Descends de cheval, Patrick.

— Non, j'irai voir à *White-Horse*, s'il ne vous est rien arrivé de Wycombe. J'ai recommandé à mon frère de vous écrire sur-le-champ, s'il y avait du nouveau.

— Oui, bien pensé ; va, je te rejoindrai ici.

— Ah ! monsieur Lively ! je voyais bien, moi, que cette pauvre femme se ruinerait ; depuis trois mois elle désaltère gratis l'Angleterre et l'Irlande, et il fait bien chaud cet été.

— Pars, cours au *Cheapside*, mon ami.

— Comme le vent, sir Lively, regardez-moi, je vais écraser les omnibus.

Lively, resté seul, marcha au hasard, pour consommer une demi-heure ; à chaque minute il consultait les quatre cadrans du clocher de Saint-Martin, qui, tous, semblaient avoir arrêté leurs aiguilles sur le même point. Il regardait autour de lui pour découvrir quelque existence fiévreuse en harmonie avec la sienne. Autour de lui tout était calme, hommes et maisons. Des ouvriers taillaient des pierres sur la place de Trafalgar; des cochers dormaient sur leurs sièges; un frotteur polissait la grille à candélabres de fer qui protége les murs de Saint-Martin ; les Anglais bâillaient nonchalamment derrière leurs vitres luisantes comme de l'acier poli; les omnibus se croisaient à l'embouchure du Strand; quelques Français regardaient la statue équestre de Charles Ier, ou la façade vénitienne du palais de Northumberland, surmontée d'un chien qui se croit lion ; un concierge demandait un shilling à l'étranger qui entrait au Musée pour voir des tableaux absents; deux *policemen* examinaient les gravures au coin de la galerie vitrée du Strand; des courtisanes en haillons et à gants jaunes, tourbillonnaient au soleil en mangeant des colimaçons crus ; un vieillard automate promenait un placard de *Hat-Washable* que personne ne lisait ; c'était une foule sans cohue, une agitation sans bruit, une lumière sans éclat, un travail sans ferveur, une prostitution sans volupté, une vie morte; c'était le cœur de Londres, grande artère qui n'a point de sang.

Si le bonheur n'est que l'absence du malheur, disait Lively, tous ces gens-là sont plus heureux que moi, et pourtant je ne les envie pas.

Et il monta au club de Socrate, bien résolu, cette fois, à partager le bénéfice, quel qu'il fût.

Comme il allait ouvrir la porte, il entendit un grand tumulte dans le club ; il lui sembla que les banquiers se disputaient vivement; la voix de Saint-Alban dominait les autres voix.

— Ce n'est pas pour moi que je plaide, disait-il, c'est pour mon associé, un digne jeune homme que je ne connais que d'hier, et que je regarde comme mon fils.

— Oh! entrons vite, dit le généreux Lively.

— Bien! s'écria Saint-Alban, vous voilà fort à propos, sir Lively. Ces messieurs sont strictement dans leur droit, je commence par le reconnaître... Laissez-moi parler, monsieur Spiegalt. Nous avons donné trois revanches à ces messieurs, sir Lively; maintenant la fortune a tourné; nous demandons une seule revanche, une seule; ces messieurs la refusent net, sous prétexte qu'ils ont une affaire dans la Cité. Diable! j'avais une affaire moi aussi, et pourtant je me suis montré délicat.

— Nous avons donc perdu? dit Lively tremblant.

— Peu de chose; mais c'est la délicatesse que je juge et non la perte.

— Combien? dit Lively.

— Cent livres chacun. Donnez cent livres à M. Spiegalt, et brisons-là.

La cervelle tinta dans la tête de l'Irlandais.

— Cent livres? dit-il comme un écho qui redit ce qu'on lui jette.

— Oui, dit Saint-Alban; si vous n'avez pas la somme entière, je comblerai le déficit, et vous me rembourserez à *White-Horse*.

Lively, comme un homme qui survit à lui-même, tira

machinalement son portefeuille de sa poche et dit : — Voilà cinquante livres...

— C'est bon ! dit Saint-Alban ; je réponds du reste... jusqu'à demain.

Lively sortit de sa stupeur par une crise d'émotion. Il se précipita sur les mains de Saint-Alban et les serra tendrement.

- Vous me sauvez l'honneur, lui dit-il en pleurant.

Saint-Alban se retourna pour essuyer quelques larmes qui ne coulaient pas.

— Excusez-moi si je vous quitte, dit Lively. On m'attend à *Saint-Martin-Court*. Où vous reverrai-je pour vous remercier ?

— Ce soir, au foyer de Drury-Lane ; je dîne à Greenwich.

— Je serai à Drury-Lane. Mille grâces, monsieur Saint-Alban : je vous ai porté malheur.

— Bah ! ne soyez pas superstitieux comme ça, nous prendrons notre revanche demain.

Lively courut aussi lestement qu'il put, à *Saint-Martin-Court*, et trouva Patrick à cheval, tout prêt à partir.

— Ruiné ! ruiné ! mon cher Patrick ! Criblé de dettes, pour comble de malheur !

— Que dites-vous, sir Lively ?

— Ruiné ! te dis-je ; descends de cheval, descends... c'est maintenant que je me jetterais à la Tamise, si je n'avais une dette d'honneur à payer !

— Et la dame du cottage ?

— Ah ! tais-toi, Patrick ; tais-toi !... Londres maudit, ville de frotteurs et d'impies ! Quel démon m'a poussé dans ce tas d'ordures passé au vernis ?

— Voulez-vous que je vende mes chevaux ?

— Oui; vas te ruiner pour moi ; je me vendrais plutôt ! N'achète-t-on pas les hommes dans cette ville où l'on achète tout?... As-tu quelques nouvelles de Wycombe?

— Non; il n'y a rien... L'aubergiste de *White-Horse* m'a dit qu'un monsieur était venu vous demander.

— Moi ?

— Oui.

— Qui peut me demander ?... Personne ne me connaît à Londres... Ce monsieur reviendra-t-il ?

— Il a dit qu'il reviendrait.

— Quitte ton cheval, et allons à *White-Horse* ; nous verrons... j'ai besoin d'un compagnon ; viens avec moi, je ne veux pas être seul.

— Sir Lively, je vous suivrai partout.

— Bon Patrick !

Arrivés à *White-Horse*, on leur dit que le monsieur n'avait pas reparu.

Attendons, dit Lively; et s'asseyant sur la pierre de la porte, il se plongea dans ses réflexions.

A l'heure du dîner, l'aubergiste remit à Lively une lettre qui venait d'arriver. Elle était du frère de Patrick, l'aubergiste de Wycombe. En voici le contenu :

« Sir Lively,

« Vos affaires vous ont sans doute retenu à Londres.
« Mon frère doit vous avoir dit ce qui s'est passé au sujet
« d'une dame irlandaise qui vous intéresse. Elle vient d'ar-

« river au cottage. M. Igoghlein a été inflexible; cependant
« il a consenti à donner un répit de vingt-quatre heures, si
« je servais de caution à madame O'Killingham. J'ai pensé à
« vous, et j'ai donné caution. J'espère que vous ne me lais-
« serez pas dans l'embarras. C'est un service que je vous
« rends à vous ; je ne m'intéresse pas, moi, aux femmes
« folles qui se ruinent en toilette, et qui font manger leur
« bien au premier venu qui veut le boire.

« Thomas Helyer. »

« *P. S.* Demain à midi, il faut que vous m'apportiez cent
« cinquante livres et mon cheval. »

— Patrick, dit Lively, aujourd'hui tous les démons anglais conspirent contre moi. J'en mourrai, c'est sûr. Il me faut deux cent livres demain! La mort est plus facile à trouver. Fais-moi enterrer en terre sainte, Patrick.

— Vous n'avez aucune idée dans la tête, sir Lively ?

— Quelle idée veux-tu que j'aie ? Est-ce qu'on paie ses créanciers avec des idées ?

— Je sais bien ; mais une idée vaut de l'argent quelquefois.

— Deux cents livres !

— Mangez, sir Lively, vous avez besoin de prendre des forces.

— Oui... et il faut que j'aille à Drury-Lane ce soir. Oh ! il le faut ! que dirait ce bon M. Saint-Alban ?... Cet homme peut me sauver !... Oui !... il s'intéresse à moi ; il est riche; je m'ouvrirai à lui ; que sont deux cents livres pour un banquier?.. A quelle heure s'ouvre Drury-Lane ?

— A sept heures, je crois... Vous avez de l'espoir sur M. Saint-Alban ?

— Un grand espoir.

— Tant mieux !

— C'est un millionnaire de la cité... Il faut bien enfin que la Providence fasse quelque chose pour moi !

— Ce serait juste.

— Et tardif... voilà qui est arrêté ; je dévoilerai tout à Saint-Alban. Rien ne calme le sang comme une résolution prise; je respire, je renais !

A l'heure du spectacle, Lively ramassa quelques débris épars de sa petite fortune, une livre et quelques shillings, et il prit le chemin de Drury-Lane.

L'Irlandais ne donna aucune attention à cette salle magnifique toute décorée de tentures écarlates, toute éblouissante de lumières et de colliers de diamants; il resta sourd à la musique, au chant, aux applaudissements de la salle ; il ne cherchait que Saint-Alban ; il faisait ouvrir toutes les loges, montait, descendait, remontait haletant, pâle, convulsif, ne pouvant pas trouver son espoir, ne coudoyant que des inconnus joyeux, sortes d'échos ambulants qui répétaient les refrains du théâtre. Emporté par la foule de l'entr'acte, il tourne autour de la balustrade circulaire de l'escalier, et entre au foyer avec toute l'ardente jeunesse qui roulait des vomitoires. Là, il recula d'effroi, de surprise, de pudeur, d'admiration. Il se crut transporté dans la salle du festin de Balthazar, telle que Martyn l'a rêvée; il crut voir sortir de leurs tombeaux toutes les courtisanes de Babylone; il s'imagina qu'on allait commencer une de ces orgies dévorantes, où l'insulte de la terre provoquait le tonnerre du ciel. Cent femmes, dans tout l'éclat cynique de la beauté, vêtues comme des reines sur leur trône, parées des dépouilles des deux Indes, la flamme aux yeux, l'incarnat aux joues, l'impudeur sur le front, le sourire aux lèvres, allaient, venaient, s'asseyaient, se levaient avec des frémissements de satin et de velours, emportant après elles, devant elles, au milieu d'elles, des flots de jeunes gens ivres et fous, victimes dévorées par ce tourbillon vivant de cheveux blonds, de frais visages, de bras nus, de pierreries, de soie, de parfums ! — Oh ! s'écria Lively, mon Dieu ! donne-moi un instant ; il y a un juste dans Gomorrhe ; le feu du ciel va tomber, et je ne veux pas périr avec eux !

Et il glissa légèrement sur l'escalier blanc et poli comme du satin, les yeux fermés pour ne plus rien voir. Au péristyle, il s'arrêta devant la statue de Shakespeare, et lui dit : — C'est donc pour ce peuple, ô William ! que tu as créé Ophelia !

Tombé dans le *Strand*, Lively se fit cette question : — Que suis-je venu faire à Drury-Lane ?

Dix heures sonnaient à Sainte-Marie.

— Ah ! M. Saint-Alban ! dit-il... Oui, je me souviens ; allons au club de Socrate, il y sera.

Il monte l'escalier du club, et ouvre la porte. Un seul flambeau éclairait la petite salle ; elle était déserte. Un domestique dormait.

Lively le réveille.

— Mon ami, lui dit-il, M. Saint-Alban viendra-t-il ce soir ?

— Saint-Alban, dit le domestique en ouvrant les yeux ; je ne le connais pas.

— Ce monsieur qui jouait au whist, ce matin, ici.

— Eh bien ! je ne le connais pas.

— Et les autres banquiers, les connaissez-vous ?

— Non ; c'est la première fois que je les vois.

— Ce n'est pas le club de Socrate, ceci ?

— Non. Il n'y a point de Socrate ici.

— Samedi, il n'y avait pas cinquante-sept banquiers à midi et demi ?

— Il n'est venu personne, samedi.

— Mais ce n'est pas un club...

— C'est un *club-room* pour fumer.

— Savez-vous que j'ai perdu cent livres, ce matin ?

— Ah ! oui, je vous reconnais ; vous êtes sorti deux fois ; ces messieurs m'avaient dit de me mettre à la fenêtre pour les avertir quand je vous verrais venir.

— Et en mon absence que faisaient-ils ?

— Ils riaient, ils chantaient, ils lisaient les journaux...

— Ils ne jouaient pas ?

— Non. Ils prenaient les cartes quand vous arriviez.

— Je suis volé !... Plus d'espoir ! plus d'espoir !

Il frappa son front et sortit.

9.

VI

Un article de journal.

C'était l'heure où Londres est plein de lumières et de ténèbres, comme un écu immense, écartelé de sable et d'or. Les ténèbres tombent du ciel et s'arrêtent aux toits des maisons basses ; la lumière monte des pavés, et s'arrête aux toits. John Lively, pâle comme un mort galvanisé, se mêla au tourbillon de fantômes qui descendaient silencieusement aux bocages du parc Saint-James. A *Portland-Place*, le soleil hydrogène, à mille rayons, qui blanchit la colonne du duc d'York, comme une planète, jeta ses gerbes de clarté joyeuse dans ce troupeau d'ombres errantes ; elles descendirent, ces tristes ombres, l'escalier babylonien de *Carlton-House*, en passant devant la sentinelle qui protége les orgies calmes et muettes du jardin royal. John Lively, sous les allées du parc, se secoua vivement, comme pour se délivrer d'un rêve affreux : il vivait de deux existences ; l'une l'accablait de sa réalité désespérante ; l'autre était toute pleine des tableaux incohérents du songe ou de la folie. Aux lueurs du gaz répandues sous les arbres, et qui semblaient tamisées à travers un crêpe violet, John Lively découvrit, autour de lui, un monde nouveau, sans forme et sans nom ; tous les squelettes anglais de la prostitution ténébreuse défilaient devant lui, en lui montrant des visages hideux sur lesquels le sourire du métier faisait craquer un reste d'épiderme, comme du parchemin. Des nuages de haillons couraient sous les arbres et semblaient quelquefois prendre des formes de femmes, comme les nuages fantasques du ciel dans un crépuscule d'orage ; des murmures gutturaux, soupirs des sépulcres, tintaient dans l'air ; on n'entendait ni bruit de pas, ni bruit de voix ; ces êtres glissaient comme des apparitions sur le sable des allées ; ils appartenaient à un sexe inconnu, et pourtant, au pâle reflet du gaz, on voyait, par intervalles, luire un visage charmant, enveloppé de guenilles, comme une rose épanouie dans une toile d'araignée. Rien ne donne une plus exacte idée des lieux profonds auxquels toutes les religions condamnent les âmes en peine. C'était l'Élysée au bord du Léthé, ou les Limbes des chrétiens morts avant le baptême. A travers le rideau des arbres, on voit étinceler les ondes ridées de la grande pièce d'eau, comme un fleuve de l'enfer païen, et de l'autre côté, l'œil s'arrête sur les colonnades thébaines de *Carlton-Terrace*, le palais sans roi.

John Lively poussa le cri d'Hamlet devant le fantôme.

A ce cri, un *policeman* accourut et menaça l'Irlandais de la prison s'il continuait le rôle d'Hamlet. Le mot de prison, peu usité dans les rêves, rappela notre jeune homme aux réalités de la vie ; il s'élança sur l'escalier, et sortit du parc Saint-James pour aller où Dieu le conduirait. Il passa sous la voûte sombre du vieux palais, au moment où l'horloge sonnait minuit, cette horloge qui sonna l'agonie de Charles 1er devant *White-Hall*. L'Irlandais courait dans *Parliament-Street* comme Oreste poursuivi par les furies ; et toujours, et partout, il retrouvait ces tourbillons d'âmes folles, ces processions de fantômes, ces guirlandes de haillons, ces ruisseaux de prostitution fétide qui changent les nuits de Londres en nuits de l'Érèbe et du Ténare. Il remonta vers *Charing-Cross*, et les rêves l'accompagnaient encore ; ils s'acharnaient sur ses pas ; ils l'étreignaient de leurs images fantastiques. Le gaz joyeux leur prodiguait sa lumière. Un croissant de lune les favorisait comme il eût fait pour des scènes d'amour ; des palais superbes, des jardins frais et recueillis servaient de cadre à tant d'incroyables scènes, et honoraient leur misère du voisinage de leur opulence. John Lively, parfois arrêté sur le large trottoir resplendissant de gaz, et absorbé dans une méditation qui le rendait fou, se croyait transporté dans une autre planète, et regardait tourner la terre dans la profondeur des cieux. L'aube, qui rend la raison aux imaginations délirantes, lui rendit aussi les soucis cuisants de la veille ; les rêves se retirèrent devant les premiers nuages dorés par l'aurore, et Lively se réveilla face à face avec la réalité de son malheur et de son néant.

Il monta lentement les rues qui conduisent au Cheapside ; un seul homme était debout dans la rue immense, où le gaz s'éteignait par respect pour l'aurore. Cet homme était Patrick.

Le cocher irlandais avait veillé sur *Waterloo-Bridge* pour prévenir un suicide ; à l'aube, il était rentré dans la Cité, le désespoir au cœur. Deux cris de joie retentirent dans la rue solitaire. Les deux amis s'étaient embrassés.

— Vivant ! vivant ! s'écria Patrick.

— Oui, dit Lively ; vivant, comme un cadavre qui marche !

— Et qui ressuscitera ! dit Patrick ; j'ai cent livres sur moi ; elles sont à vous.

— Cent livres ! Patrick... Qu'as-tu fait pour les avoir ?...

— J'ai vendu mes chevaux, hier.

Lively serra Patrick sur sa poitrine.

— Il nous manque cinquante livres, Patrick.

— Mon frère nous les avancera : M. Igoghlein sera payé avant midi.

— Oui, c'est bien ! cours à Wycombe, prends la voiture de *Golden-Cross*; délivre cette femme, ne parle pas de moi, surtout : qu'elle ignore la source du bienfait.

— C'est entendu.

Je t'attends à Londres, moi ; les heures seront des siècles ; mais après ces siècles, le calme et le bonheur peut-être.

— Une idée ! sir Lively, je veux aller voir M. Copperas, à Stafford ; je lui emprunterai de l'argent ; je lui parlerai des chemins de fer avec enthousiasme, il sera mon ami, je serai le sien. Je m'engagerai à travailler pour ses marécages pendant un an.

— Bon Patrick ! va, pars, suis tes inspirations, adieu. Avant tout, vois ton frère à Wycombe, et sauve une femme de la prison.

— A demain, sir Lively.

Un espoir vague de bonheur tranquillise l'homme le plus désespéré. Dans les terribles circonstances de la vie, tout devient planche de salut ; on s'y cramponne, et on respire un moment ; le moindre rayon est un soleil.

A huit heures, Lively fut appelé par son nom, dans le vestibule de *Vhite-Horse*. L'aubergiste montait l'escalier :
— Sir Lively, dit-il, ce monsieur qui est venu vous demander hier deux fois, est encore là. Voulez-vous lui parler ?

— Je descends, dit Lively. Si c'est M. Saint-Alban, poursuit-il à voix basse, qui vient réclamer ses cinquante livres, je l'assomme d'un coup de poing, et j'en demande pardon à Dieu.

Ce n'était pas Saint-Alban, c'était Copperas.

— Ah ! sir Lively, dit Copperas, en étendant ses mains vers lui, je vous demande à tous les échos de Londres. Où diable vous enterrez-vous ? On m'a indiqué votre domicile à Wycombe, et je viens vous faire une petite visite en passant.

— C'est bien de la bonté, M. Copperas, dit Lively froidement.

— Il est bientôt neuf heures, sir Lively ; voulez-vous accepter une tasse de chocolat, chez Verey, à Regent's-Street.

— Je vous accompagnerai, monsieur Copperas.

— Vous n'avez jamais pris du chocolat chez Verey? On y est fort bien; c'est le seul café de Londres. Je vous montrerai mademoiselle Grisi qui arrose tous les matins ses fleurs, sur le balcon, en face de Verey. Aimez-vous le talent de Grisi? Fréquentez-vous *King's-Theatre*? Avez-vous entendu Grisi chantant :

> *Son vergin verrosa*
> *In veste di Sporra.*

dans les *Puritains, I Puritani?* Allons, venez donc, enfant. A propos, nous allons bien là-bas, sur la colline; nous marchons. Le marécage se dessèche. Nous ferons un mille à terrain sec. Il est fâcheux, sir Lively, que vous n'ayez pas un acre de terre végétale de ce côté, vous le vendriez comme une mine d'or... Tenez-vous toujours à votre petite cabane?

— Toujours, M. Copperas.

— Une hutte de Lapon, un wigwam de Mingo. Enfin, n'importe; vous y tenez. Si vous n'y teniez pas, je vous l'aurais bien payée vingt livres. Elle ne vaut pas dix shillings, convenez?

— J'y tiens et je la garde.

— Gardez, gardez. Voyons, que faites-vous à Londres, sir Lively? Comment nous amusons-nous? Fréquentons-nous le théâtre? Hantons-nous les clubs? Avez-vous dîné au Club de la Réforme? on y dîne royalement. J'y ai vu O'Connell, le mois dernier; il mange très-bien. Savez-vous que chaque Irlandais lui donne un *penny* par semaine à

O'Connell, ce qui lui constitue un revenu de quatre mille livres par mois. Hein ! Si nous avions cette fortune-là, nous ne creuserions pas la terre avec nos griffes... Savez-vous que votre colline est dure comme du bronze? Nos ouvriers y perdent leurs hoyaux. C'est du fer, de l'airain... Enfin, nous en viendrons à bout... Et que ferez-vous de ces deux tronçons de colline que nous vous laisserons?

— Que voulez-vous que j'en fasse?

— Je ne sais pas, moi ; au lieu d'une colline, vous en aurez deux ; vous vous promènerez comme le colosse de Rhodes, un pied sur chaque tronçon.

— Je me promènerai.

— Avec nos marécages, la terre nous manquera ; c'est un pays de plaines ; il nous faut de la terre pour dessécher le marais... Ah! il me vient une idée!... Cédez-nous ces deux moitiés de collines, ces deux tronçons.

— Pourquoi voulez-vous que je les cède?

— Oh! mon Dieu! si vous voulez les garder, gardez-les ; au fond, ce que je vous en donnerais, d'ailleurs, ne vaudrait pas la peine que vous me cédassiez votre bien.

— Et que m'en donneriez-vous, monsieur Copperas?

— Diable! cela ne s'improvise pas... Je ne suis pas préparé à la demande... Voyons, que peuvent valoir ces deux monticules de gravier?.. Rien... rien du tout... Je vous en donne trente livres...

— C'est trop peu.

— Trente livres chaque tronçon, cela fait soixante livres!

— Trop peu.

— Voyons; faisons une petite affaire... entrons chez Verey ; nous prendrons du chocolat... Tenez, voilà le balcon de mademoiselle Grisi.

Vien diletto in ciel e luna.

Il faut que je vous conduise aux *Puritani*. Et quel duo !

Suoni la tromba intrepido !

Et la romance

Lasciate mi morir !

Grisi est ravissante .. voilà son balcon, avec des fleurs... Il faut que je vous présente à Rubini... vous l'entendrez quand il chante

Non parlar di lei ch' adoro
Di valor non mi spoliar.

Et Tamburini, oh !

Del sogno beato !

Êtes-vous nerveux, sir Lively? la musique me crispe moi !... Comment trouvez-vous le chocolat?... Excusez-moi, j'ai oublié... ah ! nous parlions de votre colline... je vous donne cent livres de votre colline et de vos deux tronçons... c'est une folie! que voulez-vous? le chocolat me monte à la tête !... cent livres? qu'en pensez-vous?

— Je pense.

— Pensez... voulez-vous du beurre frais?... du beurre d'Hampstead, de Cricklewood, d'Highgate, du beurre exquis?

— Merci... j'ai pensé... voici ma réponse, monsieur Copperas. Hier, j'ai rencontré un monsieur qui m'a parlé absolument comme vous; on vous prendrait pour son frère.

Hier, j'ai été... trompé... excusez le terme..., vous me parlez de mademoiselle Grisi, des *Puritains*, de *King's Theatre*, que sais-je, moi? de tout... cela me met en garde; je suis vieux depuis hier; j'ai vingt-quatre heures d'expérience, et c'est beaucoup pour un montagnard irlandais... vous êtes adroit, monsieur Copperas, mais vous avez le malheur d'arriver après M. Saint-Alban...

— Quel est ce M. Saint-Alban, sir Lively?

— Un homme qui m'a gagné cent livres au wist.

— Cela n'a rien de commun avec moi... je ne joue jamais... Vous disiez donc...

— Je disais que votre proposition me paraît suspecte, à vous parler franchement. Je crois que votre visite cache un but que je ne comprends pas, mais qui existe. Certes, j'ai besoin d'argent, mais je refuse net vos cent livres.

— Sir Lively, croyez-vous par hasard que j'ai découvert une mine d'or dans votre colline?

— Je ne crois rien; je me tiens en garde; je ne vois maintenant partout que des Saint-Alban.

— Que vous connaissez peu les hommes, sir Lively !

— Oh! je les connais très-peu, c'est vrai.

— Vous êtes jeune; vous reviendrez de vos jugements. Convenez pourtant qu'il y a une conduite déraisonnable à se méfier d'un homme qui offre cent livres en échange de rien. Sir Lively, je veux faire une épreuve sur le cœur humain... Voulez-vous accepter deux cents livres ?

— Non.

— Trois cents.

— Non.

— Ah! voilà de la folie!...

Lively mit sa tête sur ses mains.

— Monsieur Copperas, dit-il; vous m'offrez trop pour que j'accepte.

— Et si je veux faire votre bonheur, m'en empêcherez-vous? Mais dans quel siècle vivons-nous donc? Il n'y a donc plus de culte pour la philanthropie! On ne peut donc faire une offre d'obligeance sans être suspect aux yeux de l'obligé!... Sir Lively... je ne vous dirai plus qu'un mot, mais après ce mot, je me retire et vous laisse à vos remords. Notre société a besoin de votre terrain; notre société est millionnaire; elle ne veut laisser sur son chemin aucun propriétaire froissé, aucun agriculteur spolié. Comprenez-vous? Elle veut que le *rail-way* coure au milieu des bénédictions du *Lancashire*. Ma dernière offre est de cinq cents livres. Acceptez-vous?

— Je vous demande une heure de réflexion.

Prenez garde que je ne réfléchisse aussi, moi, et que je ne revienne à cent!

— Où m'attendez-vous, monsieur Copperas?

— Au *Quadrant*.

— Je reste chez Verey.

M. Copperas sortit.

C'était l'heure de la distribution des journaux de France et d'Angleterre. Les garçons du café éparpillaient sur les guéridons les feuilles encore humides. John Lively saisit la première venue et qui se trouvait, par hasard, la plus intéressante pour lui, puisqu'elle venait du comté. Cette feuille était *Liverpool-Review*. Il la parcourut négligemment, et arrivant à l'article *Rail-way*, il lut la nouvelle suivante :

« On vient de découvrir, sur le *rail-way* d'embranchement de Manchester, une mine de houille, dans une colline appartenant à M. John Lively. C'est au hasard qu'on doit cette découverte si importante pour les services qu'elle peut rendre à la localité, puisqu'elle approvisionnera les convois. Le *rail-way* passera dans le vallon formé par la coupure de la colline. On estime à cent mille livres sterling cette propriété. »

John Lively garda son sang-froid, après cette lecture ; il jeta les regards autour de lui, pour voir si quelque mystificateur ne lui avait pas fait passer le journal : il relut l'article et examina la date ; la feuille était datée de la veille.

Si c'est un miracle, dit-il, il arrive fort à propos ; mais ne nous réjouissons pas : c'est maintenant que nous allons voir ce que dira Copperas. Son arrivée et ses propositions concordent bien avec le journal ; si je me trompe cette fois, je ne fais plus de conjectures de ma vie, voyons !

Au bout de *Regent's-Street*, et sous la première arcade du *Quadrant*, il trouva Copperas, et se composa un visage sans émotion.

— Eh bien ! sir Lively, dit Copperas, avez-vous fait vos réflexions ?

— Oui.

— Acceptez-vous les cinq cents livres ?

— Non, monsieur Copperas.

— C'est donc fini entre nous ?

— Si c'est fini avec vous, je recommence avec un autre.

— Croyez-vous qu'un autre sera plus généreux que moi ?
— Je le crois.
— Et combien estimez-vous donc votre propriété ?
— Je l'estime ce qu'elle vaut.
— Et que vaut-elle ?
— Cent cinquante mille livres sterling.
— Un grand éclat de rire de Copperas ébranla la voûte du *Quadrant*.

John Lively croisa les bras et attendit la fin de l'éclat de rire.

— Avez-vous assez ri, monsieur Copperas ?
— Oh ! laissez-moi recommencer, sir Lively.
— Recommencez... et maintenant, lisez cet article de *Liverpool-Review*, et allez le rendre au café de Verey... Ah ! vous ne riez plus, monsieur Copperas !...
— Écoutez, sir Lively ; tôt ou tard, vous auriez appris cette nouvelle, et nous sommes trop délicats pour avoir voulu spéculer sur une surprise. Je voulais seulement vous engager, par une avance, à traiter avec la société, sauf ensuite à terminer à un prix raisonnable, et sur le pied d'une estimation faite par experts. J'espère que vous ne vous fierez pas à l'estimation du journal.
— Non, mais je crois que ma colline vaut maintenant plus de cinq cents livres.
— Sir Lively, promettez-moi de ne traiter qu'avec nous et sur l'estimation de vos experts et des nôtres, et je vous livre sur-le-champ mille livres sterling.
— Oh ! j'accepte, cette fois.
— Nous signerons demain le contrat. Voilà mon porte-

feuille; vous y trouverez mille livres, dont vous voudrez bien me faire un petit reçu pour la forme.

— Très-volontiers; je reconnais toujours avoir reçu ce qu'on m'a donné.

— A quelle heure nous reverrons-nous demain?

— Je quitte Londres à l'instant, et vous me trouverez demain matin à dix heures, au *Lion-Rouge*, à Wycombe.

— Très-bien! et serrons-nous les mains, sir Lively.

— De tout mon cœur. Adieu.

VII

Dernier acte.

Au *Cheapside!* cria Lively à un cocher d'Haÿ-Market, et il ouvrit l'armoire du cabriolet *Patent-Safety*, et il s'y blottit, serrant son portefeuille contre son cœur.

Le bonheur qui tombe comme la foudre est étourdissant comme le malheur; le bonheur étonne même davantage, parce que l'homme sage n'y compte jamais. Une fortune inespérée ne donne pas au cœur de soudaines extases, comme le croient les infortunés qui attendent ; elle suspend les fonctions de l'esprit, et communique une sorte d'inquiétude ; il semble que cette conversion subite du destin cache un piége, et qu'on va rebondir du haut de la roue, dans la fange où l'on végétait.

Je cours de rêve en rêve, se disait Lively, mais je crois

que le dernier est beau. Je crois aussi que tout ce qui m'entoure ne dort pas, et que je vois parfaitement les objets au clair du soleil ; il n'y a jamais du soleil dans les rêves. Je pourrais bien être parfaitement réveillé, quoique je n'aie pas dormi la nuit dernière... Mon cabriolet court comme le vent... il me réveillerait si je dormais... Voilà bien Sommerset-House..... Voilà bien Sainte-Mary..... Voilà Saint-Clément, avec son joli clocher couronné de dentelles... Voilà Temple-Bar... Voilà l'église de Saint-Dunstan... Voilà l'autre église Saint-Martin de *Ludgate-Street*... Voilà Saint-Paul, noir à la tête et blanc aux pieds..... Jamais rêve n'a été aussi exact ; tout est bien à sa place... je ne dors pas... Voilà le coin de *Post-Office,* où j'ai quitté dimanche cette adorable femme... Voilà le Cheapside... Oh ! je suis réveillé ! je suis riche ! je suis heureux ! Pardon, mon Dieu ! j'ai douté !... Dieu sauve l'Irlande !... Cocher ! arrête-toi devant l'église de Bown.

Il donna sa dernière couronne au cocher, et courut à *White-Horse.* Par des émotions ainsi graduées, il était arrivé au délire de la joie. Londres lui appartenait.

— Mon ami, dit-il à l'aubergiste, où trouve-t-on des chaises de poste toutes prêtes.

— A louer ? dit l'aubergiste.

— Oui.

— Dans tous les *livery-stables*..... Chez M. Cross, à *Witcomb-Street,* elles sont excellentes, ou chez Newman, à *Regent's-Street.*

— Quel est le prix de la poste ?

— Un shilling et demi par mille, et trois pences par mille aux *Post-Boys*.

— Je donnerai le double... Ah ! si ce bon Patrick n'avait pas vendu ses chevaux...

— C'est moi qui ai acheté les chevaux de Patrick.

— C'est toi !... où sont-ils ? les as-tu revendus ?

— J'allais les revendre ; je les avais achetés par complaisance, par amitié... par...

— Bien ! bien !... vingt livres de bénéfice, et donne-les moi... et vite, vite ! la chaise de poste, les quatre chevaux de Patrick ; mon cheval blanc de Wycombe à la portière, avec un domestique à livrée..... une demi-heure pour tout apprêter. Voilà vingt livres en sus pour les premiers frais, et cinq livres de gratification pour toi...

Après avoir donné ses derniers ordres, Lively ne fit qu'un bond de *White-Horse* à l'église catholique, il se prosterna sur le pavé du temple et pria devant l'autel d'une chapelle... En levant les yeux, il vit un vieux tableau représentant un évêque avec l'auréole des saints ; au bas du cadre on lisait : *Saint Alban, évêque et martyr de l'Église d'Angleterre.*

— Grand saint ! s'écria Lively ; glorieux frère de Thomas qui fut assassiné sur les marches de l'autel de Cantorbery, c'est toi qui as intercédé pour moi auprès de Dieu ; que ton nom soit béni !

Et il déposa cinquante livres dans le tronc de la chapelle :
— Je les dois à l'homme, dit-il, et je les paie au saint.

Tout était prêt devant *White-Horse*, chevaux, chaise, postillon, domestique, piqueur. Lively s'élança dans la voiture, en criant : — A Wycombe ! route d'Uxbridge ! suivez le vent !

La chaise traversa Londres au vol ; les chevaux de Patrick, agiles comme des hippogriffes, foulant la route connue, et flairant leur maître dans l'air, laissaient, à chaque bond, des arpents de rue après eux. Londres, cette ville qui s'éternise et se perpétue en faubourgs, en cottages, en jardins, et arrache tous les jours une prairie à la campagne, Londres avait enfin expiré aux limites de son ambition ; on eût dit que les chevaux lançaient des épigrammes contre le chemin de fer qui naissait sur la route de Birmingham. Onze heures sonnaient au clocher d'Uxbridge, et cette délicieuse ville aurait pu passer aux yeux de Lively pour un faubourg de Londres, tant l'espace intermédiaire avait été promptement dévoré ! Voir Uxbridge et l'atteindre de leurs seize pieds, ce fut l'affaire d'un instant pour les chevaux ; tout à coup, les intelligents animaux hennirent en quatuor, et s'arrêtèrent tout court sur le pont, comme si le pont avait eu cinq arches d'aimant. Un homme arrivait d'Uxbridge sur la tête du pont ; c'était Patrick.

— Mes chevaux ! s'écria-t-il avec l'accent du desespoir, et il fit un mouvement pour se précipiter dans la rivière.

— C'est moi, Patrick ! s'écria Lively.

A ce cri le cocher s'élança sur le parapet, et du parapet dans la calèche découverte :

— C'est vous ! vous ! sir Lively, avec mes chevaux.

— Avec tes chevaux ! ils sont rachetés ! ils sont à toi !

— C'est donc un miracle, sir Lively !

— Un miracle de Dieu !

— Oh! sir Lively; mon frère n'est pas mon frère; il a refusé les cinquante livres. Dans une heure, la dame du cottage... Il faudra revendre mes chevaux.

— Non, non, Patrick; je suis riche, je suis un lord; Dieu a jeté tout exprès pour moi une mine de houille dans ma pauvre colline. J'ai des millions. Le Lancashire est à moi!... A Wycombe! à Wycombe! cria-t-il au postillon, et plus vite que jamais! Eh bien! Patrick, tu es immobile comme une statue; tu me regardes avec des yeux vitrés!... Que veux-tu! j'étais arrivé à la limite du malheur, il fallait bien un changement.

— Vous avez des millions, sir Lively?

— Oui, mon ami, et tu vois que je ne suis pas fier..... L'industrie est une belle chose, n'est-ce pas?

— Une chose admirable, sir Lively.

— Et les chemins de fer! qu'en penses-tu? comme ils conduisent promptement un homme à la fortune!

— C'est vrai. Vive le chemin de fer!

— Je te ferai nommer inspecteur de l'embranchement.....

— Et que fait-on quand on est inspecteur?

— Rien du tout.

— On inspecte cependant?

— Si on inspectait, on ne serait pas inspecteur. On reçoit deux cents livres par an, et on les mange à Londres. Ce métier te plaît-il?

— Et mes chevaux?

— Tes chevaux vivront en bourgeois, en rentiers: je leur achèterai une prairie à Wimore; ils brouteront jour et nuit, et regarderont passer les wagons.

— Vous arrangez tout..... Laissez-moi vous regarder, sir Lively... vous êtes beau comme le fils aîné d'un lord..... Comme la richesse change un homme !....... Vous avez six pieds, milord Lively.

— Patrick, connais-tu ces deux peupliers qui forment un W, là-bas, à l'extrémité de la route ?

— Ce sont des peupliers comme les autres.

— Non, Patrick ; c'est l'initiale de Wycombe dans l'air.

— Crevez mes chevaux ! s'écria Patrick.

— As-tu gardé tes cent livres ?

— Elles sont là, sur ma poitrine, et timbrées avec mon scapulaire.

— Ce M. Igoghlein est donc un chien...

— N'insultez pas les chiens, sir Lively !... J'ai fait proposer cent livres à ce démon de créancier, cent livres ! les deux tiers de la dette ! Il a refusé !

— Misérable !... il aura tout, aujourd'hui, et la honte par-dessus le marché !... Voilà Wycombe !

— Je suis à vos ordres, milord Lively.

— Porte ces cent cinquante livres à ton frère ; il fera de l'obligeance à peu de frais. Moi, tu m'attendras au *Lion-Rouge*... Je vais aller au cottage à cheval.

Jamais le paysage dessiné par la main de Dieu, dans cette campagne, n'avait paru plus beau à Lively. Son cœur se fondait de joie et d'amour. Quel obstacle pouvait-il craindre encore ? La Providence lui traçait un chemin de fleurs. Sa pensée était pleine d'azur et de sérénité comme l'horizon. Il sentait en lui une satisfaction délicieuse ; il y avait une fête dans son cœur.

Les abords du cottage étaient déserts et silencieux. Il descendit de cheval, avec inquiétude ; ce calme l'effrayait. Il ne s'étonna point de trouver la porte fermée, parce qu'il présuma que, dans l'état de ses affaires, madame O'Killingham avait suspendu ses libéralités.

Un cri perçant qui partit de l'intérieur de la maison l'arrêta devant la grille du jardin. Tout à coup la porte s'ouvrit, et un homme qui lui était inconnu sortit en faisant un geste de menace.

— Madame, dit l'inconnu, la main à la poignée de la porte, puisque cela est ainsi, vous serez ce soir emprisonnée à *Surrey-Jail*.

C'est M. Igoghlein, dit tout bas Lively ; et il saisit le bras du féroce créancier.

— Monsieur, lui dit-il, on n'emprisonne que les tigres à la ménagerie de Surrey. Allez à Wycombe, l'aubergiste Thomas Helyer vous paiera ; prenez mon cheval, vous serez remboursé plus tôt, cela vous fera du bien, car vous paraissez bien animé.

— Qui êtes-vous, monsieur ? dit Igoghlein.

— Que vous importe !... Puisque je vous confie mon cheval, pour que vous alliez chercher vos fonds, que risquez-vous ? de garder mon cheval.

— Est-ce mon père qui arrive ? dit une voix éplorée qui sortait du cottage.

— Non, madame, dit Lively en entrant, tête nue, et les yeux baissés : c'est un de vos frères d'Irlande, le plus indigne, mais le plus dévoué ; c'est sir John Lively, fils du noble Arthur O-Tooley, qui fut proscrit et condamné pour rébellion...

10.

— Le fils d'Arthur O-Tooley ! s'écria la dame du cottage; le fils d'un des martyrs de notre Irlande! Oh ! soyez le bien venu !

— J'ai juré de ne reprendre le nom de mon père que devant l'autel de Saint-Patrick, le jour que j'épouserai une femme catholique; car il est écrit dans les livres saints, que la *race des justes sera bénie*.

— Mais c'est bien vous, sir Lively, que j'ai vu dimanche, à Londres, dans notre église !

— Je priais pour vous, madame, et pour moi.

— Et quelle inspiration vous a conduit ici, au moment où cet infâme ?...

— On arrive toujours à propos quand on marche avec Dieu... Madame, j'ignore les usages du monde, excusez-moi si je parle et si j'agis à l'inverse d'un homme de société. Je viens ici, comme Éliézer au bord du puits, vous apporter un collier et un anneau de mariage. L'homme qui a jeté les yeux sur vous est Irlandais, catholique, riche, et il vous aime comme on aime dans le ciel.

La belle Irlandaise regarda fixement John Lively, avec des yeux pleins de larmes ; et le jeune homme, debout, les yeux baissés, attendait une réponse, sans impatience et résigné.

— Je suis veuve depuis trois ans, dit-elle d'une voix sanglotante, et je puis disposer de ma main, sir John Lively; mais j'ai consacré mon existence à mon père; les malheurs de l'Irlande ont tellement altéré sa raison et sa santé, que sa fille seule peut lui donner des consolations et le servir. Je cesse d'être sa fille si je prends un époux.

— Non, madame, dit vivement Lively, votre père aura un enfant de plus.

— Sir Lively, écoutez-moi... Nous vivons dans un temps de persécution qui me permet de laisser en oubli quelques-unes des convenances sociales ; il suffit d'ailleurs que vous soyez un bon et fervent catholique, et le fils d'un confesseur de notre foi, pour que je vous regarde déjà comme une ancienne connaissance, comme un frère. D'un autre côté, vous vous êtes présenté si noblement à moi, votre figure m'inspire tant de confiance, que je crois devoir vous tenir le langage d'une sœur. Peu de jours se sont passés depuis trois mois sans que je ne me sois effrayée, en disant ma prière du soir, de mon isolement et de ma faiblesse. Je défends mon père, et personne ne me défend. Je suis depuis trois mois exposée à l'insulte du passant, comme le peuplier du chemin. Tantôt encore... oh!... je n'ose achever.., un infâme... m'a proposé de déchirer ma créance... et à quel prix !!!

— Comment, madame ! ce misérable...

— Écoutez, écoutez sir Lively... Dieu vous a envoyé à mon secours... l'infâme a osé porter ses mains sur moi! Il s'est arrêté au bruit de vos pas...

Lively ferma sa main droite, et y appliqua ses dents avec un râle sourd.

— Sir Lively, point d'idée de vengeance ; priez pour lui... Et s'il était seul!..... Mais, il y a là-bas un château qui recèle des êtres abominables : on a su que le malheur m'accablait, on m'a fait des offres impies.... Sir Lively, j'ai vendu hier ma dernière robe, ma dernière bague.

Lively fondait en larmes.

— Et j'ai rapporté au cottage une bouche pure qui pouvait prier. Sir John Lively, mon frère, voulez-vous être mon protecteur ?

Lively fit un effort pour parler.

— Votre protecteur, madame... votre protecteur ?

Acceptez ce titre, sir Lively, vous vous en applaudirez un jour.

Lively étendit la main sur la tête de la belle Irlandaise.

— Madame, dit-il, je dormirai aux étoiles sur le seuil de votre maison.

— Donnez-moi votre main, sir Lively. Vous êtes un digne Irlandais.

— Me permettez-vous, madame, de vous faire une question que je crois fort naturelle. Puisque vous avez été si souvent exposée, dans ce désert, aux insultes des hommes; pourquoi ne vous êtes-vous pas réfugiée dans les villes ?

— J'attendais cette question, et je vais vous répondre..... pourvu que nous ne soyons pas interrompus par les huissiers de cet infâme...

— Madame, il est payé...

— Qui l'a payé ? Vous, sir Lively ?

— Madame... je...

— Vous ne savez pas mentir; c'est vous !... Au moins, je n'en rougis pas... Sir Lively, vous m'avez sauvé bien plus que l'honneur, vous avez sauvé la vie de mon père. C'est maintenant que je dois répondre à votre question. Écoutez: c'est un secret que je vous confie, et je ne l'ai confié qu'à vous. Le 21 mars dernier, nous allions de Londres à Chester, mon père et moi, en chaise de poste. Nous venions de vendre les débris de notre fortune. Mon père était mourant. Minuit sonnait à Wycombe, lorsque nous passâmes là, devant ce cottage. Je dormais; mon père me réveilla en saisissant ma main convulsivement. A la lueur de nos lanternes, je le vis pâle comme un cadavre : il venait de vomir le sang. Jugez de ma terreur. « Ma fille, me dit-il, j'ai soif, je meurs de soif; une goutte d'eau fraîche me sauve la vie. » Je m'élance sur la grande route ; je regarde dans les ténèbres et je ne découvre qu'une plaine immense et sans habitations. « Oh ! m'écriai-je, ma vie pour un peu d'eau ! » et tombant à genoux, je fis un vœu à Notre-Dame-des-Sept-Douleurs ; je lui jurai, si elle sauvait mon père, de donner à boire à ceux qui avaient soif, et de recevoir, là, pendant tout un été, et dans mes habits de fête, les pauvres, qui sont les amis de Dieu.

Lively tomba aux genoux de l'Irlandaise.

— Écoutez, sir Lively : je ne sais si la Vierge m'envoya un ange ; mais un voyageur passa, portant à sa ceinture une outre pleine d'eau qu'il venait de puiser à la fontaine de Wycombe ; mon père y puisa la vie, et le voyageur disparut. Le lendemain j'achetai ce terrain, je fis bâtir ce cottage, je me revêtis de ma plus belle robe, et je commençai mon œuvre de miséricorde. Que m'importaient les railleries, je savais que Dieu était content de moi. Hélas ! mes ressources se sont épuisées ; j'avais trop présumé de ma pauvre richesse. J'ai succombé à mi-chemin de mon vœu. Dieu me pardonnera.

Et elle leva ses yeux au ciel. Lively recula de respect ; il crut voir un ange qui remontait vers Dieu.

— Dites, sir Lively, croyez-vous que dans ma position si étrange une pauvre femme puisse penser au mariage ?

— Non, madame, vous avez un vœu à remplir, et vous devez le remplir jusqu'au bout. Malheur à moi, si je jetais encore un mot profane, une idée mondaine dans votre sainte mission. Sir John Lively sera votre second ange gardien ; il veillera sur vous, les yeux ouverts, la main haute, la prière aux lèvres et dans le cœur ; jamais, dans les trois mois qui vont suivre, il ne troublera d'un regard la sérénité de votre asile ; John Lively en fait vœu, et il unit ce vœu au vôtre. Continuez, sainte femme, à donner une goutte d'eau et un sourire à ceux qui souffrent, sans leur demander leur nom et le nom de leur Dieu.

Puis, tirant son portefeuille de sa poche, il ajouta :

— Puisque vous m'avez confié votre secret, permettez, madame, que je m'associe à vos bonnes œuvres ; voilà pour les pauvres.

Et il déposa son portefeuille sur une table.

— Je l'accepte, dit la belle Irlandaise émue aux larmes, je l'accepte de mon frère catholique et de mon fiancé devant Dieu.

Sir John Lively tint son serment ; et la belle veuve remplit son vœu. Trois mois après, les cloches de Dublin sonnaient à toutes volées. On célébrait le mariage du millionnaire John Lively avec la pauvre Irlandaise du cottage. Dieu avait fait un miracle, et l'Irlande espéra.

BONHEUR D'UN MILLIONNAIRE.

BONHEUR D'UN MILLIONNAIRE

Sur la route de Bethfort, quand vous avez dépassé le pont d'*Highgate*, jeté sur la grande route de Londres, vous apercevez une charmante maison de campagne qui appartient à un coutelier de Birmingham, retiré des affaires. Ce riche industriel se nomme William comme tous les Anglais, et Shoffield comme quelques-uns. Il a vendu, pendant trente années, tant de couteaux à l'univers, qu'il a fait une fortune immense et honnête ; sur chaque couteau vendu, il gagnait net le manche ; sa réputation n'avait pas d'égale dans *Providence-Buildings*. Le jour où son caissier lui démontra qu'il avait quinze mille livres sterling de revenu, il quitta ses couteaux et se fit bourgeois; son intention était de jouir de la vie. Il prit un abonnement au *Sun* pour lire seulement la quatrième page des annonces, comme tous les Anglais, ce qui les rend si forts en politique. Avec l'indication quotidienne du *Sun*, il acheta quelques domaines dans le comté de Kent, afin de se rapprocher de Londres, où il comptait finir ses jours au sein des plaisirs.

Au printemps de 1834, Shoffield s'installa dans cette maison de campagne, près d'*Highgate*, et prit deux domestiques ornés de galons jaunes et de gants bleus. Milne, le fameux carrossier d'*Edgar-Rood*, lui vendit une berline, trois chevaux et un cocher noir, émancipé depuis l'abolition de la traite. Chaque jour la diligence de Bethfort jetait à sa porte un saumon frais et un homard de la poissonnerie d'*Adelphi*. Shoffield, dans sa richesse, fut heureux quinze jours comme un dieu païen.

Au commencement de la seconde quinzaine, comme il prenait son couteau pour découper du saumon, il soupira et lança un regard mélancolique au nord de l'Angleterre. Son domestique crut que Shoffield se plaignait, en pantomime, de la malpropreté du couteau, et lui en offrit une douzaine sur une assiette. Shoffield donna un violent coup de poing à l'assiette, qui vola en éclats avec les couteaux. Le domestique donna sa démission sur-le-champ; le domestique anglais est très-fier, parce qu'il est né libre et qu'il porte des gants.

— Dieu me damne! dit Shoffield, je crains d'avoir le *spleen*! Je ne croyais pas qu'il fût si difficile de ne rien faire; j'étais si heureux dans mon atelier de *Providence-Buildings*! Allons demander un conseil à M. Kemble, mon voisin.

M. Kemble est le fils du célèbre acteur de ce nom ; il est de plus directeur de *Quarterly Review*. C'est un homme de trente-quatre ans, grave comme sa revue, relié en gris, avec un gilet à petite marge. Shoffield avait fabriqué pour Kemble, le père, une collection de poignards innocents destinés aux rôles d'Hamlet et de Macbeth ; c'est ainsi qu'il avait connu le fils.

M. Kemble le fils méditait, dans une serre chaude, un article contre les Birmans, lorsque son domestique lui annonça le voisin Shoffield. La conversation commença comme à l'ordinaire entre Anglais. Shoffield s'assit, regarda Kemble, Kemble regarda Shoffield, et cet échange de regards dura une demi-heure. Silence des deux parts. Cet état de choses aurait pu se prolonger jusqu'au soir, si Kemble n'avait eu à corriger une épreuve d'un article sur la critique des œuvres de Tapis-Koï, mandarin lettré qui florissait 3588 ans avant notre ère vulgaire. Il n'y avait donc pas cinq minutes de plus à perdre. M. Kemble fit un *ah !* A ce *ah !* Shoffield se leva de l'air consterné d'un homme qui craint d'être importun, et il saluait déjà pour prendre congé, lorsque M. Kemble le retint.

— Monsieur Shoffield, dit-il sans desserrer les dents, vous aviez sans doute quelque chose à me dire ? Vous pouvez parler.

— Oui, monsieur Kemble, oui, je veux que vous me donniez un conseil, vous qui êtes si savant.

M. Kemble resta imperturbable devant l'éloge.

— Voyons, dit-il, quel conseil ?

— Je veux que vous m'indiquiez un moyen de tuer le

temps avec plaisir ; depuis que j'ai quitté la fabrication, je m'ennuie à mourir. Que faut-il que je fasse ?

— Eh bien ! abonnez-vous à ma Revue, monsieur Shoffield.

— Oui, c'est quelque chose ; je m'abonne pour un an. Combien de fois paraît-elle par an ?

— Quatre fois ; un volume par saison ; mais un volume compact, quatre cent cinquante pages.

— Monsieur Kemble, il me semble que c'est bien peu pour passer trois mois.

— Eh bien ! achetez la collection depuis 1827 ; vous aurez une quarantaine de tomes à lire, et cela vous donne de l'avance pour dix ans.

— Très-bien ; je prends la collection. Dites-moi une autre chose maintenant, monsieur Kemble : donnez-moi une liste des plaisirs qu'on peut prendre à Londres avec de l'argent.

— Les plaisirs honnêtes, n'est-ce pas ?

— Oh ! je n'en veux pas d'autres.

— Des plaisirs honnêtes, il n'y en a point.

— Cherchez bien, monsieur Kemble.

— Vous pouvez aller au *Gran-Cigar-Divan* !

— Qu'y fait-on à ce divan ?

— On y lit ma revue, et il y a un orgue de barbarie qui joue le *Coral* de Luther pendant que vous lisez.

— Cela ne me paraît pas très-amusant, monsieur Kemble.

— Vous pouvez essayer.

— J'essaierai... Après, vous ne découvrez pas quelque petite chose encore !

— Vous pouvez vous promener dans le Strand, depuis *Temple-Bar* jusqu'à *Humgherford-Market*.

— Et après?

— Après, vous remontez d'*Humgherford-Market* à *Temple-Bar*.

— Cela n'est pas très-coûteux?

— Un shilling en omnibus; à pied, rien.

— Voilà tout, monsieur Kemble?

— Vous pouvez aussi peser le brouillard avec un *démomètre* que j'ai inventé. C'est assez amusant. Ces diverses distractions peuvent vous conduire doucement jusqu'à la fin de vos jours. Quel âge avez-vous, monsieur Shoffield?

— Cinquante-huit ans.

— Hâtez-vous donc de jouir de votre fortune; hâtez-vous... la vie est courte... Demain, sans faute, je vous enverrai, par mon domestique, la collection de ma revue. Voulez-vous deux collections?

— Soit; ce sera un plaisir de plus.

— Je vous recommande surtout un article, qui est divisé en sept volumes, sur le défrichement de l'intérieur de la Nouvelle-Hollande. Les quatre premiers fragments d'article sont consacrés à prouver que, pour assainir l'intérieur de cette grande île, on doit couper radicalement une vaste forêt qui se trouve au sud. Les trois derniers fragments sont consacrés à pulvériser un savant de Botany-Bay, qui m'avait adressé une lettre pour me prouver qu'il n'y avait pas un seul arbre sur tout le sol de la Nouvelle-Hollande. Vous lirez dans le prochain numéro mon huitième article, qui démontre victorieusement que cette forêt est obligée d'exister et qu'elle est marécageuse. Nous verrons ce que répondra le savant de là-bas, courrier par courrier, dans deux ans. Vous ne sauriez croire combien ces vives discussions donnent du charme à la vie; tout le secret d'être heureux est là.

— Vous me comblez de joie, dit Shoffield en s'inclinant ; permettez-moi de vous serrer la main. Adieu, monsieur ; envoyez-moi les deux collections ce soir.

Et il prit congé de M. Kemble.

Le soir même, un domestique blanc, attelé à un chariot, apporta un ballot de *Quarterly Review* à la maison de Shoffield. Il y avait trois collections. L'honnête coutelier se précipita, tête première, dans cet océan de bonheur broché ; il coupa le premier tome venu, se coucha sur les collections éparses comme sur un matelas, et lut l'analyse d'un discours prêché par un missionnaire protestant sous un palmier de l'île d'Owhyhee, aux fils des sauvages qui avaient assassiné le capitaine Cook. Ce discours n'avait pas été parlé, attendu que les sauvages ne comprenaient pas le prédicateur, et que le prédicateur ne comprenait pas les sauvages. Le missionnaire s'était exprimé par signes ; la pantomime avait duré trois heures, les sauvages s'étaient endormis. Le coutelier Shoffield s'endormit aussi, comme un vrai sauvage de Birmingham.

A l'aurore il se leva, et jeta un coup d'œil fort triste sur son lit d'articles. Sa tête était lourde ; il sortit pour respirer l'air des champs ; il avala une vingtaine de nuages passés à l'état de brouillard, et cet émétique aérien le soulagea beaucoup. Il était léger comme un aérostat gonflé de gaz, et il se balançait mollement à la brise du matin. Ensuite il prit du thé pour dissoudre les nuages avalés, et l'équilibre fut rétabli.

— Je suis assez heureux, dit-il en se souriant, et il s'embrassa.

Comme il sortait de ses bras, on lui remit un billet de son domestique démissionnaire, lequel se nommait John, comme tous les domestiques anglais.

Ce billet était ainsi conçu :

« Si vous étiez un *gentleman*, on pourrait subir vos caprices de mauvaise humeur ; mais vous n'êtes qu'un mauvais coutelier de bourg-pourri, et vous êtes mon égal. Je vous attends, les poings fermés, sous le pont d'Highgate ; j'ai un témoin et trois parieurs ; amenez les vôtres, si vous en avez.

« JOHN. »

Ce billet fut comme un coup de poing vigoureusement asséné sur la tête de Shoffield. Il chercha longtemps une pensée dans le désert de son cerveau ; il regarda le brouillard, il ôta ses gants, il les remit, il déboutonna la moitié de son gilet, il fit le tour d'un sapin, il mit le pouce et l'index de sa main droite en forme de V, pour étançonner son menton ; enfin il poussa un long soupir, comme la préface inarticulée du monologue qu'il allait s'adresser.

— Comment! se dit-il, voilà deux jours à peine que je suis heureux, et un domestique veut m'assommer, sous prétexte que je ne suis pas *gentleman !* Allons nous mettre sous la protection de la loi.

Il demanda son cocher et ses chevaux. Le jardinier lui dit que tous ses domestiques avaient suivi John, et qu'ils avaient affiché une proclamation à Highgate, à Hampstead, à Cricklewood, dans laquelle ils menaçaient de la colère du redoutable John tout citoyen des comtés de Kent et de Middlesex qui prendrait du service dans la maison du coutelier de Birmingham.

— Mon Dieu! s'écria Shoffield, et la syllabe suivante se cristallisa sur sa lèvre.

Le jardinier, courbé sur son outil, ratissait une allée, et ne disait plus rien.

Le malheureux coutelier s'enfonça dans son labyrinthe pour demander un conseil aux arbres. Il s'arrêtait à chaque pas; il flétrissait une touffe de gazon sous la pointe du pied il mâchait des feuilles de tilleul; il disait: *my God!* il prenait une prise de tabac dans sa boîte vide; il se posait devant un arbre dans l'attitude d'un boxeur; il tirait sa montre, et regardait l'heure à l'antipode du cadran; il était enfin aussi agité que s'il avait eu, sous son épiderme, des nerfs français ou italiens.

Cependant il fallait prendre une détermination.

Shoffield, menacé dans sa vie et sa propriété, n'hésita pas; il prit sur un arbrisseau le justaucorps de son jardinier, s'en revêtit, et, laissant sa campagne à l'abandon, il se jeta furtivement sur la route de Londres, à pied, et armé de son dernier couteau. Comme il passait sur le pont d'Highgate, il eut un frisson dévorant; à soixante toises au-dessous du niveau de ses pieds, tout là-bas, au fond d'un ravin et sur un lit de chardons en fleurs, il entendit de grands éclats de voix et aperçut John qui faisait une répétition du duel avec ses parieurs: l'un d'eux pariait une *couronne* que Shoffield ne viendrait pas.

— Il a gagné, dit tout bas le coutelier, et il s'éloigna rapidement en secouant la poussière de ses souliers.

Haletant et saisi d'effroi, il ne s'arrêta, pour respirer, qu'au cabaret d'Hampstead, où il demanda une pinte de porter. Comme il inclinait ses lèvres sur le vase de faux argent, il aperçut John qui s'avançait fièrement à la tête de sa troupe, et qui agitait vers le ciel ses poings fermés. Le porter bondit en cascade des lèvres du malheureux coutelier. Dans l'exaltation de son trouble, Shoffield s'élança sur la place en criant : *Que Dieu sauve le roi!* Le laid garçon, à cheveux rouges, qui dessert l'établissement, changea de couleur, moins les cheveux.

On sait que sur le plateau verdoyant d'Hampstead stationnent quelques centaines d'ânes anglais, sellés et bridés pour les promenades au cottage de Cricklewood. C'est le Montmorency de Londres. Au milieu du plateau, les âniers ont creusé un lac, que la pluie est chargée d'entretenir ; c'est là que les lakistes de Londres viennent méditer en famille et pleurer sur le cœur humain.

Shoffield s'élança sur le premier âne qui lui tomba sous la main, et, le piquant avec son couteau, en guise d'éperon, il enfila l'interminable rue qui tombe au cœur de Londres, et qu'on nomme *Totennham-Rood*. Le garçon du cabaret d'Hampstead se jeta pareillement sur un âne à la poursuite de son porter non payé ; John et ses parieurs achevèrent de composer une cavalerie au petit pied, et se ruèrent aussi sur les vestiges du coutelier fugitif.

Devant *Wellington-Seminary*, un *policeman*, voyant passer devant lui, au galop, un homme pâle, armé d'un couteau

11.

sanglant, croisa sa baguette sous le poitrail de l'âne ; l'animal renversa l'homme de loi sur le pavé, et toute la cavalerie d'Hampstead le piétina. Shoffield se regarda, dès ce moment, comme le plus grand criminel de Londres, et il se vit pendu à Tyburn.

Dans l'ardeur de la fuite, il était pourtant arrivé devant l'escalier gluant et glissant d'*Humgherford-Market*. Là, son âne prudent s'arrêta tout court. Shoffield sauta par-dessus la tête de l'animal, descendit les marches quatre à quatre, atteignit au bas la Tamise, et courut se cacher dans la cale d'un paquebot.

Là, il aurait cru pouvoir braver la cavalerie d'Hampstead, s'il n'eût craint que ses ennemis ne fussent devenus fantassins. Cependant il recommanda son âme à Luther.

Le paquebot descendit la Tamise jusqu'à London-Bridge. Shoffield ne se montra sur le pont qu'à la voix du capitaine, qui appelait les passagers. On s'était arrêté devant la Tour. Le coutelier de Birmingham crut entendre, derrière lui, sur la Tamise, le retentissement quadrupède de la cavalerie d'Hampstead ; il se hâta de sauter sur la rive, et se souvenant qu'il avait un ami dans la coutellerie au coin *West* de *Hart-Street*, dans la Cité, il se réfugia chez lui. Décidément il se croyait un grand coupable. En entrant au salon de son ami, il tourna le dos au miroir, pour ne pas voir un criminel.

Les deux jours passés dans ce lieu d'asile furent employés à préparer une émigration. Shoffield prit un passe-port sous un nom supposé, qu'il paya cent livres au commis de l'*Alien-Office* qui délivre ces sortes de passe-ports ; il se munit d'une lettre de crédit indéterminé, et courut s'embarquer subrepticement à Southampton, pour Livourne, sur le navire *Bull*, capitaine Cox.

Shoffield, après tant d'émotions, avait besoin de repos. Il fit ce long voyage en dormant ; il ne se réveillait en sursaut que devant le fantôme de John, ou à l'odeur du dîner. C'est ainsi qu'il charma les ennuis de la traversée. Un jour le capitaine Cox lui dit :

— Quel est ce M. John dont vous parlez toujours en dormant ?

Shoffield pâlit et s'écria :

— Je me suis dénoncé !

Il recommanda son âme à Melanchton et s'évanouit. Le capitaine Cox dit à son lieutenant : « Ce passager doit être un grand scélérat. » Le lieutenant partagea cette opinion. Lorsque Shoffield reprit ses sens, il reconnut qu'il était devenu un objet d'horreur pour tous les passagers du *Bull*. A table, on le regardait de travers.

Enfin le *Bull* jeta l'ancre devant le lazaret de Livourne. Shoffield ne resta dans cette ville que le temps nécessaire pour prendre sa place sur le paquebot de Naples, *le Pharamond*. Il s'applaudit de quitter un navire sur lequel il n'avait recueilli que le mépris et l'exécration, à cause de ses indiscrétions de sommeil. Sa réputation était encore vierge à bord du *Pharamond*; il résolut de ne dormir que la bouche barrée étroitement par un foulard, afin de fermer toute issue aux monologues des rêves. Une nouvelle existence commençait donc pour lui ; il entrait dans un monde inconnu. John, le garçon d'Hampstead, le *policeman* de *Totennham-Rood* étaient dans une autre planète; il voyait luire l'horizon du bonheur.

Shoffield avait toute la candeur d'un coutelier de Birmingham. Il était fort versé dans la trempe de l'acier, mais fort ignorant de toutes les autres choses de ce monde. En mettant le pied sur le paquebot, il se crut entouré d'Italiens, et son seul embarras du moment était de ne pas pouvoir s'exprimer dans la langue du pays. Au reste, se dit-il, cela m'est égal; je ne suis pas très-causeur de mon naturel ; j'apprendrai l'italien pour les nécessités de la vie ; j'oublierai l'anglais avec les Napolitains. Shoffield se persuadait ensuite, dans un raisonnement mental, qu'il ne devait pas y avoir d'Anglais à Naples, puisqu'il n'y avait pas de Napolitains à Birmingham.

Cent soixante passagers de tout âge et de tout sexe garnissaient le pont du paquebot. Ils étaient tous silencieux ; les femmes surtout étaient silencieuses des pieds à la tête ; c'était un spectacle imposant. Comme tous ces gens-là ont l'air Italien! remarqua tout bas le coutelier Shoffield.

Ils étaient tous Anglais.

La famille Turnpike faisait espalier sur toute la longueur de la dunette à tribord. Elle se composait de seize personnes et de deux berlines. Le père, à force de vendre des châles en concurrence avec Everington, à *Ludgate-Street*, avait conquis une de ces fortunes qui ruinent à jamais le bonheur d'un sot. On lui avait conseillé un voyage en Italie, et il voyageait depuis deux ans et demi, en famille, pour échapper à ce dôme d'ennui anglais qui se détache de la croix de Saint-Paul et tombe d'aplomb sur *Ludgate-Street* et sur toute la Cité. M. Turnpike portait un habit noir de la plus belle étoffe, un pantalon étroit même nuance, des bas de soie à jour, des escarpins au vernis, et un immense gilet écarlate à fleurs d'or, brochant sur le tout : sa mise respirait le million d'une lieue. Il portait en outre, au col de sa femme, cinquante mille francs, passés à l'état de diamants, sous l'habile main d'Hamlet, ce roi des joailliers, qui pourrait acheter le Danemark et un fantôme.

Autour de lui, Turnpike avait semé douze enfants également blonds, frais et beaux ; mais d'un blond, d'une fraîcheur et d'une beauté stupides. Ces enfants étaient enchâssés sur le pont entre deux servantes, au visage mâle et au voile noir.

Un faisceau d'ombrelles marquait la frontière entre les diverses familles. Au dernier membre des Turnpike commençait la collection des Dulwich, forte de vingt-trois personnes, dont neuf domestiques de tout galon. M. Dulwich était un tory de Chester, qui avait fui son vieux château, bâti sur les rives de la Mersey, parce que le comité whig du comté de Lancastre avait fait imprimer des affiches bleues de trente pieds de haut contre sir Robert Peel. Un médecin avait ordonné à M. Dulwich un voyage en Italie, comme le seul remède à un si grand malheur.

La famille Baxton se déroulait ensuite sur une étendue semi-circulaire de cinq toises. Baxton n'avait pu supporter la candidature de Chandos, dans le Middlesex. Un matin, comme il se promenait dans *Bridge-Street*, à Uxbridge, il recula six pas devant une affiche rouge qui engageait les électeurs à voter pour Chandos. *Allez à Chandos*, disait l'affiche ; le GO invitatif avait été taillé dans un tronc d'arbre haut de huit pieds. A moins de l'avoir vu, on ne peut se figurer l'effrayante physionomie du G, que le graveur avait dentelé intérieurement; c'était comme la gueule immense d'une baleine. Baxton se crut avalé par ce G monstrueux, et il prit la fuite, comme s'il eût craint d'être poursuivi. Malheureusement le *Comitee-Room* des tories avait fait tirer le formidable GO en autant d'exemplaires qu'il y a d'angles de rue à Uxbridge; le timide Baxton retrouvait partout la gueule dévorante et les dents du cétacée typographique. La fièvre le saisit, il se mit au lit, et fit des rêves affreux; il croyait habiter une ville peuplée de G qui se promenaient en faisant craquer leurs mâchoires, tantôt liant la supérieure à l'inférieure, pour ressembler à des O, tantôt reprenant leur état naturel de G avec un air de menace à faire frémir. Lorsque sa convalescence arriva, sa famille défendit expressément à tout visiteur de se courber en saluant Baxton, de peur de ressembler à des G. A force de soins on rendit la santé à Baxton et la faculté lui prescrivit un voyage, en Italie, de trois ans.

Cinq à six millionnaires arrivés au dernier degré du *spleen*, s'étalaient à bâbord; leurs femmes lisaient *Child-Harold* dans les berlines et s'endormaient après chaque stance. Un groupe de valets de pied, mélancoliquement posés devant le cabestan, avaient l'air de regarder quelque chose, mais ne regardaient rien.

Ainsi voguait le beau, l'agile *Pharamond*, sur la côte de la riante Italie, avec son chargement d'élégies vivantes des deux sexes, venues de tous les comtés d'Angleterre pour acheter, au prix d'un million, une étincelle de gaieté.

Shoffield s'assit sur un pliant, ramassa un morceau de bois

et le déchiqueta avec son couteau. Les valets de pied quittèrent le cabestan et entourèrent Shoffield pour contempler son travail.

Quelquefois un atome de poussière tombait sur la manche d'un Anglais ; alors trois valets, armés de brosses et d'eau de verveine, rétablissaient la manche dans son état naturel.

La nuit surprit les voyageurs dans ces charmantes occupations. Insensiblement le pont fut abandonné ; chaque famille descendit à sa chambre. On dormit en silence ; à les entendre dormir, on aurait cru qu'ils veillaient.

Shoffield fut réveillé à l'aube par un rincement de bouche exécuté par quarante Anglais ; la chambre commune était envahie ; tous les passagers avaient ouvert leurs nécessaires de voyage et procédaient à leur toilette. Malgré les oscillations d'un roulis violent, les Anglais se rasaient avec gravité devant des miroirs agités qui ne réfléchissaient que leur ventre. Deux heures furent ainsi employées à exterminer une barbe absente ; deux autres heures à équarrir les ongles, et deux encore à se débattre avec dix doigts boursouflés contre des gants maigres. Le quart du jour consommé de cette manière, ils montèrent sur le pont et saluèrent les dames avec les yeux. Les dames prenaient nonchalamment du thé, avec une infusion de beurre de Pise cuit au soleil ; Ugolin n'en aurait pas voulu dans sa tour. Un Anglais, excité par ce régal, desserra les dents tout juste pour laisser passer le monosyllabe *tea*, qu'on prononce *ti* pour contrecarrer les Français. Aussitôt quarante bouches altérées de thé, répétèrent le monosyllabe. Shoffield laissa tomber un gant, il pâlit, et s'écria mentalement : Ils sont tous Anglais ! Malheureux que je suis ! Il fut aussitôt saisi du mal de mer, et s'étendit à plat ventre sur un rouleau de câbles, où son gilet de satin blanc s'imprégna de charmantes arabesques au goudron.

Vingt heures après, la mer s'étant calmée, Shoffield reprit ses sens, et avisant un garçon du bord qui parlait anglais au machiniste, il lui demanda un verre de madère. Le garçon le servit à l'instant, et, craignant d'offenser la dignité d'un Anglais en lui adressant une question, il se contenta de dire en *à parte* :

— Nous serons à Naples dans trois heures.

— A Naples ! dit Shoffield, ah !

— Oui, milord, reprit le garçon en versant un second verre de madère.

— C'est une belle ville, Naples, hein ?

— Oui, milord.

— C'est ce qu'on m'a dit..... Tous ces messieurs sont Anglais, n'est-ce pas ?

— Tous, depuis le plus grand jusqu'au plus petit.

— Ils voyagent pour leur plaisir ?

— Pour leur plaisir, pas davantage. Ce sont des millionnaires, comme vous, milord. Ah ! des hommes bien heureux, comme vous voyez.

— C'est singulier, ils ne me paraissent pas très-heureux.

— Sur le paquebot, c'est impossible ; ils sont avec leurs femmes et leurs enfants : cela n'amuse pas beaucoup. Mais vous les verrez à Naples ; oh ! ils vont faire envie à saint Janvier.

— Ce garçon me paraît très-éveillé, remarqua mentalement Shoffield, et surtout très-poli ; je veux me l'attacher.

Cela pensé, il demanda un troisième verre de madère.

— Il paraît que milord le trouve bon, mon madère ?

— Excellent..... excellent..... Comment vous appelez-vous ?

— Les Français m'appellent Jean, et les Anglais John.

Un froid glacial courut sur le corps du coutelier. Il y eut un temps de repos.

— Milord, vous paraissez souffrir encore. Cependant la mer est très-belle ; c'est un miroir.

— Ce n'est rien... c'est une suite du mal de mer... De quel pays êtes-vous, John ?

— De Naples.

— Ah ! vous êtes Napolitain !.... Et comment vous appelez-vous dans votre pays ?

— Micali... C'est bien long pour un nom de domestique. Les Anglais disent qu'il faut économiser le temps. L'an dernier, ils me disaient : *Donnez-moi un peu de thé;* puis ils dirent : *Donnez-moi du thé;* aujourd'hui, ils disent simplement : *Tea;* demain, ils diront : *I;* après-demain, ils ne diront plus rien du tout. Ce sera une grande économie pour eux.

— Moi, je veux t'appeler Micali.

— Il paraît que milord a du temps de reste. Continuez à m'appeler John devant vos compatriotes ; ils seraient capables, s'ils vous entendaient, de vous faire une mauvaise réputation de dissipateur.

— Micali, je te prends à mon service ; je te donne soixante

livres de gages, et je t'assure une pension au bout de dix ans.

— Milord n'a donc point de domestiques?

— Non ; j'ai tout laissé à Londres..... J'étais impatient de voir l'Italie, la belle Italie.

— Il paraît, milord, que vous êtes très-enthousiaste de mon pays ?

— Oh ! oui, Micali, très-enthousiaste, très-enthousiaste.

— Alors j'accepte vos propositions ; en débarquant, je suis à vous.

— Bien, Micali... Voyons, que me montreras-tu de beau à Naples ?

— Tout ce que vous voudrez... Tenez, je puis déjà vous montrer quelque chose... Regardez là-bas, sur la poulaine ; voilà le Vésuve !

— Ah ! ce fameux Vésuve !..... Oui, c'est bien lui ; je l'ai sur un mouchoir de poche de Dublin.

— *Il Vesuvio*, en italien..... Milord, vous serez heureux comme un roi.

— Micali, où te retrouverai-je à Naples ?

— Je vous conseille de descendre à l'hôtel *della Vittoria*, à Chiaïa. Vous demanderez M. Martin ; c'est le maître, le *landlord*.

— C'est un Anglais ?

— Oui, c'est un Anglais pour les Anglais ; mais, entre nous, c'est un Français. Voilà son adresse sur une carte ; vous ne pouvez pas vous tromper.

Le *Pharamond* entrait en rade. Huit heures sonnaient aux trois cents églises de Naples. Le Vésuve au repos fumait avec nonchalance, comme un lazzarone qui a chargé sa pipe et qui s'étend au soleil. Les fanfares matinales sonnaient au château de l'Œuf; le Pausilippe riait à la mer ; des vapeurs roses couraient sur la ligne pure des collines d'Aversa, de Caserte, de Capoue. Il y avait dans l'air cette somme inépuisable de volupté que répandent sur ce golfe les deux plus charmantes choses qui soient au monde, Naples et le printemps.

Les Anglais brossaient leurs habits et changeaient de gants; les Anglaises se distribuaient les ombrelles ; les valets regardaient un bataillon de soldats qui prenait des bains de pieds devant le palais de la reine Jeanne. Shoffield cherchait son passe-port.

Tous les passagers étaient descendus ; Shoffield seul était encore à bord, et gardé à vue par trois estafiers. Il ne trouvait pas son passe-port et il avait oublié son nom. Toutes les fois qu'on lui demandait : Comment vous appelez-vous ? il montrait son portefeuille énorme, qui contenait sa correspondance avec tous les couteliers de l'univers, et il invitait les sbires à l'aider dans ses recherches. Enfin, il découvrit le précieux papier au fond d'une poche secrète : Shoffield apprit qu'il se nommait Morfield.

Tous les appartements avaient été envahis à l'hôtel *della Vittoria*; les Turnpike, les Dulwich et les Baxton coulaient à flots, comme une Tamise vivante, dans les corridors; d'anciens voyageurs de la même nation, domiciliés depuis longtemps dans l'auberge, contemplaient gravement l'invasion compatriote, et demandaient du thé comme de vieux propriétaires inexpugnables ; lorsque Shoffield se présenta sans domestiques, sans berline, sans famille, on lui dit qu'il ne restait plus qu'une chambre sans lit.

— Je dormirai sur un fauteuil, répondit le coutelier.

Et il entra dans la salle à manger. On lisait sur la porte : *Diningroom*.

Il prit une carte et lut :

> *Ox-tail soup*
> *Fish of every sort*
> *Meat pies*
> *Rump-steack.....*

— Comme à Birmingham, dit Shoffield stupéfait... C'est bien singulier ! A Birmingham, on ne trouverait pas une syllabe italienne dans toute la ville, et Birmingham, ma foi, est dix fois plus beau que Naples, qui me paraît bien laid, et bien sale surtout. Il faut que les Anglais s'amusent bien dans ce pays, pour avoir ainsi la rage d'y venir. Naples m'a l'air d'avoir été bâti exprès pour les Anglais.

En ce moment, son nouveau domestique, Micali, arriva.

Shoffield lui tendit cordialement la main et le fit asseoir. Micali s'assit sans façon.

— Je n'ai trouvé qu'une chambre, dit Shoffield, dans cet hôtel...

— Soyez tranquille et déjeunez, je vous logerai mieux. Ne vous inquiétez de rien. Comment trouvez-vous ce potage à la tortue ?

— Aussi bon qu'à *Swan-Inn* à Birmingham. Les Napolitains doivent beaucoup aimer ce potage ?

— Les Napolitains le trouveraient exécrable ; c'est une

soupe de lave ; ils croiraient manger le Vésuve en bol. On ne fait cela ici que pour les Anglais.

— La carte est tout anglaise ; regarde...

— La carte ! dites-vous ! eh ! toute l'Italie est aujourd'hui une botte anglaise ; l'Italie est bien plus anglaise que l'Angleterre. Les Anglais émigrent sans cesse. A Rome, tout le monde est Anglais, excepté le pape. Me permettez-vous de vous interroger, milord ?

— Oui, oui, ne te gêne pas, interroge...

— C'est sans doute pour votre plaisir que vous venez à Naples ?

— Certainement, comme tous les autres. Je suis riche, je veux être heureux, je veux jouir.

— Vous n'étiez pas heureux en Angleterre ?

— J'étais comme les autres.

— Que faisiez-vous ?

— Je montais à cheval, je me promenais, je mangeais du saumon, je plantais des arbres ; je lisais la *Revue* de M. Kemble, j'achetais des paires de gants ; que veux-tu qu'on fasse quand on est riche et oisif ?

— C'est juste... et alors vous êtes venu en Italie pour...

— Pour faire comme les autres. Les Anglais doivent s'amuser beaucoup ici, puisqu'ils y sont tous.

— Vous verrez. Comptez-vous rester longtemps en Italie ?

— Je ne sais pas. Les Anglais y restent-ils longtemps ordinairement ?

— Les lords et les membres de la chambre des communes y séjournent pendant les vacances du parlement. Les riches

Anglais qui n'ont pas de fonctions publiques, passent leur vie à se promener de Naples à Venise : ordinairement ils meurent à Florence. Dans les cimetières de Florence, il n'y a plus que des ossements anglais. Il faut vous dire qu'à Florence on meurt très-agréablement.

— Ce que tu me dis me fait déjà présumer que le comfortable italien est supérieur au nôtre. Les rues italiennes doivent avoir de plus beaux trottoirs, de plus beaux pavés, de plus beau gaz que chez nous...

— Ecoutez, milord, je connais très-bien l'Angleterre, mais je ne connais pas encore les Anglais. Excusez-moi pour eux. Les Anglais se bâtissent des maisons fort commodes ; ils les doublent de tapis ; ils les ornent de meubles à coins ronds ; ils se font des rues admirables, bien larges et tirées au cordeau ; ils suppriment la nuit avec le gaz ; ils se donnent des pavés de velours ; et quand ils sont parvenus à se faire une vie bien douce au dedans et au dehors, ils s'enferment dans une chaise de poste, et vont vivre dans des pays où l'on ne sent que des aiguilles sous les pieds et des angles aux coudes. Expliquez-moi cela, milord, vous qui êtes Anglais ?

— Moi, je ne puis rien t'expliquer, Micali ; je te dirai franchement que je ne sais rien ; je ne suis pas lord, je ne suis pas noble, je ne suis pas savant ; je suis un malheureux industriel qui ai travaillé quarante ans pour faire fortune, et qui cherche un peu de bonheur avec mon argent. J'ai cinquante-huit ans ; à quinze ans je faisais des manches de couteau, depuis cinq heures du matin, jusqu'à dix heures du soir ; je vivais avec des patates et de l'ale ; je lisais la Bible ;

L'hiver dernier je menais encore cette vie-là. Que te dirai-je, l'ennui s'est emparé de moi. J'ai voulu me presser de jouir un peu avant de mourir. Veux-tu m'aider à chercher quelque chose qui me fasse apercevoir que j'existe et que j'ai des millions ?

Micali secoua la tête avec un air de compassion mélancolique.

— Ce pauvre homme ! dit-il, il a passé les trois quarts de sa vie à faire des couteaux !... Je vous demande, monsieur, si ce Lazzarone demi-nu, qui n'a jamais rien fait, a été plus malheureux que vous. Je crois, moi, que le bonheur ne se trouve que dans une pauvreté robuste qui a toujours une lieue de mer à ses pieds, et un rayon de soleil sur la tête.

— Mon Dieu ! s'écria Shoffield, tu parles comme un auteur, Micali !...

— Oh ! je me parlais à moi-même... Il y a là-bas, dans cette île verte, des pêcheurs, propriétaires d'un filet et d'une cabane ; la mer et le soleil leur bronzent l'épiderme et leur inoculent une éternelle santé. Ils ont de grandes et belles femmes, dont le sein briserait un corset ; ils ont des enfants bruns qui jouent sur l'algue, et vivent dans l'eau avec les petits poissons et les coquillages ; ils ont un festin du soir, avec des plats exquis, embaumés et irritants comme ces flots d'où sortit Vénus-Aphrodite ; ils ont des jours et des travaux remplis de chansons ; des soirées de gaieté folle sous la treille ; des nuits, des nuits !!... Et c'est pour eux que le soleil se lève, que les étoiles brillent, que la mer chante, que les pins s'arrondissent, que l'oranger fleurit !

Ces hommes, ces pauvres pêcheurs, ces mendiants de la mer, prenez-en trois au hasard ; ils ont consommé plus de bonheur dans leur vie que tous les millionnaires de la Grande-Bretagne, depuis Guillaume, qui est roi, jusques à vous, monsieur, qui êtes coutelier.

Shoffield écoutait, bouche béante, ce domestique philosophe qui lui parlait ainsi.

Micali regardait le golfe par la croisée ouverte, et souriait.

— Je me parlais encore à moi-même, dit Micali ; excusez-moi, monsieur.

— Et toi, Micali, dit Shoffield en riant ; es-tu heureux ?

— Moi !... J'ai servi quatre maîtres, tout exprès pour les humilier par mon bonheur.

— Des maîtres anglais ?

— Tous Anglais, et riches comme une mine du Pérou.

— Que sont-ils devenus ?

— Je les ai enterrés l'un après l'autre, à Florence, au *Campo-Santo* de *San-Spirito*. Ils se portaient fort bien ; ils étaient frais et vigoureux, ils sont morts contre toutes les règles de la médecine, sans raison. Ils avaient la maladie de la vie ; c'est ce qui les a tués.

Micali, je prendrai le *spleen* en t'écoutant. Parlons d'autre chose ; sortons, mon déjeuner est fini... Dis-moi, qu'y a-t-il à voir de curieux à Naples ?

— Rien du tout ; c'est une ville comme toutes les villes; il y a des maisons alignées qui font des rues, et des gens qui marchent sans savoir où ils vont. Seulement les rues sont plus laides ici que partout ailleurs. Naples n'est pas à Naples ; il faut sortir de la ville pour la voir.

— Eh bien ? sortons.

Ils partirent pour Pompeïa.

— Avez-vous jamais entendu parler de Pompeïa ? dit Micali à Shoffield, chemin faisant.

— Jamais, répondit le bon coutelier.

— C'est la chose la plus curieuse de l'Italie ; quand vous aurez vu Pompeïa, vous pourrez rentrer à Birmingham.

— Est-ce plus beau que Londres ?

— Vous verrez.

A un quart de lieue de la mer ils découvrirent la cité momie.

— Voilà Pompeïa, dit Micali.

— Ah ! c'est Pompeïa, cela !... dit Shoffield stupéfait ; je crois que j'ai oublié mes gants à l'hôtel.

— Voulez-vous prendre les miens ?

Non, je mettrai mes mains dans mes poches : c'est qu'il me semble que je vois des Anglais là-bas.

— Oui, ce sont vos compagnons du paquebot ; ils sont devant la maison de Diomède.

— Ils vont rendre visite à M. Diomède ?

— Non, ce Diomède est un grec-napolitain, qui vivait dans cette maison, il y a dix-sept cent cinquante-cinq ans.

— Comment savez-vous cela, vous, dans votre état domestique ?

— Nous savons tous cela, ici.

Cependant Shoffield s'était mêlé à la nombreuse société anglaise qui se promenait dans la rue des tombeaux. Les dames étaient en grande tenue de *kings-theatre* ; toutes les étoffes d'Everington, toutes les popelines de Dublin, ondulaient mollement sur le pavé de lave, en couvrant les formes anguleuses de ces Anglaises voyageuses, chassées de leur île par la beauté presque universelle des Anglaises qui ne voyagent pas. Les hommes avaient des costumes de *raout*; ils portaient des chapeaux de baronnet, de fin castor, que l'on fabrique si mal dans le *Strand*. Les grooms suivaient avec leurs pliants. Un cicerone disait en italien-napolitain : *Ecco la casa di Diomede, sepolto nella cinere del Vesuvio, ottanta anni doppo Iesu-Cristo. — Ecco un' osteria antica. — Ecco la porta d'Ercolano. — Ecco la botega, o cafe, dove gli Romani pigliavano sorbetti doppo pranzo. — Ecco la casa di Caïus Ceïus. — Ecco la casa di Caïus Sallustus. — Ecco il tempio della Fortuna Augusta. — Il Foro civile. — Il tempio d'Ercole. — Il Teatro tragico. — Il tempio d'Esculapio. — Ecco, signori, l'Amfiteatro!*

Les Anglais passaient processionnellement devant ces ruines vénérables, avec une admiration muette et concentrée ; ils écoutaient le cicerone comme s'ils l'avaient compris ; les Anglaises lorgnaient le temple d'Hercule, et disaient : *Very-nice, very-nice* ; les plus savantes d'entre elles cherchaient dans lord Byron les vers que le poëte a consacrés à l'Italie, et elles trouvaient :

« Reine au sépulcre, maîtresse du monde, qu'as-tu fait
» de ta splendeur ? Tu es couchée dans ton linceul ! Rome
» est une tête de mort rongée. Hélas ! hélas ! »

Puis, elles cherchaient autre chose et ne trouvaient plus rien. Le cicerone chassait aux lézards ; les Anglais prenaient des poses de méditation, et bâillaient derrière leurs foulards indiens. Le spectacle était aussi triste que le spectateur.

Shoffield demandait à Micali pourquoi le *v* d'une inscription antique était un *u* aujourd'hui ; cela le préoccupait beaucoup. Micali, les bras croisés, souriait mélancoliquement et ne répondait pas.

Baxton, qui avait appris l'italien à Londres, d'un Français qui ne le savait pas, voulut engager alors une conversation avec le cicerone. L'Anglais prenait une syllabe au fond de sa poitrine, la hissait péniblement sous sa langue, et la tourmentait pour la forcer à se faire italienne. La syllabe rebelle restait anglaise, par esprit national, et le cicerone ne comprenait pas. Cette conversation ayant été bientôt épuisée, Baxton eut recours aux signes ; il tira de sa poche un joli petit marteau portatif, et l'appliqua prudemment, avec un air de tête significatif, sur une colonne d'un temple d'Isis ; le cicerone répondit par une affirmation. Alors, l'Anglais mit en lambeaux un socle et un chapiteau tombé : il en offrit aux dames et au reste de la société ; on remplit trois foulards de parcelles de Pompeïa, et ils furent confiés aux *grooms*.

Ordinairement ce sont les domestiques anglais qui font collection, par ordre de leurs maîtres, de toutes les briques romaines des monuments en ruines. Les domestiques ont un coffre particulier pour ces reliques : dans le trajet de Pompeïa et d'Herculanum à Naples, ils trouvent le fardeau trop lourd et jettent les lambeaux de briques à la mer. En arrivant à Londres, ils remplissent le coffre vide de briques concassées, qu'on trouve à monceaux, sur le bord de la Tamise, devant le palais des archives de Westminster. Ce sont ces reliques menteuses que les Anglais étalent dans leurs cabinets, avec des étiquettes et des numéros. Les galeries de Londres regorgent de ces débris.

Le temple d'Isis et de Sérapis est toujours maltraité de préférence par le marteau de l'ennui anglais. En voici la raison. Les Anglais ont trouvé une grande ressemblance architecturale entre ce vieux monument tetrastyle, et le grand *club* de Piccadilly; les gros boutiquiers enrichis du *Strand,* de *Flet-Street,* de *Ludgate-Hill,* quand ils passent à Pompeïa, s'imaginent sérieusement que le temple romain a copié le club de Londres, et l'orgueil national satisfait donne à l'architecte grec cet éloge concis *english-fashion.* De là, les déprédations de reliques, les vols à main armée commis sur la sainte antiquité.

Ce fut Micali qui communiqua cette réflexion à Shoffield. Malheureusement l'honnête citoyen du grand bourg de Birmingham était arrivé à l'état de pétrification stupide : il voyait des pierres sales, des ruines hideuses, des buissons agités par des lézards, des sépulcres dégoûtants, de petites maisons dévastées; il ne comprenait pas que des hommes sensés s'exposassent au soleil et aux serpents pour voir des masures qui, certes, ne valaient pas le palais de *Grammar-School,* et *Town-Hall* de Birmingham.

— Voilà donc ce qu'il y a de plus curieux en Italie? dit-il à Micali.

— Sans contredit, répondit le domestique savant.

— Eh bien! allons déjeuner.

— Vous ne trouvez rien du tout à admirer ici, n'est-ce pas?

— Que voulez-vous que j'admire? tout cela me rappelle

Old-Church de Manchester ; c'est vieux et noir. Cependant j'aime mieux *Old-Church* parce qu'il y a devant la grille de fer une bonne poissonnerie où l'on trouve à toute heure du *cold-meat* et des homards.

À ces mots, Shoffield poussa le premier éclat de rire de sa vie de voyage. Les échos du temple d'Isis firent, à cet accès bruyant de gaieté, l'honneur de le rouler de ruines en ruines, jusqu'à la nymphée sonore de la maison de Diomède. Les lézards et les couleuvres se dressèrent sur leur queue pour voir passer le fracas de la gaieté britannique. Les Anglais trouvèrent ce rire de très-mauvais ton et regardèrent Shoffield de travers.

La journée fut ainsi remplie. On avait visité Pompeïa.

Shoffield, conduit par Micali, suivit toutes les caravanes de ses compatriotes. On visita les temples de Pœstum, *Capo di Monte*, Caserte, Sorrente, Cumes, le lac Lucrin. Shoffield, à la fin du quatrième jour, déclara qu'il était suffisamment instruit. La seule grotte du Chien eut un grand succès. Nos Anglais pardonnèrent ses ruines à l'Italie en faveur de cette merveille. Le cicerone avait conduit trois chiens à demi-empoisonnés à l'entrée de la grotte. Les pauvres bêtes eurent des convulsions affreuses ; un Anglais les dessina dans leur accès, pour l'album d'une dame. On demanda au cicerone quelle était la cause mystérieuse qui donnait à cette grotte une si grande puissance sur les nerfs des chiens. Le cicerone prit une pose solennelle et dit d'un ton grave et péremptoire : *la Solfatara, la Solfatara.* Tout le monde fut satisfait de l'explication.

— Enfin, vo là une journée amusante ! dit Shoffield ; et il

serra cordialement la main de Micali, ce qui scandalisa les autres Anglais.

Tout était vu ; il ne restait plus à Naples que la mer ; le golfe, le soleil, la gaieté, la musique, les parfums, l'amour, le printemps ; plus rien enfin. Chaque jour, un nouveau paquebot versait sur le môle une collection de familles anglaises. Les hôtelleries de Chiaïa et de la place Royale avaient deux comtés britanniques dans leurs murs. La rue de Tolède ressemblait au *Strand* et à *Parliament-Street*, quand la foule de midi roule, comme une Tamise vivante, de l'obélisque de *Faringdon-Place*, au palais du duc de Northumberland, se brise à l'angle de *Charing-Cross*, et va faire trembler sur ses arches le pont de Westminster. A Naples, comme à Londres, les Anglais gardent leurs habitudes de rues ; ils sont graves, muets, mélancoliques, et tiennent la droite du pavé en marchant.

— Micali, dit Shoffield, puisque c'est ainsi, ce n'est pas la peine de quitter l'Angleterre. A Naples, le bœuf est mauvais ; le porter n'est pas du *white-bread* ; les lits sont mous ; les maisons ne sont pas fermées ; la nuit, on n'y voit pas : que viennent faire les Anglais ici ? Il y a la grotte du Chien, c'est vrai, mais on pourrait en faire une aussi bonne à *Stafford-Hill*, sur la route de Birmingham ; il y a une grotte, un chemin de fer, et beaucoup de chiens. Je t'avouerai cependant, Micali, que je m'ennuie toujours beaucoup..... je m'ennuie à la mort. Il me semble quelquefois que l'air me manque, et que je vais mourir faute de respiration. Que veux-tu ? je ne trouve du plaisir à rien. Les jours ici sont d'une longueur qui m'accable ; je n'ai pas la force de supporter une heure, quand il faut que je la laisse passer pour arriver à un plaisir qu'on m'a promis ; et quand l'heure est passée, je ne rencontre pas ce plaisir. Crois-tu, Micali, que tous ces Anglais resteront à Naples? Je crois que la ville serait plus gaie s'ils n'y étaient pas; ce sont eux qui jettent de l'ennui partout. Pourquoi ne vont-ils pas mourir à Florence?

— Ils iront à Florence, et ils y mourront, sir Shoffield, n'en doutez pas ; mais, en ce moment, on leur a promis une éruption du Vésuve, et vous voyez qu'ils l'attendent dans la rue de Tolède. Ils l'attendront longtemps. Regardez le Vésuve ; comme il se moque des Anglais ! Ce matin, Baxton est allé demander à votre ambassadeur si, par son crédit, il ne pouvait pas obtenir une éruption du Vésuve. L'ambassadeur a répondu qu'il y songerait. Personne n'a ri de cela. L'Angleterre n'a-t-elle pas tout pouvoir? Elle déclarera la guerre au volcan, s'il le faut, à cet insolent Vésuve qui se permet de refuser un plaisir à l'Angleterre qui s'ennuie.

— Quant à moi, Micali, je me moque du Vésuve, et je ne veux pas être rôti par le feu de cette montagne, ni englouti par un tremblement de terre. Ces Anglais sont si ennuyés de vivre, qu'ils ne cherchent que plaie et bosse pour passer le temps. Partons, partons.

— Où voulez-vous aller, sir Shoffield ?

— Je n'en sais rien.

— Voulez-vous aller à Rome?

— Pour voir encore des pierres noires, des lézards et des Anglais? Non.

— A Florence ?
— Non.
— Si vous faisiez un petit voyage en France ?
— Non ; mon père n'aimait pas les Français.
— C'est juste.
— Mais enfin, où va-t-on quand on est millionnaire, quand on voyage et qu'on veut jouir pour son argent ?
— On reste chez soi.
— Mais je t'ai dit l'autre soir, Micali, que je ne puis pas rester chez moi, à cause de John, mon ennemi, qui veut me tuer.
— Il faut alors quitter le comté de Kent, et rentrer à Birmingham.
— John me poursuivra partout..... Et ce *policeman* que j'ai tué ou blessé à *Totennham-Rood*... Tu vois que je ne puis pas rentrer en Angleterre.
— Il faut bien pourtant que vous habitiez quelque part.
— Je le crois. Mais où ?
— Si vous essayiez Naples encore un peu ?
— Oh ! j'y meurs.
— Vous iriez à la grotte du Chien tous les jours.
— Micali, je voudrais être pauvre ; je sens que ma richesse me fait mourir.
— Eh bien ! mangez votre fortune.
— Comment ?
— Jouez.
— Je n'aime pas le jeu.
— Mariez-vous.
— On n'aime pas les femmes, à cinquante-huit ans.

— Donnez des fêtes.

— Je n'aime pas la société.

— Enfin, quels sont vos goûts ?

— J'ai le goût de faire des couteaux ; la nuit, je rêve toujours que j'en fabrique.

— Eh bien ! faites des couteaux. Prenez une boutique à la rue de Tolède.

— Je crois que le climat n'est pas bon pour la trempe de l'acier.

— Vous fabriquerez de mauvais couteaux. Qu'est-ce que cela vous fait ; ce ne sera pas vous qui vous en servirez.

— Veux-tu t'associer avec moi, Micali ? Tu ne risqueras pas un shilling.

— Sir Shoffield, je me suis intéressé à vous parce que vous m'avez paru le meilleur Anglais que j'aie vu de ma vie. Un jour, sur le paquebot, je vous ai vu pleurer ; c'est la première larme anglaise qui ait coulé sur un paquebot. Dès ce moment, j'ai résolu de vous être utile, si je le pouvais. Aussi, après avoir étudié votre caractère, j'ai compris que vous aviez plus de bonheur que vous ne pouviez en supporter. Il faut en jeter bas quelque peu. Vous êtes né ouvrier, vivez ouvrier, mon ami. Les gants jaunes pèsent plus à votre main que cent livres d'acier. Je veux vous trouver sur la petite rivière du *Sebetto*, ici tout près, une usine ; je vous procurerai des ouvriers, je vous louerai une boutique.....

— Et tu seras mon associé, s'écria Shoffield au comble de la joie.

— Non, non, c'est impossible, répondit Micali en souriant. Vous serez heureux, je vous le promets, et vous n'aurez pas besoin de moi.

— Et pourquoi impossible, sir Micali?

Micali souriait toujours et serrait la main de Shoffield.

— Pourquoi impossible? répéta le coutelier.

— Écoutez, sir Shoffield. Vous êtes un honnête homme, un homme candide, un homme discret; vous m'avez confié un secret que vous croyez dangereux; je vais vous rendre confidence pour confidence. Jetez les yeux sur ce passeport, et lisez mon nom.

Shoffield recula comme épouvanté.

— Je suis, poursuivit le faux Micali en souriant avec bonté, je suis le prince P*** M*** Je suis un Russe philosophe, qui ne voyage que pour étudier les Anglais dans leur intérieur. J'ai déjà servi comme domestique dans quatre maisons, je puis dire que je connais les Anglais, et l'Angleterre entendra bientôt parler de moi.

Shoffield ne savait quelle posture prendre pour faire des excuses convenables à son ex-domestique, le prince. Il avait des expressions dans le cœur, mais ne pouvait les traduire en langue humaine.

— Ne soyez pas enfant, lui dit le Russe avec une grande affabilité, je suis un homme comme vous, et plus ennuyé que vous, puisque je suis riche et prince. Je veux acheter votre première douzaine de couteaux. Ce soir, venez au théâtre de San-Carlo, et demandez la loge du prince P*** M***. Adieu.

Shoffield se couvrit de diamants à sa toilette du soir, et

courut à *San-Carlo.* Il n'avait jamais vu d'autre théâtre que le *Royal-Theatre* de *New-Street* à Birmingham ; une petite salle, avec de mauvaises pièces, avec des chanteurs qui parlent et des parleurs qui chantent, avec les tragédies de Sheridan-Knowles, qui est bien Knowles, mais qui n'est pas Shéridan.

Il trouva dans la loge indiquée le prince P*** M*** dans le costume le plus fashionable d'un soir de gala. On jouait *Norma.* Duprez chantait avec la Persiani. La salle retentissait de musique et de voix divines : au dehors, la mer chantait aussi, à l'unisson de l'orchestre et des acteurs. C'était une soirée ravissante pour les cinquièmes loges, toutes luisantes de tisons qui étaient les yeux de pauvres *dilettanti* napolitains.

Les Anglais prenaient des sorbets dans les loges et jouaient au whist avec une gravité britannique. Les Anglaises lorgnaient la Persiani, et disaient : *Very-nice, very-nice.* Le roi de Naples dormait.

Shoffield regarda les Anglais, écouta un instant le bruit de la musique et du chant, et s'endormit comme le roi.

Le prince P*** M*** écrivait au crayon, sur ses tablettes, les lignes suivantes, qui sont inédites :

« L'apogée de la civilisation matérielle engendre une maladie de l'âme qui tue le corps. Une longue rue tirée au cordeau ; une grande route sablée comme une allée de parc ; un intérieur de maison, où il y a une place prévue pour chaque main, sont de belles inventions, sans doute ; malheureusement, l'homme n'est pas né pour descendre la vie sur une pente de velours ; ce sont les aspérités qui donnent une douce fièvre à l'existence ; on expire de langueur sur un terrain uni. Le *spleen* est né dans *Oxford-Street*, entre le gaz et le cordeau.

» J'ai vu beaucoup de millionnaires avares et périssant d'ennui : je ne les ai pas compris d'abord. Il est si aisé, disais-je, d'échanger une guinée contre une distraction ou un plaisir. Ces infortunés millionnaires ont un instinct qui leur dit de ne pas donner un *shilling* à l'homme qu'un *shilling* va lancer au comble du bonheur. L'avarice n'est pas toujours un amour stupide d'une richesse inutile, c'est un profond calcul de méchanceté.

» Les Anglais ont fait plus de mal à l'Italie que Théodoric et Attila avec leurs bandes de barbares : ne pouvant s'en servir comme remède, ils l'ont dépoétisée, en haine des artistes qui en jouissent ; ils en ont fait une table d'hôte et une écurie à leur *fashion*.

» Que signifient la richesse et la civilisation ? Prenez vingt Napolitains, parmi ceux-là qui trépignent, à *Casta Diva* de Persiani ; conduisez-les à Londres et dites-leur : Voilà le palais du duc de Northumberland ; à *Charing-Cross* : voilà le palais de *Robert Peel*, à *Parliament-Street* : voilà le palais de Wellington, à la grille d'Hyde-Park : voilà le palais du duc de Sunderland, devant Saint-James : voilà *Sommerset-House*, entre le *Strand* et la Tamise. Ces palais sont à vous, et la fortune de leurs maîtres aussi ; six mois passés, tous ces mendiants du soleil et de la mer voudraient revenir à leurs lits d'algue, pauvres et nus. »

Huit jours après cette soirée au théâtre de San Carlo, on

lisait sur l'enseigne d'une boutique, rue de Tolède : *Au Coutelier de Birmingham.*

La plume qui a écrit ces lignes a été taillée avec un canif acheté chez le pauvre millionnaire Shoffield. L'histoire du prince P*** M*** m'a été contée à bord de *la Marie-Christine,* paquebot anglais, allant de Marseille à Naples, avec un chargement de *spleen.*

Shoffield est très-heureux : il va tous les dimanches visiter la grotte du Chien.

LES NUITS D'ÉTÉ A LONDRES

LES NUITS D'ÉTÉ A LONDRES

La nuit est le jour de l'été ; les péripatéticiens l'ont prouvé avant moi, eux qui ont inventé l'art de vivre aux étoiles. En été, ils ne connaissaient d'autre midi que minuit ; la chaleur n'existe pas, disaient-ils, c'est un mot vide de sens. Ces grands philosophes n'assistaient qu'au lever et au coucher du soleil ; ils aimaient mieux avoir mille et vingt-deux soleils sur la tête qu'un seul ; c'était plus riche et plus frais. Chez eux, on déjeunait à huit heures du soir avec des figues sèches, des raisins de Corinthe, du miel d'Hybla, du vin de Crète, sous les platanes de l'Académie, ou sur l'escalier d'une colonnade, au pied de la statue de quelque dieu ; on dînait à trois heures du matin, avec des rôtis succulents et du cityse fleuri, arrosé d'huile. Ils se promenaient avant et après le repas, devisant des choses du ciel et de la terre, se proposant des énigmes, se contant leurs voyages en Sicile, où ils avaient appris la sagesse par principes, de la bouche des rhéteurs en renom : existence douce, silencieuse, étoilée, insoucieuse du grand jour et du soleil, sa vogue ne pouvait tenir devant le progrès des lumières ; noble secte qui s'est éteinte sans retour peut-être dans les zônes du Midi, et qui jette quelques lueurs encore à Londres ; où la police complaisante protége toutes les opinions qui fuient le tumulte et l'éclat.

La chaleur de l'été est intolérable dans le Nord ; ce n'est pas la chaleur franche et expansive des contrées méridionales ; c'est une oppression qui refoule la respiration dans la poitrine, comme si l'on présentait les lèvres à la bouche d'un four. A Londres, les jours d'été sont pleins de poussière, de fracas, de rosée de suie, et d'étouffements ; mais les nuits y rachètent merveilleusement les vices du jour. J'ai vu des nuits dans bien des pays ; elles se ressemblent toutes ; le peuple dort, il ne reste dans les rues que les maisons. La seule capitale de l'Angleterre a une existence nocturne à part ; c'est un spectacle inouï qui produit l'effet d'un rêve de vingt lieues de circuit, éclairé au gaz. Il est possible que l'Anglais indigène n'ait jamais remarqué Londres sous cet autre aspect ; en général, personne ne connaît plus mal un pays que celui qui l'habite ; mais l'étranger saisit aisément toutes les nouveautés saillantes qui échappent aux nationaux.

Il n'est point de ville au monde comparable à Londres, pour la sécurité de ses nuits ; toutes les rues y sont illuminées comme des galeries de palais ; on marche dans un éclair de gaz hydrogène, et l'esprit s'effraie à calculer ce que coûte à fonder et à entretenir ce prodigieux travail souterrain d'artères et de veines qui rallument le jour et la vie dans cette cité immense. Toute l'Angleterre est ainsi soignée pour ses nuits, villes, bourgs, ponts, grandes routes, c'est partout la même et opulente illumination. Dans les pays où le soleil n'est à peu près connu que de réputation, où la lune et les étoiles sont des auxiliaires inutiles, il n'est pas étonnant qu'on ait multiplié ces myriades d'astres factices, afin de prouver à la nature avare qu'on peut se passer de ses dons, quand on s'appelle l'Angleterre et qu'on a des mines de houille sous la main. Dieu veuille que les mines ne s'épuisent pas ! Albion s'éteindrait.

Rien ne favorise les promenades nocturnes, comme cette clarté qui vous environne et assure vos pas. L'étranger, qui a toujours entendu parler des voleurs de Londres traite de fables tout ce qu'on lui a conté. On ne peut passer d'un trottoir à un autre sans se croiser avec un sergent de ville ; une armée d'hommes de police s'éparpille en éclaireurs et garde la ville en détail. Ces *policemen* sont graves, inoffensifs, silencieux et mélancoliquement observateurs : la tolérance qu'ils accordent aux péripatéticiens des deux sexes est admirable. Ils ne vous demandent jamais : *Où allez-vous?* comme à Paris, parce qu'on leur répondrait : « Je me promène, » et que la grande charte ne défend à personne de préférer la lune et les étoiles au soleil. Cependant, si le piéton nocturne portait atteinte au repos de la majorité diurne qui juge à propos de dormir, un *policeman* conduirait le péripatéticien en prison ; cela est de stricte justice sur une terre constitutionnelle, où la majorité a toujours raison, même lorsqu'elle a tort.

A Londres, le peuple qui dort se couche vers les deux heures du matin ; celui qui ne dort pas ne se couche qu'après le soleil levant ou quelque chose qui ressemble au soleil. Jusqu'à deux heures, les théâtres jouent, les voitures roulent, le peuple boit du *ginger-beer* qui est fort mauvais, les passants mangent des homards et des crevettes, les jeunes gens fument dans les divans, et les marchandes de fleurs offrent des bouquets aux promeneurs affligés d'insomnie. La prostitution la plus étonnante qui fut jamais, et devant laquelle M. Parent-Duchâtel mourrait de douleur une seconde fois, s'il revenait au monde ; la prostitution du Bas-Empire, enrégimentée par centuries, marchant comme une seule femme, mêlant le satin à la bure, le chapeau de fleurs à la dentelle jaunie, depuis le sérail éblouissant de Drury-Lane, jusqu'au chantier sombre et pierreux de Charing-Cross ; la prostitution, à cent mille bras, enlace tout le nouveau Londres, le Londres des colonnes peintes, des péristyles de carton, des hôtels d'argile, des palais de briques, des temples peints à l'huile et au vernis ; elle se roule, comme un monde fou de femmes ivres, devant cette architecture majestueusement mesquine qui ne s'émeut de rien et qui n'a des croisées que pour ne rien voir. Dans toutes ces demeures vivent les plus nobles philanthropes qui travaillent à régénérer le monde, à faire refleurir la morale, à rendre à la vertu son culte, à l'homme sa dignité, à la femme sa pudeur ; qui envoient des missionnaires protestants et des Bibles aux anthropophages de Bornéo et de Van-Diémen, aux païens d'Otahiti et des îles Sandwich ; qui préparent une truelle pour poser la première pierre d'une *maison de conversion*, où quatre-vingt mille Aspasies errantes seront changées en Madeleines par la grâce de Luther et de Calvin ; philanthropes de haute vue, qui rêvent l'amélioration des mœurs polaires et laissent polluer le seuil de leurs maisons, qui défrichent le champ de la morale sur les limites du monde et laissent la jeune fille mendier une insulte, avant sa puberté, sous le péristyle du *Quadrant*, ce gracieux trait d'union qui lie les souillures ténébreuses des deux *Regent's-street*.

A deux heures, la scène change : le monde qui reste sur la place ne semble pas appartenir à ce monde ; une lèpre vivante coule le long des maisons ; des êtres sans nom, sans sexe, sans voix, sans formes, vaguent au hasard, comme ces ombres qui attendent une obole pour passer de l'autre côté du fleuve. On assiste à des festins étranges, préparés aux carrefours, sur des tables qui tremblent et font trembler des chandelles et des plats de mets hideux. D'autres êtres, qui sans doute sont des hommes, passent devant, par groupes muets, et achètent, avec du cuivre imperceptible, d'énormes colimaçons crus et des débris hachés d'animaux antédiluviens. Tout autour règne une ligne d'hôtels opulents, dont le gaz fait ressortir le luxe ironique. Quel cadre et quel tableau ! Le *policeman* se promène, et voyant que tout est bien, il laisse en paix les convives. Une pro-

13.

cession d'âmes en peine défile silencieusement sur les trottoirs qui descendent à *Carlton-House*. Les portes du parc *Saint-James* ouvrent l'Élysée de Londres à ces fantômes : le long des haies, sous les arbres, sur les banquettes du parc royal, apparaissent des masses confuses de haillons qui flottent sur des squelettes, des chapeaux de paille en putréfaction, ornés du crêpe du deuil de Guillaume, des robes tourmentées, des visages monstrueux avec des yeux sans regard, des liasses de guenilles qui se tiennent par les mains ; le joyeux gaz hydrogène éclaire tout cela tranquillement, avec sa flamme sereine, et trahit les ombres courtisanes rôdant autour des graves et chastes sentinelles qui gardent l'ombre du roi mort. Aucune voix, aucun cri, aucune plainte ne se fait entendre sous ces bocages ; ceux qui veillent respectent le sommeil des hôtels de *Carlton-Terrace*, c'est une promenade en pantomimes, où la licence est grave et ne rit pas de ce qu'elle fait ; c'est un badinage mélancolique, une espiéglerie sérieuse, qui ressaisit son innocence devant le *policeman*, et ne prend de ses plaisirs ou de ses peines que ce que lui permettent les lois du pays.

Dans toute l'étendue de ce parc circule la même population. Au milieu de ces incroyables scènes, on trouve souvent des Anglais austères qui lisent les papiers publics, sous le gaz, comme dans un cabinet littéraire, et qui ne sont jamais distraits de leur lecture par le tourbillonnement des ombres : nombre de sages péripatéticiens traversent toutes ces souillures flottantes, comme la douce Aréthuse les flots amers : ils ne causent pas entre eux ; ils se promènent courbés sous une méditation muette, ils sont assis sur les banquettes, et regardent les arbres ; ils dorment au frais sur la foi de l'hospitalité royale qui leur fait ce doux sommeil. Chacun pense pour soi, parmi ces philosophes errants, et personne n'est assez prodigue de ses idées pour les communiquer à ses voisins. Rien de morne comme ce silence, qui n'est interrompu, par intervalles, que par un léger sifflement d'aspiration gutturale, sorti d'une lèvre invisible, et semblable au susurre de la sauterelle dans les nuits tièdes du midi.

Mêmes scènes se répètent devant le palais neuf de *Saint-James*, triste et désert comme une ruine d'Egypte; devant l'arc-de-triomphe, qui s'abaisse si lourdement sur la terre, n'ayant rien à porter vers les cieux, et même encore devant la vénérable abbaye de Westminster. Le cimetière est envahi ; des ombres dissolues folâtrent sur la pierre des tombes, et insultent à la majesté des deux chambres et des reines ensevelies, dans les hangars et les sépulcres voisins. Westminster élève aux cieux ses deux tours, comme deux bras pour demander vengeance : le ciel n'écoute point le monument apostat; il faut que les sacriléges se consomment ; est-il quelque chose de saint depuis la papauté d'Henri VIII? A défaut du ciel vengeur, il y a une sentinelle qui n'a pas reçu dans sa consigne la répression des sacriléges, et l'éternel *policeman*, qui a mission de protéger le sommeil des vivants, ne s'inquiète pas du sommeil des morts.

Si l'on se jette dans le faubourg immense, de l'autre côté de Westminster, on voit les mêmes accidents nocturnes, aux lueurs délatrices de ce gaz impitoyable qui poursuit le crime partout et l'éclaire comme une bonne action. Il y a des grilles de fer ornées de têtes immobiles qui vous regardent et ne rient jamais ; il y a des portes ouvertes qui conduisent à des repaires mystérieux et interdits au soleil hydrogène ; il y a des perrons où sont assis des hommes et des femmes comme un groupe de statues sur un tombeau ; et toujours le long des trottoirs, toujours la fourmilière d'ombres déguenillées, en chapeau de paille, avec le crêpe royal, marchant avec des intermittences d'allure pudique ou folle selon qu'elles voient paraître ou s'éclipser le *waterproof* luisant et rond qui couvre la tête du *policeman*. C'est partout le même tableau, le même décor, les mêmes acteurs ; on marche toujours dans la rue qu'on vient de quitter ; on revoit ce qu'on vient de voir. A droite et à gauche, de belles maisons, dont les portes étincellent de cuivre et de vernis ; des trottoirs doux comme de l'acier poli ; des *squares* qui dorment à l'ombre dans leur prison de fer ; des rues qui suivent le cordeau, avec leur régularité désespérante ; une profusion inouïe de fanaux où le gaz joue avec le vent du haut de ses candélabres ; et partout aussi une misère vivante et fluide, une lèpre intarissable, une volupté en putréfaction, un cynisme élevé à toute sa bassesse ; partout l'or et le granit brodant des vignettes anglaises sur un fond d'immondices.

En traversant *Westminster-Bridge*, on marche entre deux rangées de niches peuplées de cénobites qui dorment ou attendent quelque chose ; et comme on ouvre la bouche pour respirer la Tamise, après avoir respiré tant d'air infect, on demeure confondu d'étonnement devant le magnifique spectacle de Londres endormi sur les haillons de Londres qui veille : géant de la création humaine qui n'a pas de pain à jeter à tous ses enfants, et les regarde gisants sur le fumier, du haut de l'église Saint-Paul, ce beau corps sans âme, ce cadavre du soleil de Rome, ce dôme de glace, qui refroidit la tête et le cœur, et ne peut se donner à lui-même qu'une couronne de charbon éteint !

L'aube laisse tomber sa pâle tristesse sur toutes ces âmes en peine qui vaguent et prennent un corps aux premières lueurs du jour, mais quel corps ! Elles affrontent l'aurore ; elles feraient reculer le soleil s'il y avait un véritable soleil à Londres. Il faut voir avec quelle gravité les sentinelles de Saint-James regardent passer ces échappées de la nuit ! Où vont-elles subir le jour ? personne ne le sait ; elles l'ignorent elles-mêmes. A cette heure, c'est vraiment un admirable tableau, qu'une vue de Londres, prise de l'arc-de-triomphe, devant Hyde-Park ou de *Carlton-Terrace*. Les vapeurs du crépuscule matinal se mêlent aux lueurs expirantes du gaz hydrogène, et font ressortir sur un ciel d'opale les cimes des arbres les plus gracieusement dessinés du monde, et les hautes colonnades des parcs. Tout ce que l'impitoyable clarté du jour fait saillir de faux, de servile, de guindé, de massif, dans la fastueuse indigence de l'architecture anglaise, est encore perdu dans les complaisantes demi-teintes de l'aube ; on croirait voir ressusciter d'entre les ténèbres, Palmyre et Babylone. La lourde et fade colonne du duc d'York profite du moment pour jouer la colonne Antonine et se faire gracieuse à peu de frais. Sur Waterloo-Place et à Regent's-Street, toutes les pierres s'élèvent avec une majesté imposante ; les portiques des clubs oublient qu'ils sont de carton, et prennent des airs de temples ; les ordres toscan, ionique, corinthien, qui demandent humblement pardon au soleil de s'être déguisés à l'anglaise, affectent des attitudes monumentales à tromper l'œil de Phidias. Sur la place de Trafalgar, le Musée s'enveloppe d'un aspect grandiose ; le palais du duc de Northumberland se couvre d'un domino vénitien, et le lion qui le surmonte ressemble quelques minutes à un lion ; la statue équestre de Charles I*er* ne fait plus rougir l'ombre de Van-Dick, et double heureusement le Marc-Aurèle du Capitole. C'est de toutes parts une grandeur, une richesse, une profusion de portiques, de colonnades, de basiliques, de péristyles, comme leur grand artiste Martinn les a rêvés, dans une nuit d'orage, avec un éclair livide pour soleil.

A mesure que l'aurore aux doigts de brume glisse à travers cette succession monumentale de merveilles ténébreuses, la majesté de leur architecture s'humilie ; et dès que le jour arrive, il ne reste que la plus soignée, la plus correcte, la plus habitable ville du monde, où l'industrie et la richesse ont fait triompher tout ce qui est utile, sans appeler l'art et la grâce à leur secours.

PHYSIONOMIE DE MANCHESTER

PHYSIONOMIE DE MANCHESTER

Le 22 juillet dernier, on jouait au Théâtre-Royal de Manchester le drame de *No!* Mademoiselle Taglioni dansait dans *la Bayadère*; c'était un soir de grande attraction (*great attraction*), comme disent les affiches. Il y avait foule et enthousiasme; on aurait pu croire que madame Malibran était redescendue sur ce théâtre, où elle fit entendre le chant du cygne. La reine de la danse avait succédé à la reine du chant. Tout près de là, au *Queen's Theatre*, on jouait *la Vie et la mort de Napoléon*, drame en une infinité d'actes, écrit avant Shakspeare. L'empereur était représenté par un acteur gigantesque, fort maigre et très-blond, mais qui prenait beaucoup de tabac. A ce drame cyclique on avait ajouté comme divertissement une chose intitulée : *La lampe merveilleuse*. Il n'y avait personne dans la salle, et je faillis y rester pour donner un spectateur à Napoléon. A *Brown-Street*, dans le voisinage, M. Thomson, candidat réformiste, haranguait le peuple au *meeting* de la maison de l'*Assurance générale* : des milliers de *houra !* orageusement lancés des poitrines prolétaires, accueillaient chaque phrase de l'orateur. Je passai du *meeting* au théâtre et du théâtre au *meeting* pour me donner l'émotion des contrastes; c'étaient deux mondes différents, liés entre eux par un trait d'union de gaz hydrogène. La délicieuse musique d'Auber se mêlait aux énergiques acclamations du peuple réformiste; mademoiselle Taglioni partageait avec M. Thomson l'enthousiasme de Manchester. Au théâtre, le gaz allumait un jour éclatant comme le ciel de l'Inde, comme le soleil des Bayadérus ; au *meeting* de *Brown-Street*, l'obscurité la plus compacte enveloppait l'auditoire et le tribun. Je m'attendais à une révolution sociale, éclose au foyer du *meeting*. A minuit, M. Thomson rentra à *Swan-Inn* et le peuple chez lui. Les applaudissements du théâtre et du forum avaient cessé; on n'entendait plus que le bruit de quelques voitures qui descendaient *Hay-Market* ou montaient à *Portland-Place*. Tout à coup, le silence de la nuit tomba sur Manchester.

Le temps était fort beau pour Manchester; il ne pleuvait pas. Vous saurez qu'il pleut toujours à Manchester, et c'est une des conditions de son existence ; un jour serein est la calamité du pays. Les machines industrielles ne peuvent fonctionner qu'à l'aide d'une humidité permanente ; lorsque le temps tourne au sec, on se désole dans les ateliers. L'obligeante nature favorise on ne peut mieux ces exigences du commerce : même au mois de juillet, le ciel est toujours abaissé comme une tente grise sur l'immense ville, et trois cents cheminées élancées en obélisques semblent les supports de ce grand pavillon de brume, d'où l'eau suinte, en gouttes imperceptibles, comme si elle était tamisée en tombant. A Manchester, on ne connaît le soleil que de réputation ; il me semble que je l'ai aperçu une fois, au fort de l'été, à midi, derrière un épais rideau de nuages, mais je ne l'affirmerais pas.

Je me promenai longtemps sur la place de *Piccadilly*, devant *Albion-Hotel* : c'est le point culminant de la ville. Il y a deux beaux édifices modernes, un bassin circulaire d'eau dormante et une pelouse ; le gaz éclaire d'un côté la longue bordure des maisons de brique, et le vis-à-vis reste dans une ombre sourde, que perce en rond, sur un seul point, le cadran illuminé de l'hospice. Là commence cette longue et interminable procession d'ombres silencieuses et nocturnes que j'ai trouvée dans toutes les grandes villes d'Angleterre, et qui jette l'étranger dans cet étonnement qu'une énigme insoluble donne toujours. J'ai pourtant observé, à Manchester, que ces ombres diffèrent de mœurs et d'habitudes avec leurs sœurs errantes de Londres, de Birmingham, de Liverpool : cela tient, je crois, surtout à la rareté des *policemen*. Manchester m'a paru à peu près dépourvu de ces redoutables sergents de ville qui couvrent le pavé de Londres et de Liverpool, et font si bonne garde la nuit. Aussi, à Manchester, les fantômes ont des accès de gaieté vive et turbulente; ils font des rondes, ils folâtrent même, et s'ils ne parlent pas, c'est qu'il leur est défendu de parler; la loi anglaise en impose aux fantômes comme aux vivants: à peine si on entend soupirer le mot *shilling* lorsqu'on traverse un de ces tourbillons d'âmes plaintives.

J'ai médité longtemps sur ces étonnantes apparitions, je n'ai pu assigner une destinée raisonnable à ces femmes, si ce sont des femmes. J'ai questionné les Anglais, mais les Anglais sont habitués à ces choses, et ils n'en savent pas plus que moi. En général, les nationaux sont fort ignorants sur les phénomènes de leur pays; il faut s'adresser aux étrangers pour en obtenir la solution. Où vont ces myriades d'ombres affamées? De quoi vivent-elles dans un pays où la prostitution est avec raison tenue à distance, comme une léproserie ambulante, comme un fléau vivant et contagieux? Où sont les passions ténébreuses qui alimentent cette vaste misère? Je n'ai rien vu, rien appris, rien observé qui puisse satisfaire la curiosité du voyageur sur ce point. A Manchester, l'énigme est encore plus obscure que partout ailleurs. Dans cette ville laborieuse, la nuit est religieusement observée dans ses traditions de sommeil et de repos. La prostitution seule veille et marche; elle ne cherche et n'attend personne; elle reste dans un isolement ruineux et désespérant, mais avec une résignation plus merveilleuse encore que son existence. Le hasard m'offrit une scène qui ne s'effacera jamais de mon souvenir.

Depuis l'esplanade de l'hospice jusqu'à la rotonde voisine de la poste, c'est-à-dire dans toute la longueur d'Hay-Market, cette immense rue qui serait escarpée comme une montagne, si le travail n'en eût adouci la pente, on avait creusé pendant le jour un double rang de fossés profonds, pour restaurer les canaux souterrains du gaz. Hay-Market n'était donc éclairé cette nuit-là que par d'énormes cassolettes de fer, où flambait le charbon de terre. Les lueurs de ces étranges candélabres jetaient leurs reflets sur les maisons, toutes bâties de briques rouges, et faisaient ressortir dans la nuit la couleur de ces façades, qui se perdaient dans un horizon de ténèbres. C'est dans les rayons de cette illumination infernale que je voyais défiler ces ombres de femmes, une à une, la tête basse, les bras croisés sous un châle en lambeaux, tenant scrupuleusement la gauche ou la droite du trottoir, selon qu'elles descendaient ou montaient la rue. Aux angles des carrefours s'immobilisaient des groupes silencieux de jeunes filles qui regardaient flamboyer le charbon et n'avaient pas l'air d'avoir d'autre souci que de suivre la décroissance du combustible. Par intervalles, la flamme faisait rayonner un joli visage d'Anglaise blonde sous un chapeau de soie dévasté par une longue misère de famille : c'était le corps d'un ange dans des haillons fondus en charpie fangeuse, une rose emprisonnée dans des toiles d'araignée. Pauvreté hideuse qui ne peut recevoir du secours, ni de l'aumône, ni de la passion !

A Londres, j'avais souvent remarqué au carrefour de *Castle-Street* des orgies nocturnes faites avec silence et gravité devant une boutique de comestibles ouverte jusqu'à l'aurore, et dont les lanternes de gaz prodiguaient une lumière éclatante comme le jour. Les *policemen* se mêlaient avec une familiarité sérieuse à ces ébats d'une prostitution ivre d'*ale* et de *sherry*. Dans ce défilé, la foule était quelquefois si compacte, qu'on ne pouvait la traverser sans ressentir les angles aigus des marins sortis du *Public-House* du voisinage. Rien n'est singulier à voir comme cette apparence de bruit et d'agitation, dans une foule de rues, où ceux qui parlent, parlent bas. Je n'ai rien trouvé de semblable à Manchester. Arrivé à mi-côte d'Hay-Market, je pris à droite et je m'enfonçai dans des rues désertes, largement éclairées pour moi seul, avec ce luxe anglais qui donne tant de lumière, la nuit, à ceux qui ont tant d'obscurité le jour. De temps en temps, je rencontrais des lambeaux de prostitution détachés de la métropole d'Hay-Market : je voyais des ombres stationnées derrière des âmes haletantes d'espoir aux soupiraux du purgatoire, dans une fresque d'Andréa Orcagna. J'en vis d'autres qui rallumaient leurs lampes aux candélabres de la rue, comme les vierges folles de l'Evangile; d'autres assises sur le gradin du trottoir, la tête appuyée sur les mains, et regardant le pavé ; d'autres qui vaguaient sans but, hâtant le pas et le ralentissant, puis se retournant avec un mouvement brusque, et toujours étalant, avec une certaine coquetterie, des robes, des châles, des chapeaux fanés ou tombant en guenilles. Le gaz éclairait tout cela joyeusement, comme un *raout* fashionable de Londres ou de Paris. Par un labyrinthe de rues, j'arrivai sur une place lugubre, qui est entourée d'une grille, la place de la vieille église, *Old-Church*. Je n'ai su son nom que le lendemain.

Rien, dans nos villes de France, ne peut donner une idée du tableau de Manchester, pris de ce point de vue. *Old-*

Church domine la ville basse ; c'est un belvéder d'où l'on aperçoit, la nuit, un prodigieux amoncellement de masses noires, où le gaz jette de pâles éclaircies de lumière, et fait saillir les ombres colossales des obélisques manufacturiers qui se hérissent partout sur les toits, à des distances infinies. Ces clartés livides qui sont semées, sur un fond ténébreux, comme des constellations terrestres, ne déterminent aucune limite à l'horizon de cette ville ; aussi donnent-elles à Manchester une étendue fantastique ; c'est tout un monde qui dort. Sur la place s'élève l'église qui lui donne son nom. Ce monument semble appartenir à une architecture idéale, et à l'antiquité plutôt qu'au moyen-âge ; on serait fort embarrassé d'assigner une date à sa naissance. Le clocher, qui est la pièce principale de l'édifice, monte carrément à une grande hauteur, avec ses assises en relief, émoussées aux angles par les siècles, et noires comme des couches de tisons éteints. La nuit, cette église est d'une tristesse qui s'allie peu avec le sentiment que portent avec elles les pierres consacrées par la religion ; on dirait d'une église qui a renié Dieu, et fait un pacte avec l'esprit de ténèbres. Autour du monument règne une vaste terrasse avec des dalles tumulaires pour pavé, comme sur le parvis de Westminster. Là rôdaient encore, dans leurs incroyables fantaisies, les prostituées de la faim, toujours sans se plaindre, sans parler, sans dormir, n'attendant rien, ne cherchant rien. C'était pour moi comme une vision des nuits de fièvre : à mes pieds une ville immense ; au-dessus de ma tête, un ciel sans étoiles. un abîme d'un noir mat, comme on se représente le néant ; devant moi, un cimetière animé par des ombres qui semblaient tourbillonner sous le pouvoir d'un souffle surnaturel, et ce clocher sombre, étrange, couronné de monstrueuses figures de pierre, de faces de démons, de péchés capitaux personnifiés ; tour funèbre et taciturne comme un monument d'apostasie élevé à la gloire de Satan.

A quelque distance d'*Old-Church*, je reconnus une place que j'avais traversée dans la journée, et qui fut le théâtre d'une scène mystérieuse, faite pour étonner et pour attendrir. Après le coucher du soleil, j'avais vu là rassemblés un grand nombre de femmes, d'hommes et d'enfants qui chantaient un cantique sur un air dolent, comme tout ce qui vient de la mélopée de Luther. Cette foule était grave, recueillie, et jamais distraite par les objets extérieurs ; les spectateurs, non initiés, entouraient les chanteurs, et les écoutaient avec une physionomie pleine d'intérêt et de tolérance. Le sol était jonché d'enfants demi-nus, qui se roulaient silencieusement dans la poussière, et à chaque instant d'autres enfants arrivaient par les issues, tous déguenillés, pâles, maigres à faire pitié ; misère fluide de moindre dimension, qui coulait aux pieds de la grande. Quelques-uns pendaient en grappes hideuses au cou et aux mains de leurs pauvres mères ; le plus grand nombre semblait abandonné à la Providence ou aux hasards secourables de la philanthropie. Voilà donc, me disais-je, l'écume vivante qui flotte de toute nécessité sur les villes manufacturières ! Est-ce donc à ce prix que l'industrie arrive au triomphe ? Le commerce maritime est plus heureux ; il fait vivre tous ceux qui baignent leurs pieds dans un port ! A Manchester comme à Lyon, la navette et le métier échappent à chaque instant aux mains du pauvre. Mais les économistes ne trouveront jamais de remède à cela!

Toutefois il n'y a pas de commune mesure à établir entre la misère endémique de Lyon et celle de Manchester. J'ai vu Lyon, dans ses plus mortelles crises, je l'ai vu placé entre la famine et le fusil de l'insurrection; mais jamais, à ces cruelles époques, je n'ai rencontré dans ses rues un seul groupe de l'immense tableau qui a pour cadre l'enceinte de Manchester. J'ajouterai même que nos yeux se révolteraient devant cette incroyable misère qui se liquéfie et se fond avec la boue dans les beaux quartiers de Manchester et de Dublin. Là, le peuple est arrivé au stoïcisme par l'habitude du spectacle. Un industriel de Manchester est exact et rigoureux dans ses calculs de commerce; il prend des ouvriers en grand nombre, et les paie bien tant que les affaires marchent. La crise arrivée, il donne un secours temporaire à ces malheureux, et sa conscience est en repos. Au fait, l'algèbre de la philanthropie n'en demande pas davantage.

Autre différence entre Lyon et Manchester. En France, la misère est honteuse; c'est toujours le *turpis egestas* de Virgile; elle prend des attitudes suppliantes; elle donne des regards accusateurs à l'homme et au ciel; elle fuit les quartiers opulents, de peur de les salir; elle fait violence à l'aumône; elle prend Dieu à témoin de votre charité; elle veut qu'il soit pris acte de son état, parce qu'il y a toujours une sorte de consolation au fond du malheur consommé, lorsqu'il est reconnu. A Manchester, la misère semble avoir accepté sa destinée comme chose due; elle a une figure calme, aussi éloignée de la résignation que du désespoir; elle regarde passer les heureux, sans envie ni importunité ; elle demande sa place au trottoir du palais et de la masure ; elle n'a pas l'air de prendre en souci sa position ; elle parodie même, avec un flegme inconcevable, toutes les pièces d'un ajustement de luxe ; elle porte quelquefois un chapeau, un châle, une robe de soie, des gants, mais elle n'a pas de souliers. J'ai vu dans la rue haute du *Zoological-Garden*, à Liverpool, une mendiante fièrement parée d'un boa au mois de juillet. Ce boa avait laissé son duvet en pâture à trente générations d'insectes rongeurs, mais c'était toujours un boa ; son squelette serpentait encore, avec une certaine coquetterie, sur un amas de haillons, figurant la robe et le châle. Telle est la misère de ce pays.

La place où tant de malheureux s'étaient donné rendez-vous pour chanter le chœur de la famine était déserte à cette heure ; je la traversai pour aboutir à *Hay-Market* et remonter la côte jusqu'à la grille de l'hospice. A la lueur d'un candélabre, je lus, sur l'angle d'une rue, *rue du Port*. Cette inscription me sembla toute de fantaisie ; il ne me paraissait pas probable que ce chemin, situé sur une montagne, conduisît au port de Manchester. A tout hasard, je m'y lançai, insoucieux, comme je le suis toujours, du but de mes courses dans les villes que je ne connais pas. A l'extrémité de cette rue, j'en vis une autre, longue et large démesurément ; son nom, je l'ignore. Je pris à droite, et à l'odeur du goudron qui remplissait l'air, je reconnus le voisinage d'un port. Quel port ! Ce n'est ni le bassin de Marseille qui s'allonge comme l'ellipse d'un cirque, ni la belle rivière de Liverpool, qui donne une lieue de sa rive droite aux navires qui lui viennent de l'Océan voisin. Manchester est au milieu des terres, et c'est bien glorieux à lui d'entretenir commerce avec la mer par ses écluses et ses canaux. De ce côté, Manchester ressemble à une Venise passée à la suie. Il y a des *rialtos* enfumés, des *ponts des soupirs* vernissés au charbon, des canaux bordés de palais noirs qui sont des arsenaux de commerce; de longs quais gluants jalonnés d'anneaux de fer où s'amarrent les coches : c'est encore un spectacle unique au monde, surtout la nuit, quand on contemple cet amas prodigieux d'usines, ces ponts d'ébène, jetés sur une eau plombée, comme les ponts du Cocyte; ces forêts d'antennes, chargées de voiles sombres, comme les ailes colossales d'oiseaux de ténèbres; ces gouffres mystérieux, où s'abîment des torrents; ces fabriques à mille croisées, portant sur leurs toits d'énormes moulins de fer; toute cette autre ville flottante, qui est le centre des besoins industriels du globe, et qui se montre comme un ouvrier robuste et laborieux, non pas sous le vêtement soyeux du Sybarite, mais avec la noble livrée du travail.

Le voyageur oisif et inutile à la société, le voyageur désœuvré qui arrive devant un pareil tableau, se trouve confondu de surprise et d'admiration : il reconnaît une race d'hommes supérieurs à ceux qu'il a vus, et il s'humilie au pied de ces hautes œuvres qui rendent l'humanité digne de Dieu. Pour moi, qui tiens la première place parmi ces voyageurs, je ressentis profondément ces impressions ; je demeurai longtemps en extase devant ce culte du travail, dont chaque maison était le temple. La nuit donnait à la pensée ce recueillement solennel qui lui est refusé par le fracas étourdissant du jour. Qu'il me paraissait sublime, ce repos de cette forte ville, placée entre les fatigues de la veille et les devoirs du lendemain! Ils étaient là, autour de moi, cent mille qui dormaient à la hâte, pour être debout à l'aube, et interroger devant la forge le génie inépuisable des grandes inventions. Ces œuvres qui s'accomplissaient, dans leur perfection incomparable, étaient destinées à cet univers anglais, presque aussi grand que la terre; elles allaient, à travers l'Océan, retentir sur quelques rochers de la mer du Sud; ou dans quelque massif d'ombrage, aux comptoirs coloniaux des archipels et des continents indiens! Ce Manchester, que je voyais dormir au bord des canaux, était l'atelier du monde; c'est à lui qu'on a recours quand il faut creuser une route à travers les montagnes, emprisonner un volcan dans un vaisseau, amollir le fer comme de la cire, lancer un bloc de roche équarri au sommet d'un édifice, ourdir les tissus, cuirasser les navires contre les écueils. Quand il faut servir l'homme dans ses besoins, ses plaisirs, son luxe, ses caprices, ses travaux, adressez-vous à la Venise de marbre, à la Venise des poëtes, à l'amante de Byron, ce désœuvré sublime: demandez-lui un clou pour fixer une plaque de cuivre à la coque d'un navire, elle vous chantera une barcarolle, elle ne vous donnera rien; demandez tout à la Venise enfumée de Manchester, elle vous donnera tout. Allez la troubler dans son sommeil, la Venise de marbre; implorez l'aide de ses bras, pour quelque rude travail dans les lagunes; elle retombera dans sa mollesse, en vous disant d'attendre le soleil. Donnez un coup de marteau, à minuit, sur l'enclume de la Venise de Manchester, dites aux cent mille cyclopes de ce Polyphème anglais que le Gange, l'Oronte, l'Euphrate attendent ses chaudières de fer, vous allez voir étinceler les vitres aux fronts de ces monuments innombrables; vous allez voir ces lourdes voiles frissonner au souffle des forges, ces barques creuser l'onde épaisse du canal, ces écluses rouler sur leurs gonds, ces façades de briques reluire au reflet des flammes, ces moulins de fer tourner comme des girouettes de château, toute cette immense fournaise bouillonner et vomir les feux par mille cratères; vous verrez éclater, dans son magnifique travail, le volcan de l'industrie et de la civilisation.

L'aube me surprit dans ces pensées. Les premiers et pâles rayons du jour glissèrent sur les eaux du canal sans leur ôter la teinte sombre qui les couvre. Le brouillard, refoulé par la chaleur supérieure, se fondit en rosée, et découvrit, comme un rideau de théâtre qui se lève, toute cette partie navale du vieux Manchester. Déjà les mariniers apparaissaient sur le pont des barques; les travailleurs du port débouchaient de toutes les issues. Le laborieux géant se réveillait et saisissait avec tous ses bras le marteau, la scie, la navette, le soufflet de forge, le lingot de fer. Un cri tombé d'en haut semblait avoir appelé Manchester à son œuvre puissante de tous les jours. En longeant la ligne des édifices, j'entendis le fracas intérieur qui ébranle leurs planchers de brique; ces grands corps d'architecture avaient une âme, et se renvoyaient, par leurs croisées ouvertes, le cri du réveil. Les herses, en se levant, découvraient des magasins béants comme des gouffres; les becs de fer se tordaient sur les quais pour saisir les marchandises; de tous côtés surgissait

14.

quelque ingénieux mécanisme qui venait en aide à la main de l'homme et allégeait le fardeau. Aux éruptions lointaines des trombes de fumée, on devinait déjà que la furie industrielle courait des rives du port jusqu'au hangar du *rail-way*, et que tout Manchester avait entonné l'hymne du travail, qui ne devait cesser qu'avec le jour.

Il n'est pas de ville, sans contredit, plus intéressante en Angleterre et au monde : aujourd'hui, Manchester n'est que le laboratoire de l'univers, il ne se fait admirer que par la rudesse de ses labeurs et ses inventions cyclopéennes ; eh bien ! un jour viendra qui lui donnera d'autres destinées, l'or après le fer. Ce sera l'Athènes du nord, bien mieux qu'Édimbourg, qui n'a su se faire qu'une architecture d'emprunt et qui a servilement copié l'art grec, impuissant qu'il était à créer un art national. Jusqu'à présent, le peuple de Manchester a fait preuve d'une imagination incomparable dans l'œuvre de l'industrie ; c'est aux découvertes utiles qu'il a toujours appliqué ses étonnantes facultés de création ; mais on s'abuserait étrangement si l'on croyait que ce génie s'est révélé sous toutes ses faces ; il y a chez lui un foyer d'enthousiasme qui doit porter d'autres fruits. J'ai vu ce peuple au théâtre, le peuple de l'usine, étalant ses bras de fer sur les quarante banquettes qui lui sont réservées, et laissant tomber du cintre un tonnerre d'applaudissements avec une intelligente précision d'à-propos ; je l'ai vu aux *meetings* électoraux, et bien plus ardent, bien plus orageux, bien plus jaloux de ses droits d'homme que ne le fut jamais un peuple méridional, échauffé au soleil de Rome ou d'Athènes. J'en ai conclu que les climats et les latitudes devaient être mis hors de cause dans la question de l'art, ou bien que les climats opposés amenaient des effets identiques. Il m'est prouvé que dans cette immense agglomération d'ouvriers, on trouverait des architectes et des statuaires, de grands artistes inconnus et qui attendent l'heure de la révélation pour donner à Manchester un art national. On voit déjà, dans cette partie de l'Angleterre, surgir une architecture jeune et timide qui s'essaie par l'imitation et marche à l'originalité. On a déjà compris que la forme et la matière des monuments devaient s'harmoniser avec le ciel; que le marbre de Carare ou la pierre blanche frissonnaient dans le nord, que la colonne d'Ionie, les chevelures d'acanthe, les fûts gracieusement cannelés avaient horreur de la pluie et des brouillards. Ainsi, à Liverpool, autre ville qui s'avance vers un grand avenir, avec ses richesses, son commerce prodigieux, son intelligence et ses admirables femmes; à Liverpool, on achève en ce moment le palais de la douane, palais cent fois plus beau que la Bourse de Paris. La douane de Liverpool n'a pas visé à la coquetterie; elle ne s'est pas coiffée à la grecque, avec des aiguilles de fer à la Franklin; elle ne s'est pas percée à jour avec des croisées infinies; elle n'aura pas besoin d'écrire son nom, en lettres d'or, sur le fronton, pour se faire reconnaître du passant. La douane de Liverpool est un édifice de la première ville commerçante du monde; elle est d'un marbre à grains sombres, veiné de noir, matière admirablement choisie; elle a trois colonnades d'un ordre imposant et sévère, et sa magnifique façade regarde la rivière et l'Océan; c'est le portique du commerce universel. L'autre voisin de Manchester, Birmingham, est artiste comme

Florence sous le premier des Médicis. Birmingham copie et crée ; encore quelques années, il ne copiera plus, ses deux récentes œuvres sont empreintes d'un caractère de grandeur qui fait deviner un glorieux avenir; ce sont deux palais magnifiques, et qui laissent bien loin en arrière l'architecture cartonnée de Londres, à l'exception, toutefois, de Saint-Paul : *Grammar-School* et *Town-Hall*, dans *New-Street*, à Birmingham, révèlent un véritable sentiment d'artiste. Manchester n'a rien encore à opposer à la douane de Liverpool et aux deux nouveaux édifices de Birmingham; mais le jour que ce géant de l'invention prendra l'équerre et la truelle, il créera du premier coup un système d'architecture étonnant. Ce sera un jeu pour Manchester de remuer la pierre, de la ciseler, de l'équarrir, de la porter aux nues. J'ai vu bâtir des maisons à Manchester; l'architecte s'inventait pour lui-même ses outils et ses machines; il simplifiait son œuvre, à l'aide d'un petit atelier à vapeur qu'il improvisait pour la circonstance, ou d'un mécanisme à rouages légers qui voltigeait le long des corniches supérieures, en apportant à l'ouvrier la pierre et le ciment. A Manchester, toute exigence du travail est satisfaite sur l'heure; l'instrument est toujours là pour répondre au besoin. Confiez donc les œuvres d'art à ces intelligences douées de la double organisation du calcul froid et de l'exécution vive, et vous verrez ce qui sortira de leurs mains.

A Manchester, je n'ai rien trouvé de ce qu'on aime dans les villes, ni la beauté du ciel, ni la verdure des jardins, ni le bruit des fontaines, ni le sourire du soleil, ni l'éclat des promenades, ni la gaîté des rues, rien de ce qui charme dans notre midi. En descendant du wagon de Birmingham, lorsque je mis le pied sur le pont de ce canal qui baigne bourbeusement les prairies noires du faubourg de Manchester, je fus saisi d'un ennui profond. Je voyais cette ville énorme qui couvre des collines et des vallées dans son atmosphère triste, froide, brumeuse; je contemplais avec mélancolie cette vaste forge cyclopéenne qui donnait au ciel sa fumée, et ce ciel qui lui rendait la pluie en échange ; je n'avais pour me consoler que la vue d'une superbe église gothique, perdue à droite dans un lointain sombre, aux limites de la cité. Alors me revenait à l'esprit le souvenir de ces émotions de voyage, lorsqu'on entre, par une belle soirée de printemps, à Florence, à Rome, à Naples, et que tout vous fait fête : le ciel, les collines, les bois, la mer. Il me semblait que Manchester, tout entier à ses forges, à ses manufactures, n'avait pas un asile à donner au voyageur qui venait la visiter par désœuvrement. Une rue interminable se déroulait devant moi : je n'y remarquai qu'une église neuve, de style gothique, isolée sur une place; à gauche et à droite, les éclaircies des carrefours me laissaient entrevoir les deux ailes de la ville, qui s'étendaient à des profondeurs infinies, mais sans m'offrir une de ces enseignes d'auberge qui attirent gracieusement l'étranger. On m'avait indiqué *Albion-Hotel*, mais je désespérais de l'atteindre, car j'avais déjà fait deux lieues sans le rencontrer ; enfin on me désigna mon gîte sur la place de *Piccadilly*. Triste apparence d'hôtel ! maison basse ; bâtie à nu de briques rouges, au coin d'une rue étroite et sombre. J'entrai pourtant, et je commençai à me réconcilier avec Manchester. Cet *Albion-Hotel*, qui n'a rien sacrifié à l'extérieur, est à coup sûr un des meilleurs hôtels de l'Europe. On y trouve le confortable anglais jusque dans ses moindres détails : chambres, repas, service, tout est aux souhaits du voyageur. Insensiblement je m'habituai à cette ville extraordinaire ; après quelques jours je l'aimai. Maintenant, c'est de toutes les villes d'Angleterre celle qui reste dans mes affections de souvenir. En la quittant, je lui ai dit : Au revoir.

ANGLAIS ET CHINOIS.

ANGLAIS ET CHINOIS.

I

Un soir de juin 1806, la *Jamesina* jeta l'ancre à Bocca-Tigris, à peu de distance de la ville franco-chinoise de Canton. Il y avait à bord un jeune *mate* nommé Tom Melford, qui accompagna les marins de l'équipage dans l'embarcation, mais qui ne les suivit pas lorsque ceux-ci descendirent à terre, pour y passer les trois jours que le céleste empire accorde aux Européens, dans le profane faubourg de la ville sainte. Melford avait eu de très-bonne heure une vie orageuse ; il s'était marié à Londres, à vingt-deux ans, avec la détermination bien arrêtée de vivre en fidèle époux, et de faire oublier même l'origine équivoque de son mariage, qui lui avait été imposé militairement, dans un cas forcé, par un beau-frère brutal, et officier de dragons. Avec tous ses défauts, Melford était sensible et bon comme tous les mauvais sujets de vingt-deux ans.

Non-seulement le très-jeune séducteur s'était soumis à l'hyménée, après trois duels assez maladroits au pistolet; mais il fit un serment qu'on ne lui demandait pas. Il jura de ne jamais parler d'amour à une autre femme que la sienne, et de repousser même par la violence toute provocation féminine, sous quelque nuance de cheveux qu'elle se présentât. Le beau-frère ouvrit une Bible et reçut le serment.

Une fille fut le premier fruit de cet hymen. (Excusez ces formes, lecteurs, si vous existez.) Melford, selon l'usage antique et paternel, aurait désiré un garçon, parce qu'il avait un nom charmant tout prêt à lui donner. Cependant la petite fille fut aussi bien accueillie qu'elle pouvait l'être par un père amateur des garçons. Au reste, un nouveau symptôme de maternité s'étant manifesté chez mistriss Melford, l'époux radieux paria pour l'intermittence, et remercia d'avance le ciel d'avoir exaucé son vœu.

Malheureusement le service du roi passe avant le service de l'épouse, en Angleterre comme partout. Melford servait avec le grade de *mate*, dans la marine. La *Jamesina* mit à la voile. Il fallut quitter une jeune femme adorée, avant le neuvième mois de la révélation.

Le beau-frère apporta une seconde fois sa Bible sur le pont de la *Jamesina* (les beaux-frères sont bien laids dans ces moments!) et exigea un petit supplément au vœu de fidélité. Melford jura une seconde fois. Melford, qui désirait recevoir, dans quelque coin du globe, la nouvelle de la délivrance de sa femme, demanda au commandant quelle était la destination du navire :

— Partout, répondit l'officier.

C'était bien vague !... Le beau-frère alla sur le continent rejoindre ses drapeaux.

Huit mois après ces adieux, la *Jamesina*, ainsi que je vous l'ai déjà dit, s'arrêtait devant Canton.

Melford n'avait pas eu beaucoup de peine à porter le joug de son serment. Habitué aux splendides carnations des femmes du comté de Middlesex, il n'apercevait, depuis son départ de la Tour, que des visages basanés, cuivrés, pourprés, tatoués, avec des nez aplatis et chargés de breloques, des oreilles démesurées tiraillées par des cascades de grains de laiton, des cheveux de laine grasse, des tailles d'une dégoûtante exagération ; car la nature n'a donné qu'à l'Europe la véritable femme, et l'a parodiée ailleurs. Sans cette attention de la nature, la fidélité serait impossible dans les voyages lointains ; les épouses des savants ne permettraient pas à leurs maris les explorations équinoxiales, et la science serait bien ignorante aujourd'hui. Si dans les archipels de l'Océanie on trouvait des Vénus de Médicis succombant devant un grain de verroterie ou un petit miroir de deux *pences*, les trois quarts des hommes terrestres se feraient marins, et l'équilibre social en souffrirait mortellement.

Melford remerciait la nature qui avait pris la peine de travailler pour lui. Il pensait à sa femme, à sa fille, à son indubitable petit garçon, âgé de sept mois, qui devait se nommer Simon, et qui déjà devait dire *father, father*, ce qui est plus difficile à prononcer que *papa*. Il s'attendrissait à ces doux souvenirs d'une lune de miel qui avait duré deux soleils, et ne donnait pas la moindre attention au spectacle original que la ville chinoise étalait avec une complaisance digne de curiosité. Qu'importent le monde et même la Chine, au jeune époux exilé loin de toutes ses affections !

Rien de chinois comme le rivage devant lequel l'embarcation anglaise se balançait avec une grâce européenne. Le fleuve bleu Chookeang descendait nonchalamment à la mer, entre deux rangs de jolis villages peints sur porcelaine : là, sur des barques en forme d'œufs, flottait une population fluviale qui regardait la terre en pitié, vivant et mourant toujours balancée par les vagues d'azur du Chookeang, sous des voûtes de bambous fleuris et de tamarins échevelés. La campagne se déroulait vers un horizon de montagnes d'un bleu transparent et lumineux comme des nuages de soleil couchant ; et l'œil se perdait dans cette ondulation infinie de champs de riz et de jardins, hérissés par intervalles d'aigrettes massives d'aloès, de citrus, de mûriers, de bananiers et de sapins.

La nuit tombée, ce tableau cessa d'être réel, et rentra dans le domaine du songe. La Chine est un rêve peint.

Des milliers de barques illuminées coururent sur le fleuve, comme des constellations d'étoiles folles ; une éruption de soleils d'artifice éclata sur tous les kiosques des *Hongs* et mandarins ; le céleste empire se donnait un firmament terrestre, et l'orchestre des pavillons chinois, des Bings indiens et des *Gongs*, et les cris aigus de la ville extravagante saluaient ces innombrables volcans, toujours éteints et toujours rallumés sur le faubourg, la campagne, le fleuve et la mer.

Melford s'attrista plus profondément encore au spectacle de cette gaîté. Il s'organisa un pupitre pour écrire une lettre à sa femme, et lui faire un serment de fidélité. L'épître conjugale terminée, il fit un violent effort pour se décider à descendre à terre, ne voulant confier à personne la commission de porter sa lettre au post-office anglais qui était situé dans *Hog-Lane*, faubourg de Canton.

En ce moment il se passait d'étranges choses dans *Hog-Lane* et dans *China-Street*. Trente matelots et deux midshipmen de la *Jamesina* venaient de mettre Canton en état de siége, et inauguraient trente-quatre ans d'avance la longue série d'innocentes vexations qui devaient amener une guerre en l'an quarante, entre l'empereur de la Chine et la reine Victoria.

Les deux midshipmen étaient à cet âge heureux où l'on croit que les Chinois ont été mis au monde pour nous amuser : ils n'avaient jamais vu de Chinois que dans les farces de *Surrey-Theatre*; c'étaient de petits et gros hommes chauves qui élevaient les deux doigts indicateurs par-dessus la tête et criaient *hi* quand on les assommait.

Jugez du bonheur de ces jeunes fous, lorsqu'ils se trouvèrent en pleine chinoiserie vivante, avec un nuage de *porter* dans le cerveau. Persuadés qu'il leur était permis de casser des Chinois vivants comme des magots de porcelaine, ils coururent dans *Hog-Lane* en faisant devant toutes les boutiques des espiègleries d'écolier. Sur toutes les devantures, ils ne laissèrent pas intacte une seule vitre de papier huilé ; ils tourmentèrent les ciseleurs, les marchands d'éventails, les peintres de paysages, les filigranistes, les artistes en laque et en émaux ; et s'irritant de tant de patience et de résignation chez leurs victimes, qui se laissaient démolir pièce à pièce comme des figures de paravents, ils saisirent un marchand de sandal par la douzaine de cheveux flottants qu'il portait sur sa calotte, et lui aplatirent le nez sur le comptoir, au moment où il calculait les profits de sa journée, à l'aide de l'algébrique *abacus*.

Il n'est pas de patience, fût-elle chinoise, qui n'ait ses limites. Le marchand qui avait, comme ses confrères, un grand respect mêlé d'horreur pour l'uniforme des marins anglais, poussé à bout par ce dernier affront, lança vers le ciel un *hi* terrible, et saisissant un des jeunes Anglais par le collet de l'habit, il le renversa et le mit triomphalement sous ses pieds. L'autre midshipman tira son *dirk*, et il aurait percé la poitrine du Chinois, si celui-ci, avec une agilité de clown, ne se fût élancé sur une pyramide de bois de sandal, et du haut de cette citadelle, n'eût fait pleuvoir un déluge de lourdes chinoiseries sur la tête de ses deux ennemis. Bien plus, le marchand ainsi assiégé donna trois coups à une feuille de tamtam suspendue au lambris, et à ce tocsin d'un nouveau genre, les voisins accoururent avec des monosyllabes effrayants à la bouche, et des bambous aux deux mains.

Trente matelots de la *Jamesina* qui passaient dans *Hog-Lane*, volèrent au secours des midshipmen, et la bataille commença. Les Chinois, avec leurs bambous, s'escrimèrent vaillamment, et le pavé fut bientôt jonché de tronçons brisés sur les épaules d'airain, de calottes chinoises, de magots d'enseigne, de services de porcelaine, d'éclats de laque, de lambeaux de paravents et de parasols, de toutes les curiosités fragiles que le musée d'Hog-Lane offrait sur ses devantures à l'acheteur européen.

Aux cris des Chinois du faubourg, les Chinois de la ville sainte arrivèrent à flots, armés de pièces d'artifices, et firent jouer contre les Anglais leur innocente artillerie de soleils, de serpentaux et de bombes à la Pékin. Ces marins, qui avaient vu Aboukir et Trafalgar, riaient comme des Français, au milieu de cet incendie incombustible, et prodiguaient des *blake-eyes* sur les yeux obliques des infortunés Chinois, maladroits boxeurs, renversés par files comme des remparts de carton sous des béliers romains.

Hog-Lane frémissait ainsi, comme un vase de porcelaine rempli d'eau bouillante, lorsque Melford arriva, sa lettre à la main, devant *post-office*. Il déposa un tendre baiser sur le nom adoré écrit sur l'adresse, et levait la main à la hauteur de la boîte, pour y jeter la lettre, lorsqu'il reçut par derrière, sur le crâne, un coup de casse-tête chinois, que le chapeau défendit mollement. *My dear wife!* s'écria-t-il, ma chère femme! et il tomba sans connaissance sur le pavé.

Un cri de douleur tomba avec Melford du balcon voisin, sur la rue. Une porte s'ouvrit, et un domestique ramassa la lettre, la jeta dans la boîte, et poussa dans la maison le corps du jeune Anglais, mort ou évanoui.

En même temps, le monosyllabe impératif, si connu à Canton, vola de bouche en bouche dans Hog-Lane : *Li li li! faites place!* On avait aperçu dans le lointain, à la clarté soutenue des soleils artificiels, le palanquin jaune du gouverneur de la ville, où, pour mieux dire, de l'Œil de Canton ; car il faut énoncer exactement les titres.

L'Œil était un vieillard de soixante et dix ans, nommé *Bi* ; il jouissait, quoique borgne, d'un grand crédit sur le peuple.

A la vue de leur vénérable Œil, les Chinois furent frappés d'une immobilité respectueuse, surtout lorsqu'ils entendirent la formidable formule *Fi-Hé! Tremblez à ceci !*

L'Œil parlait anglais très-bien ; il apostropha vivement le premier matelot qui lui tomba sous la main, et lui reprocha les larmes aux yeux de troubler la tranquillité d'une bonne ville chinoise, amie de l'Angleterre. Le robuste marin, chef de la bande, eut un instant la fantaisie d'asséner un dernier *black-eye* sur les yeux obliques de l'Œil ; mais une inspiration d'humanité retint ouverte sa main, déjà crispée pour se faire poing ; il engagea même ses camarades à regagner le bord, et souhaita une bonne nuit à l'Œil. Une fanfare de pavillons chinois annonça la fin des hostilités.

Bientôt le silence de la nuit rentra dans Hog-Lane. De jeunes filles asiatiques, qui avaient du penchant pour les jeunes et beaux midshipmen, malgré leurs incartades, restèrent quelque temps encore aux étroites lucarnes des maisons, l'oreille collée derrière les murailles grêles. On n'entendait plus que l'harmonie douce et aérienne des monosyllabes en *i*, semblable au dernier chant des bengalis, quand ils s'endorment le soir dans les feuilles touffues des manguiers.

Le mandarin lettré, chef de la poste aux lettres de Canton,

était sage et prudent comme un Chinois de l'intérieur. Il avait assisté à la bataille des bambous et des *blake-eyes*, mais la gravité de ses fonctions ne lui permettait pas d'y prendre part. Quand il vit tomber un Anglais devant sa porte, il sentit jaillir à la fois dans son cerveau trente idées, avec cette simultanéité merveilleuse, sixième sens des Chinois, peuple qui rend une phrase avec une lettre, et qui a mis aussi dans sa réflexion spontanée l'alphabet de sa langue et de ses *abacus*. Ce mandarin vit tout un avenir de malheur surgir du cadavre de cet Anglais tombé devant sa porte ; il vit Canton foudroyé, sa maison détruite, sa place perdue, sa belle famille amenée en esclavage à Londres, le céleste empire anéanti. L'Angleterre brûlerait l'Asie pour venger la mort d'un marin assassiné.

Un moment le mandarin fut tenté de jeter le corps dans le canal souterrain qui porte les marchandises sous les magasins de la ville ; mais le canal aurait pu rendre le dépôt à la surface extérieure de ses eaux bleues.

Sans doute, il y avait toujours un certain péril à cacher le cadavre dans quelque recoin de la campagne et du faubourg, puisqu'il allait être constaté, à bord de la *Jamesina*, qu'un officier avait disparu ; mais c'était déjà beaucoup de dérober aux Anglais le corps sanglant du délit. L'officier manquant à l'appel s'était enfui, s'était noyé, s'était mis à la poursuite de quelque Chinoise, son absence pouvait être expliquée dans un sens qui ne compromettait pas l'existence de la Chine et la place du chef de la poste. La minute qui vit tomber Melford fit éclater ces réflexions dans la tête du Mandarin, fit donner l'ordre de jeter la lettre dans la boite et de pousser le cadavre dans le corridor. Admirable concision d'idées combinées avec l'action!

Quelques instants après, au milieu de la nuit, une barque assez semblable à une gondole vénitienne, taciturne et mystérieuse comme elle, sortit de l'arceau noir du canal souterrain et entra dans le canal qui mène au Si-Kiang. Sous le dôme de cette barque, le mandarin Sampao et deux domestiques étaient assis et gardaient un morne silence. Le jeune Anglais, mort ou évanoui, était étendu sur un sopha, et les yeux qui le contemplaient roulaient quelques larmes sous des paupières noires, obliques et déliées comme des arcs tracés à l'encre de Chine. Une lanterne de papier huilé donnait à cette scène funèbre des teintes sans nom : si Melford, dans ce moment, eût été rappelé à la vie, ses regards n'auraient pu supporter ce spectacle étrange, et ils se seraient refermés de frayeur et de désespoir devant l'énigme d'une vision qui appartenait à un monde inconnu.

Le corps du jeune Anglais garda l'immobilité du cadavre. La barque laissa le petit village de Wham dans ses anses ombragées de mûriers, et continua sa route vers les collines du Nord. Déjà la limite de la Chine européenne avait été dépassée ; un chrétien entrait, à son insu, dans le domaine interdit aux religions profanes. La barque s'arrêta sur les frontières du *Tckeou* de l'*Yen*, devant une maison de campagne baignée par ce beau fleuve Hoang-Ho, qui traverse la Chine depuis les montagnes de Si-Fan jusqu'à la mer.

Le mandarin Sampao désigna du doigt une de ces éminences dépouillées de verdure qui annoncent le voisinage d'un cimetière : il jeta un dernier regard sur Melford. Hélas!

le pauvre jeune homme gardait toujours son immobilité fatale. Sa tête reposait sur un oreiller dont le satin se rougissait des gouttes de sang que distillait une boucle de cheveux noirs échappés d'un foulard. Le mandarin sentait redoubler son effroi à ce spectacle; il tressaillait à chaque murmure de la nuit; il croyait entendre déjà le canon vengeur de l'Angleterre dans la direction de *Cang-Chow-Foo*. (Les savants ont fait *Canton* avec ces trois mots.)

Sampao, le mandarin, était obligé, par les devoirs de sa charge, de reparaitre à Canton avec le soleil. Il fit déposer le corps de Melford sur la rive devant sa maison de campagne, et, après avoir donné aux deux vieux serviteurs un dernier ordre avec trois gestes solennels et trois monosyllabes aigus comme le cri de l'acier sous la lime, il dit au rameur de virer de bord, et il reprit le chemin de la ville, en descendant le canal.

La maison rustique du mandarin était à demi-entourée par un lac très-profond qui servait de fossé aux façades du nord et de l'est. La façade du midi, percée seulement de deux espèces de meurtrières fort étroites, dominait un assez beau jardin, clos de hautes murailles, et qui s'ouvrait sur le canal par une porte de sapin doublée de cuivre. Ce fut devant cette porte que le corps de Melford fut déposé.

La femme et les deux filles du mandarin habitaient cette maison, et elles y passaient leur vie à mourir d'ennui. Au moindre bruit qu'elles entendaient sur le canal, elles accouraient aux meurtrières de la façade du midi, et se divertissaient de la moindre chose, de la chute d'une branche, d'un éboulement de gazon, du bruit d'une écluse, d'un vol d'oiseau. L'ennui n'est pas difficile sur le choix des spectacles.

Ce soir-là, les yeux de lynx de ces femmes virent poindre sur le canal quelque chose d'extraordinaire ; les malheureuses recluses furent saisies d'une curiosité si impérieuse et si naturelle dans leur position, qu'elles descendirent au jardin, et à travers la porte de sapin, leurs fines oreilles de chattes entendirent l'étrange conversation des deux domestiques.

La femme du mandarin qui avait depuis longtemps, à l'insu de son stupide mari, un grand empire sur les vieux serviteurs, leur ordonna d'ouvrir, et d'un ton qui supprimait le refus.

Les serviteurs obéirent.

Les trois Chinoises éclatèrent en sanglots à la vue du cadavre d'un homme. Partout, même en Chine, les femmes sont bonnes à l'excès, lorsque rien ne les oblige à être le contraire. Otez les hommes de la terre, et les femmes seront des anges du ciel. Il est vrai que Melford était digne de cet intérêt. Jamais la Chine, depuis le règne de Yao et de Yu, n'avait vu passer un plus beau jeune homme sur son fleuve. Les trois Chinoises se rappelaient une histoire qu'on leur avait contée dans leur enfance ; elles croyaient assister au convoi funèbre du jeune Tcheou, le *prince de la lumière*, qui ressuscita devant les portes du *Ming-Tang*, le temple carré sans égal dans l'univers. Malheureusement, Melford ne ressuscitait pas.

Les trois gestes et les trois monosyllabes que le mandarin, en partant, avait adressés à ses domestiques, signifiaient qu'il fallait, sur-le-champ, donner la sépulture à Melford, garder un secret inviolable sur cette inhumation, laisser un signe sur la tombe et s'enfermer dans la maison de campagne pour attendre les événements, loin des importuns et des curieux qui font des conjectures, et loin des femmes qui arrachent les secrets.

Infortuné Melford ! le courrier de Canton portera le lendemain à sa femme une lettre qui se termine par ces mots : *Je te suis fidèle, et je me porte bien !*

On va l'ensevelir !

II

Taï-Sée, la dernière femme du mandarin Sampao, *y tcheng* ou directeur de la poste aux lettres de Canton, était âgée, ou, pour mieux dire, était jeune de trente ans ; elle avait une figure jadis belle pour les yeux du mandarin lettré ; elle aurait été blonde, si elle avait eu des cheveux.

Ses deux filles, Kia et Ma, ne ressemblaient pas à leur mère ; elles avaient de jolis traits européens, phénomène en Chine, mais chose commune dans le faubourg de Canton, très-fréquenté par les officiers anglais qui vont affranchir leurs lettres dans Hog-Lane, et qui laissent l'empreinte de leur physionomie dans la mémoire des invisibles dames chinoises de Canton.

La médisance, ce vice cosmopolite inventé par Caïn au

pied des autels d'Abel, s'était exercée sur Taï-Sée, lorsque deux vaisseaux de Sa Majesté britannique, le *Thunderer* et le *Tiger*, stationnèrent à Canton en 1792. On sait qu'à cette époque les époux chinois d'Hog-Lane redoublèrent de surveillance, et que l'Œil même de la ville, malgré sa vigilance, éprouva le sort de Ménélas. Un Pâris anglais enleva, dit-on, la femme de l'Œil. L'histoire nous dit qu'à cette époque plusieurs officiers obtinrent la permission de visiter la ville sainte de Canton dans tous ses détails.

Pourtant la mère Taï-Sée élevait ses deux filles dans la pratique des vertus domestiques, selon les lois sévères du *Li-Ki*. Jamais Kia et Ma ne s'étaient assises sur la même natte à côté d'un homme, cet homme fût-il leur frère bien-aimé, le généreux et brave Kien, capitaine des *Tigres* dans la garde impériale. Ces deux charmantes demoiselles passaient à leur maison de campagne dix lunes de l'année, c'est-à-dire tout l'été. Là, elles cultivaient leur jardin et étudiaient le livre du sage *Kiai-Gin-Y*, ce grand moraliste qui a fait cette maxime : *Plus une fille ressemble à une idole, moins elle aura d'adorateurs.* Taï-Sée avait fait écrire sur les murs de l'appartement des femmes tous les aphorismes du *Li-Ki* ; et Kia et Ma les savaient par cœur et les répétaient à leur mère qui était fière de la science de ses filles. Rien de simple et de touchant comme ces maximes ; elles donnent une idée parfaite de la Chine, ce lac immense où la sagesse croupit dans l'opium ; citons-en quelques-unes au hasard :

La pudeur est le courage des femmes.

Femme qui achète son teint veut le revendre.

Une femme qui aime sa belle-mère adore son mari.

Qui s'endort médisant se réveille calomnié.

La boue cache un rubis, mais ne le tache pas.

Le secret le mieux gardé est celui qu'on ne dit pas.

La mère la plus heureuse en filles est celle qui n'a que des garçons.

Les femmes les plus curieuses baissent les yeux pour être regardées.

On ne demande que quatre choses à une femme :

Il faut que la vertu soit dans son cœur ;

La modestie sur son front ;

La douceur sur ses lèvres ;

Le travail dans ses mains.

Le code féminin du Li-Ki est tout plein de ces pensées; aussi la vertu en Chine court les rues avec les enfants trouvés : il est vrai que, pour corroborer les maximes, la loi pénale renferme deux articles ainsi conçus :

La jeune fille qui cesse d'être vertueuse avant le mariage sera vendue au prix de dix onces d'argent. — Les parents qui n'auront pas dénoncé au TAO (COMMISSAIRE AMBULANT) *le déshonneur de leur famille seront punis de cent coups de bâton et d'une amende de neuf taels.*

Il y a une vertu en Chine qui est dans tous les cœurs, c'est l'humanité, *jin*. Malheur à qui reste sourd aux lois saintes du *jin !* il est maudit sur la terre et dans le ciel.

Le *jin* a pour sanctuaire privilégié le cœur des femmes chinoises. Aussi vous ne serez point étonné de la désolation de la femme et des filles du mandarin lorsqu'elles virent le jeune Melford emporté par les domestiques vers la colline de la sépulture. Deux sentiments opposés, quoique d'une nature également respectable, s'élevaient en ce moment dans l'âme des trois Chinoises ! la pudeur et l'humanité. La première de ces vertus leur ordonnait de rentrer dans l'appartement le plus secret de leur maison de campagne pour se purifier, par la solitude, après une trop longue station sur une terre où reposait un jeune homme ; la seconde vertu leur faisait un devoir de ne pas abandonner un malheureux étranger qui peut-être n'était pas mort, et qu'un ordre précipité, dicté par la peur, allait faire ensevelir vivant. L'humanité triompha. Cette funèbre scène n'avait pas de témoins délateurs ; tout reposait dans la province de Wam : la lune même s'était endormie derrière un nuage sur la montagne de Ho-Nan ; on n'entendait d'autre bruit dans les jardins que le frôlement subtil des feuilles de *l'yo-kiang-hoa, la fleur qui s'ouvre et embaume la nuit*, et, dans la campagne, le chant monotone d'une *choue-ouen*, la pauvre cigale qui pleure dans les ténèbres parce qu'elle ne doit plus revoir le soleil.

Les deux domestiques étaient dévoués à leurs maîtresses, leur discrétion était acquise d'avance. Ils marchaient portant le corps du jeune homme, et les femmes suivaient en pleurant. La douce rosée de la nuit descendait goutte à goutte sur le visage de Melford, comme si la bonne nature, autre femme secourable, quoique invisible, eût voulu verser un dernier remède sur le front du malheureux.

Tout à coup les trois Chinoises poussèrent un petit cri que la prudence n'avait pu retenir dans leur poitrine. A ce cri, les deux domestiques s'arrêtèrent au pied du tertre tumulaire, en jetant des regards de surprise et d'effroi sur le jeune Anglais.

On avait entendu un soupir qui n'avait rien d'humain ; c'était comme une plainte sourde exhalée du fond d'un sépulcre; la plainte de l'âme d'un ancêtre mort dans la croyance de Fô.

Les femmes appelèrent encore à leur secours l'humanité ; elles se penchèrent sur le corps du jeune homme, et elles virent que ses bras frissonnaient avec de légers mouvements convulsifs.

Il y eut alors un rapide échange de signes entre la femme du mandarin et les deux domestiques. Les jeunes filles voilèrent leurs petites figures avec leurs petites mains.

Le cadavre animé porta sa main droite sur son front, et soupira une seconde fois, de manière à ne plus laisser de doute sur l'origine de la plainte. La bonne Taï-Sée fit un geste impératif, les domestiques relevèrent Melford et reprirent le chemin de la maison de campagne.

Les femmes suivirent, en effaçant avec les mains les traces de leurs pieds sur la poussière ; leurs pieds étaient si petits qu'ils ne laissaient presque point de vestiges ; pourtant elles paraissaient s'applaudir de ce luxe de précaution.

Toujours dociles à l'ordre bref et muet de leur maîtresse, les domestiques introduisirent Melford dans la maison et le déposèrent (chose inouïe en Chine) dans la chambre de sa fille Kia. Taï-Sée n'avait pas balancé à choisir cette retraite comme la plus sûre, personne n'ayant le droit d'y pénétrer, ainsi que le veulent les vénérables usages du pays. Taï-Sée dit à ses filles qu'elles habiteraient désormais sa propre chambre. Kia répondit par un sourire céleste; Ma, plus jeune et plus timide, embrassa tendrement sa mère et sa sœur.

Taï-Sée entra seule dans la chambre où Melford venait d'être déposé sur le lit de Kia ; elle dénoua le foulard qui serrait la tête du jeune homme ; elle lava la plaie avec de l'eau de camphre; remit un nouvel appareil sur la blessure, et plaçant une coupe d'eau, une veilleuse en porcelaine et un bol de thé à côté du lit, elle se retira, pleine de confiance dans la nature qui allait agir souverainement sur ce corps jeune et vigoureux.

Melford, comme un homme qui se réveille après un pénible sommeil, ouvrit les yeux et jeta des regards effarés autour de lui. Tout ce qu'il voyait était si étrange qu'il se persuada d'abord aisément qu'il se trouvait en plein dans les illusions d'un rêve bizarre. Mais aux vives impressions de douleur de son front et aux ardeurs fiévreuses d'une soif dévorante, il fut ramené bientôt à des idées de vie réelle, et il se souvint d'un coup terrible qu'il avait reçu dans Hog-Lane, et de son dernier adieu à sa femme. Ce retour à la réalité fut encore contrarié par quelques circonstances accessoires de sa nouvelle position. En laissant tomber ses regards sur lui-même, le jeune Anglais ne se reconnut pas: il ne portait plus son uniforme de *mate*, il était revêtu d'une sorte de dalmatique jaune-serin, taillée d'une façon si étrange qu'elle ne paraissait appartenir à aucune mode connue sur la terre. Melford remarqua surtout, avec cet œil fixe qu'on attache aux objets effrayants, une lune, peinte de grandeur naturelle sur le corsage de sa dalmatique; l'astre avait des traits chinois, et il souriait bonnement aux deux dragons bleus qui dardaient sur lui des aiguillons rouges. A la clarté pâle et mobile, tamisée par la porcelaine de la veilleuse, cette lune était insupportable à voir, car elle semblait vivre et tressaillir sur la poitrine de Melford.

— Est-ce que je serais dans la lune ? se dit l'Anglais d'une voix intérieure. Et dans l'état délirant de son cerveau, il ne trouva pas cette idée déraisonnable : mais, vivant ou mort, réveillé ou endormi, comme il souffrait d'une soif aiguë, il allongea son bras vers une petite table de laque et prit une grande coupe pleine d'eau fraîche qu'il avala d'un trait. Au même instant, il entendit deux mots de compassion qui semblaient sortir de la tapisserie et qui ne pouvaient s'adresser qu'à lui : *Poor youth ! pauvre jeune homme !* Ranimé par la fraîcheur de l'eau qu'il venait de boire, il se leva de la hauteur de son torse et regarda rapidement autour de lui pour découvrir le sensible compatriote qui s'attendrissait sur un frère malheureux ; mais il n'aperçut aucun être vivant ; il ne vit qu'un bizarre assemblage de meubles sans nom et de statues sans forme humaine ; que des tentures chargées d'images, de fleurs, d'oiseaux, de quadrupèdes, d'arbres inconnus au globe terrestre, comme si la folle arabesque d'un rêve fiévreux, échappée d'un cerveau malade, se fût d'elle-même matérialisée et brodée à l'aiguille sur les murailles d'un salon. Cet étrange spectacle aurait donné des émotions dangereuses à un esprit fort et à un corps en bonne santé ; Melford sentit redoubler sa fièvre ; son front se couvrit de nuages ; un accès de faiblesse le fit retomber sur le chevet ; il fut assailli d'idées incohérentes à travers lesquelles il poursuivit encore un instant le mot insaisissable de cette énigme ; puis l'engourdissement le glaça de la tête aux pieds et il s'endormit.

A son réveil, le pâle rayon de l'aube jouait sur le guéridon avec la lueur agonisante de la veilleuse. Melford souffrait beaucoup moins. — Les blessures à la tête qui ne tuent pas sur-le-champ ne sont pas dangereuses, et se guérissent promptement, surtout quand la cicatrice opère sur l'épiderme d'un marin anglais. Notre jeune homme, avec la noble insouciance de son âge et de son état, se réjouit de se sentir vivant et fortifié par le sommeil, et il se reposa pour son avenir sur les soins mystérieux des êtres invisibles ou surnaturels qui l'avaient gardé jusqu'à ce moment.

— En supposant que je sois mort et passé dans la lune, se dit-il à lui-même, je ne vois pas qu'il y ait à s'affliger. J'ai été fidèle à ma femme toute ma vie ; je suis pur devant Dieu ; je ne crains rien.

Il prit une tasse de thé, qu'il trouva excellent et supérieur au thé de Londres, et se débarrassant de sa lourde dalmatique, à laquelle pourtant il devait une bienfaisante transpiration, il sortit du lit pour examiner en détail les localités.

Il y a dans le *Li-Ki* cet article : LA PORTE DE LA CHAMBRE D'UNE JEUNE FILLE DOIT ÊTRE INVISIBLE. Les Chinois ont voulu donner, par extension, un sens matériel au sens moral de cette maxime. Il est impossible, en effet, de découvrir la porte d'un gynécée chinois. La chambre virginale est comme une de ces boîtes qui s'ouvrent par un point secret. Ce fut donc inutilement, grâce au *Li-Ki*, que Melford chercha la porte de sa chambre ; les quatre murs ne présentaient pas la moindre fissure ; la tenture, tout d'une pièce, les recouvrait sans aucune solution de continuité. Le jeune marin marcha vers la croisée ; elle s'ouvrait sur un balcon gracieusement arrondi et saillant sur le jardin : mais ce balcon était comme une grande cage à barreaux de fer, peints et dissimulés par des festons de fleurs grimpantes. Le plancher de ce joli kiosque était à claire-voie et suspendu sur un petit lac envahi par des feuilles de nénuphar. Melford perça les rideaux de verdure qui cachaient la campagne, et il découvrit une terre inconnue, telle que sa mémoire de voyageur ne pouvait lui en offrir de pareille. En ce moment la vaste plaine, arrosée par un bras du fleuve Hoang-Ho, resplendissait des teintes de l'aurore tropicale, et l'œil n'y rencontrait, qu'à des distances infinies, un *miao* solitaire avec son dôme de porcelaine et son panache de cotonniers rouges ; rien n'indiquait cette terre fertile dont le chef est un laboureur couronné. A l'horizon, les montagnes vaporeuses se confondaient avec les nuances de l'aube, et donnaient à la campagne comme une bordure de nuages immobiles suspendus entre la terre et le ciel.

Melford inclina sa tête sur sa poitrine et ferma les yeux pour se recueillir dans ses souvenirs. La profonde léthargie qui l'avait frappé sur le pavé d'Hog-Lane lui avait complétement dérobé cette faculté instinctive qui nous fait apprécier, même après le sommeil, la mesure de temps écoulé. Il se rappelait la scène d'Hog-Lane, mais à travers des songes si confus, qu'il lui aurait été impossible de préciser, dans un lointain plus ou moins reculé, le jour où la massue chinoise tomba sur son front. Deux choses seulement étaient assez claires pour lui : sa mort dans une rue populeuse, et sa résurrection dans un désert. Et que de ténèbres dans ces deux clartés !

Le souvenir de sa femme vint l'assaillir au milieu de tant d'incertitudes. Il s'assit mélancoliquement sur le lit, et il pleura comme pleure un marin et un Anglais qui n'est plus fier de son insensibilité quand il est seul. Pauvre Caroline! se disait-il en joignant les mains par-dessus la tête. Pauvre femme abandonnée à seize ans, avec deux enfants! Car elle doit en avoir deux aujourd'hui, une fille et un garçon... Et quel âge peut avoir le garçon ?... Dieu le sait pour moi! Mon charmant petit Simon que j'aime tant, et qui danse peut être sur les genoux de sa mère! Il me semble que je l'entends chanter la chanson de notre enfance :

The lion, and the unicorn were fighting for the crown *.

Oh! si j'avais encore une vie à donner, je la donnerais pour voir une minute ma femme et mes enfants !

Et il essuyait ses larmes avec un crêpe de Chine, ce fidèle et tendre Melford.

Les rayons du soleil levant passaient à travers les barreaux fleuris du balcon, et donnaient à la chambre de Kia une teinte charmante. Après une nuit de veille et de souffrance, le soleil console et guérit; ce médecin céleste dore le chevet du malade, infuse la joie dans son cœur; il fait croire à la vie et à la résurrection. La nuit est pleine de doutes, de peurs, de frissons, de ténèbres morales qui s'évanouissent au lever du soleil. La sérénité de l'âme est fille de la sérénité du ciel.

* L'autre vers est ainsi : *Up came the little dog and knocked them both down.* Le lion et la licorne se disputaient la couronne, le petit chien saute par-dessus, et d'un coup les jette en bas. C'est la chanson qu'on apprend aux petits enfants pour leur faire connaître les armes d'Angleterre.

Melford s'abandonna volontiers à cette joie intérieure que donnent la convalescence et le premier rayon. Le marin trouve toujours, dans sa vie d'orages, des points de comparaison qui le consolent d'une position fâcheuse.

— Au fait, se dit-il à lui-même, on est mieux ici que sur l'écueil de Kâl-Imo, où je fus abandonné à l'âge de quinze ans.

D'instants en instants la chambre se faisait plus habitable aux yeux de Melford. La tapisserie s'animait au soleil comme un lambeau détaché de la campagne, et posé verticalement sur les murs. Sur cette tapisserie les ruisseaux roulaient des flots d'argent sous des ponts agrestes; les petites collines s'étageaient jusqu'au lambris avec des ondulations gracieuses, emportant avec elles, comme une chevelure, les forêts blondes chargées d'oiseaux du Paradis; des enfants aux joues fraîches et rondes folâtraient avec des chats Nankin devant leurs mères, qui les regardaient obliquement et souriaient : un troupeau de chèvres sans cornes s'abreuvait aux rives d'un lac tout bleu comme de l'indigo en fusion, et le berger, coiffé de la moitié d'une orange, et couvert de haillons d'or, agitait une baguette à cinq grelots sous le bec d'un paon immobile dans sa queue. Ce chaos était ravissant à débrouiller pièce à pièce; l'œil qui s'égarait dans le tourbillon de ces folies ne s'en détachait plus. Des parfums d'une douceur inexprimable inondaient cette chambre, et semblaient appartenir à ce monde idéal peint sur les murs; on y respirait encore je ne sais quoi de suave, d'angélique, d'embaumé, que les jeunes filles laissent dans l'atmosphère sainte qui les enveloppe comme un vêtement virginal.

— On peut fort bien vivre dans cette chambre, dit Melford, pourvu qu'on me serve à dîner ; car je sens que mon appétit de marin me tourmentera bientôt, ce qui me prouve que je ne suis pas aussi mort que je le croyais. Au moins ma femme sera contente de moi, si je la retrouve un jour ; il n'y aura même aucun mérite à tenir dans cette solitude mon serment de fidélité.

Et comme il se retournait vers le balcon pour admirer la campagne toute radieuse du soleil du tropique, il tressaillit en voyant, à deux pas de lui, une femme qui le regardait avec de petits yeux humides de compassion.

III

L'inconnue était habillée comme le peuple de la tapisserie, et il semblait qu'elle s'était détachée de la muraille, et qu'elle avait grandi en présence de Melford. Le visage était la seule partie du corps de cette femme qui fût à découvert: elle était coiffée d'un léger turban de cachemire qui ne laissait apercevoir sur les oreilles que deux virgules de cheveux blonds. Sa robe de dessous d'un rouge ardent ne se révélait qu'à mi-jambe, toute la partie supérieure étant voilée par une espèce de redingote de soie bleue ; on aurait dit qu'elle avait pris pour parure un fragment de muraille indigo avec un soubassement écarlate. Du sommet des épaules tombaient deux manches d'étoffe d'un vert tendre, qui se gonflaient démesurément sur les mains, et prenaient la forme d'un manchon. Les rides n'avaient pas encore écrit sur les traits de cette personne un âge respectable ; on s'apercevait pourtant que le soleil tropical ravageait ce visage avant les années. Telle qu'elle se présenta enfin à Melford, elle avait encore le charme de la femme et l'attrait de l'inconnu. Le jeune marin, assis sur son lit, les mains élargies en étançons, les yeux béants, la bouche ouverte par un cri avalé, regardait cette apparition, et tremblait de tous ses nerfs, comme un intrépide marin qui s'effraie de tout, hormis du danger. La femme, immobile comme l'épouse de Loth sur le chemin de la ville sans nom, secoua la tête par un mouvement automatique, et dit trois fois, avec l'accent anglais de Londres : *Pauvre jeune homme !*

L'orgueil britannique ne permit pas à Melford de s'étonner un instant que la langue anglaise fût parlée dans la lune ou dans quelque autre planète de l'infini. Il entama sur-le-champ la conversation.

— Où suis-je, madame ? demanda-t-il, en joignant ses mains.

— Dans le Céleste-Empire, répondit l'apparition.

— Je m'en doutais, dit Melford, comme dans un *à parte*.

— Et si vous voulez vivre, ajouta l'inconnue, soyez prudent comme le serpent, calme comme la tortue, et silencieux comme la nuit.

— Je serai tout cela, madame, parce que c'est votre plaisir.

— Soyez tranquille, nous veillons sur vous, pauvre jeune homme !

— Oh ! madame ! parlez-moi, parlez-moi...

— Ne me demandez pas l'impossible ; ma bouche doit être fermée ici ; ma main seule peut s'ouvrir. J'ai déjà trop parlé. Nous nous reverrons, adieu.

Un panneau de la muraille s'ouvrit vivement et se referma de même. La femme disparut, en laissant un doux parfum de thé en fleur dans l'air qu'elle avait déplacé.

Melford respecta le mystère ; il ne songea point à sonder les secrets de la muraille ; en présence d'autres énigmes bien plus ténébreuses pour lui, il ne daigna pas s'arrêter à un secret de charnière voilé par la tapisserie. Il s'abîma dans de sérieuses réflexions. Une idée surtout le fit frémir. Oh ! se dit-il à lui-même, si cette femme de laquelle je dépends, et qui a le pouvoir d'entrer dans ma chambre, avait conçu pour moi quelque passion criminelle !... Oh ! ne crains rien, ma Caroline ! dans toutes les extrémités, je serai toujours digne de toi ! digne de mes enfants !

Et levant la main, il prit à témoin le nouveau soleil du nouveau ciel de sa nouvelle planète, et fit un douzième serment de fidélité. Pourtant il n'osait s'avouer que la femme inconnue n'était pas dans les redoutables conditions de la beauté victorieuse. La vertu quelquefois est moins vertueuse qu'on ne pense. Phèdre était vieille et horrible de laideur, nous aurions tous été Hippolyte. Thésée, ruiné par des spéculations de peaux de monstres, avait épousé Phèdre pour son argent. Voilà ce que Racine n'a pas dit. O vertu de l'homme ! Brutus, à Philippes, te connaissait bien !

Melford se disposa donc à abandonner son manteau à la première tentative de séduction.

Heureux de se sentir ainsi fort contre la puissance

d'une femme de trente ans mûrie au soleil des tropiques, il s'assit sur une banquette polie comme une glace, et qui se trouvait dans un coin du balcon sous des masses flottantes de fleurs à clochettes bleues et rouges. Melford pour embrasser la campagne, seule chose qu'il pût embrasser, déchira ce nuage de verdure opaque, et le jeta, par lambeaux, à travers les grilles de fer, dans le lac inférieur. L'air et la lumière entrèrent à flots dans ce kiosque, où la jeune et belle Kia, pudiquement recluse comme dans un *miao* sacré, chantait l'hymne des ancêtres, en s'accompagnant du *lutchun*, à treize cordes, l'instrument du sage Tay-Koung, fils de Tcheou.

Le kiosque, comme un œil qui a soulevé sa paupière, regardait joyeusement le petit lac, le jardin de Kia, et la plaine immense, arrosée par le fleuve Hoang-Ho. Les gerbes de riz mûr se roulaient au soleil, en vagues d'or, jusqu'à l'horizon, comme une mer jaune, caressée par les brises du milieu du jour. Les forêts de *fagaras*, poivriers de Chine, retentissaient des cris furieux des *Choue-ouen*, ivres de poivre et de soleil. Une pluie de lumière voilait, par intervalles, la campagne, comme un immense tissu de rayons ; il semblait alors que le grand astre se fondait en tourbillons de grains de feu, et versait un incendie sur l'arbre, la fleur, la plante, le sable, le rocher. Aux bords du lac, une foule d'arbres s'étaient réunis en famille, comme pour se prêter le secours mutuel de leur ombrage contre les heures dévorantes du jour. Le lac lui-même élargissait son voile flottant de feuilles de *kiteou*, comme un parasol aquatique, et gardait ainsi sa fraîcheur recueillie : et sous le dôme embrasé des sycomores, des ébé-

16.

niers, des naucléas, se réfugiaient les arbustes à fleurs qui vivent d'ombre, l'*iu-lan* émaillé de lis d'ivoire ; l'*haïtang*, symbole de la modestie ; le *mo-li-koa*, jasmin de la Chine ; le *kiu-goa*, la fleur de longue vie, la fleur chère aux poëtes, et célébrée dans l'immortel *li-ki* ; le *pégé-long* qui garde sa fraîcheur rouge cent jours ; le *mou-tan*, autrement nommé l'*hoa-oueng*, dont les fleurs s'épanouissent comme des roses, et qui mérite, par son éclat, la royauté des jardins. Toutes ces fleurs délicieuses avaient été plantées par la main de la jeune Kia, et elles élevaient leurs parfums comme un concert odorant, vers cette autre fleur vivante qui les effaçait encore par sa beauté.

Devant cette nature ardente, amoureuse, embaumée, Melford éprouva des sensations neuves, filles de ces dangereux climats qui donnent la faiblesse pour résister, et la force pour faire le mal. Il aspira ces poisons de l'air qu'un démon compose avec des rayons et des parfums, choses pourtant si douces ! Il devina que cette atmosphère inconnue était pleine de séductions périlleuses et de mauvais conseils ; et, tourmenté par ces terreurs d'un nouveau genre, il ne songea pas même à remercier cette nature secourable qui ne cicatrisait promptement les blessures de la tête, que pour en ouvrir de bien plus mortelles au cœur. Cependant, il se rassura bientôt en se voyant seul, dans une chambre solitaire, dans une maison muette comme une tombe, dans une campagne muette comme le désert. Il est vrai qu'une femme veillait auprès de lui, invisible et présente, d'autant plus dangereuse, qu'elle était bonne, et qu'elle pouvait demander de l'amour en récompense de ses soins. Mais le jeune marin avait un si beau trésor de reconnaissance à déposer aux pieds de sa bienfaitrice, que ce don devait être accepté avec bien plus de joie que l'amour.

Comme il réfléchissait sur sa position d'époux fidèle en péril, Melford entendit un bruit léger qui lui fit peur, quoique le soleil, ce brillant destructeur des fantômes, le couvrit comme un bouclier d'or. Il garda quelques instants son immobilité, n'osant se retourner et affronter l'inconnue; la curiosité l'aiguillonnant bientôt, il quitta le balcon, et jeta un regard rapide dans la chambre.

Il ne vit personne; mais il y avait dans un sillon d'air un parfum bien connu qui attestait une visite toute récente. La main secourable et invisible avait déposé sur le guéridon un déjeuner complet, hygiéniquement calculé pour l'estomac d'un convalescent : une entrée de bourgeons de frêne, une racine de nénuphar bouillie, un poisson pêché dans le Kiang et grillé, des châtaignes d'eau nommées *pi-tsi*, et un gâteau de riz. Pour boisson : de la bière de grain et du thé. Tous ces mets avaient une étrange physionomie aux yeux d'un Européen; mais il était aisé de voir, à l'exquise élégance du service, que l'amphytrion inconnu avait la plus haute confiance dans la délicatesse de sa table, et que les soins minutieux d'une femme s'étaient arrêtés en détail sur chaque plat, pour le faire agréer au jeune prisonnier.

Melford mangea comme un marin naufragé qui s'inquiète fort peu du genre de sa nourriture; il crut même que la politesse et la reconnaissance lui faisaient une obligation d'avoir de l'appétit. Chaque morceau avalé était une syllabe du long remerciement adressé à l'inconnue sur la porcelaine des plats ; il affecta de donner un bruit significatif au mécanisme de sa bouche dévorante, afin de faire retentir sa reconnaissance aux oreilles tendues derrière les panneaux indiscrets.

Quelquefois, pourtant, une réflexion amère tombait sur la pointe de ses cinq doigts, fourchette de la nature, et les clouait sur l'assiette. Hélas ! se disait-il, voilà encore une obligation que je contracte, envers une femme dont l'exigence se proportionnera sans doute aux services qu'elle m'aura rendus ! Melford était dans la position d'Hugolin, qui mangea ses enfants pour leur conserver leur père ; Melford se sacrifiait pour sa femme, sa fille et son adoré Simon.

Quelquefois, il se rappelait son ami Brombley, qui, s'étant égaré à la chasse, vers l'Orénoque, sur les frontières de la tribu du Grand-Serpent, fut obligé d'épouser O-eïa, la fille du roi, laquelle avait des narines flottantes et un teint rouge comme la tige du Campêche. Brombley se soumit à l'amour équinoxial de la rouge O-eïa ; il fut tatoué ; il adora les Manitous, il mangea une côtelette d'Anglais ; il coupa deux chevelures à deux chefs de la Tortue ; il apprit à jouer du *tchit-chit-koué*, comme Chactas ; il alluma le feu du Conseil ; il porta sur son dos un petit sac rempli des os de ses pères, qui n'étaient pas ses pères ; et à la mort du roi, élu lui-même roi de la tribu, il perdit une bataille et fut mangé par ses ennemis, malgré les égards dus à son rang.

Notre jeune marin, plongé dans ses réflexions, n'avait pas aperçu d'abord une pipe qui s'allongeait démesurément sur la couverture de son lit, et auprès de la noix une boîte pleine, sans doute, de la substance opiacée chérie des marins. Melford, le mate de la *Jamesina*, était trop bon gentleman pour fumer la pipe; mais l'ennui est le père de tous les vices. C'est un prisonnier qui a inventé le tabac. Melford chargea sa pipe; il approcha la noix d'un petit réchaud à charbons, se coucha sur son lit et fuma. L'imprudent! il fumait de l'opium!

Fumé à petite dose, l'opium a des effets salutaires sur le cerveau des Asiatiques; mais il agit avec une violence mystérieuse sur les Européens qui l'aspirent pour la première fois. Melford entra dans un monde inconnu à la suite de la dixième bouffée lancée au plafond. Le plus étrange des rêves se déroula devant ses grands yeux ouverts et humides d'un plaisir douloureux. Le rêve est fils de l'opium; l'*Apocalypse* n'est que de l'opium en versets.

Melford vit tomber les quatre murs de sa chambre, et il les suivit longtemps dans des profondeurs infinies, où ils volaient comme des feuilles sèches que la brise emporte; il resta, lui, couché dans un kiosque flottant, comme un aérostat bordé de fleurs à clochettes rouges : au-dessous de lui, il vit tourner le globe de la terre avec une majestueuse lenteur; il passa toutes les nations en revue; il voyait surgir à l'horizon des pointes de minarets et des dômes de pagodes qui croissaient rapidement, s'avançaient et roulaient, emportant avec eux des villes énormes, et des populations tumultueuses comme des vagues vivantes et peintes de mille couleurs; puis arrivaient les déserts unis et pâles comme des océans glacés, entraînant des pyramides si hautes que Melford se soulevait convulsivement de peur d'être blessé par leurs pointes; après, les solitudes sombres, coupées de lacs et de fleuves, toutes retentissantes des cris de lions et de tigres, toutes couvertes de nuages d'oiseaux dorés. C'était une cascade de tableaux à lasser une paupière d'airain : les montagnes volcaniques tombaient sur les pics de neige ; les plaines, aux tranquilles pâturages, sur les champs de bataille embrasés par l'artillerie ; les océans bouleversés par les tempêtes sur les savanes vertes et les épis jaunes ; les colonnades pleines d'acclamations sur les cimetières pleins de silence ; la vie se précipitait sur la mort, la lumière sur l'ombre, le deuil sur la joie, le fracas sur le calme, et toujours dans des proportions infinies, mais qu'un seul regard saisissait au vol par un miracle de l'opium. Puis, le globe du monde sembla s'arrêter comme une meule arrivant à son dernier degré d'impulsion ; un brouillard s'étendit d'un horizon à l'autre et se déchira avec un craquement horrible ; Londres sortit de ce cahos comme une planète créée au souffle de Melford. Il sembla au jeune marin qu'il était debout sur un pied, l'autre lancé en arrière, et le torse en en avant, dans l'attitude de la Renommée ou du Mercure de Jean de Bologne, sur la coupole de la basilique de Saint-Paul. La cité prodigieuse se déroulait à perte de vue avec une exactitude de relief qui appartient à la vision et ne se retrouve jamais dans la nature incohérente des songes. Il entendait mugir la Tamise, à sa gauche, sous les arches cyclopéennes du pont de la Tour ; il voyait trembler les touffes d'herbes sur le sommet des grands édifices de la Cité : il voyait s'élargir, dans l'abîme ouvert sous ses pieds, les quatre flancs monstrueux de Saint-Paul, comme s'il eût choisi une montagne de marbre sculpté pour en faire son observatoire et son piédestal. De là, ses regards se précipitaient avec d'éblouissants vertiges, sur des rues larges et éternelles qui se confondaient à l'horizon de brume dans les ombrages solennels du jardin de Kensington.

Il comptait un à un, et tous à la fois, les trois cents clochers, les obélisques industriels, les colonnes votives, les tours, les coupoles noires, toutes ces innombrables formes, élancées comme des piliers gigantesques pour soutenir un ciel plat qui s'écroule ; et, par un effrayant caprice de la vision, ce monde de rues, de palais, de places publiques, de jardins, ce monde infini était inhabité ; la désolation de la solitude peuplait cette capitale de l'univers, cette Palmyre avant les ruines ; les longues files des vaisseaux stationnés dans les méandres du fleuve avaient leurs ponts déserts et leurs mâts joyeusement pavoisés ; les grands édifices du commerce semblaient attendre la foule accoutumée qui n'arrivait pas ; les vitres luisantes ne laissaient voir que des appartements vides ; les pavés n'étaient assombris que par l'ombre immobile des maisons et des clochers, et cette ombre était effrayante à voir en l'absence du soleil.

Un cri, un seul cri, un cri lamentable, comme la grande voix qui sort des forêts dans la nuit, monta des profondeurs de la ville au pinacle de Saint-Paul. Melford sentit la coupole frissonner sous son pied, comme une cloche ébranlée qui va sonner ; il plongea son regard dans *Faringdon*, la plus large rue de Londres, car il lui semblait que le cri funèbre partait de là. Faringdon était éclairé par un jour d'une teinte inconnue, et que le seul prisme des rêves décompose ; au milieu du pavé rampait une ombre allongée, l'ombre d'un corps humain encore invisible, et tout prêt de se montrer au regard qui l'attend et le redoute. Le corps parut, et Melford, du haut de ses nues, lui tendit les bras, et son cri d'amour bouillonna dans sa poitrine sans pouvoir franchir ses lèvres ; il avait reconnu sa femme ! sa chère Caroline abandonnée ! Elle marchait du pas solennel des fantômes, l'œil fixe, les bras allongés, traînant les plis d'un linceul taillé en robe, et ressemblant à la reine des tombeaux visitant ses domaines et se réjouissant de ne trouver dans la ville superbe que la solitude et la désolation, ces deux locataires de la mort !

Alors, avec l'explosion d'un orchestre de tonnerres, la basilique de Saint-Paul parut s'écrouler sur Londres, et Meldorf, emporté par des tourbillons de blocs de marbre volant comme des grains de poussière, parcourut un monde sans forme et sans nom, plein d'étincelles et de grands bruits d'eaux dans des gouffres, un monde qui se révèle dans la tête convulsive tombée sous la hache du bourreau.

Puis tout à coup l'agitation fiévreuse qui le brûlait cessa ; il se vit et se reconnut dans un grand miroir incliné au mur d'une chambre ; il lui semblait qu'il avait été brodé à l'aiguille sur une tapisserie, et qu'on l'avait mêlé à d'autres images grimaçant autour de lui. Il se souriait à lui-même dans la glace ; il voulait se tendre les bras, mais il était devenu personnage de paravent, habillé en mandarin, incrusté sur étoffe, et n'ayant conservé que la mobilité de ses yeux. Un dernier accès d'opium l'embarqua sur un vaisseau démâté qui naufrageait sur des écueils de glace ; il se heurtait à des falaises de neige à pic ; il réveillait, en s'asseyant, des familles d'ours blancs qu'il prenait pour des banquettes de repos; il voyait passer devant lui le cadavre du soleil avec une barbe de glaçons; il trouvait la porte ouverte d'une maison absente, et il entrait, haletant; il cherchait l'escalier, il rencontrait un lit; il entr'ouvrait les rideaux de l'alcôve, et une vieille femme pâle, couchée, l'arrêtait par le bras, faisait craquer ses dents et lui souriait. La vision arrivait à sa fin, le rêve commençait; les derniers effets du poison s'éteignaient dans le cerveau; le doux sommeil, avec ses songes légers, colorait déjà de ses teintes douces le visage du jeune marin. Après tant de courses il dormait enfin, ce pauvre Melford!

Quand il se réveilla il vit sa chambre éclairée par les rayons de la lune, ce qui le mit dans une grande indécision sur la quantité d'heures données au sommeil. Il rentra, par curiosité, dans les minutieux détails de ses visions et de ses rêves, et cette revue l'amusa singulièrement. — Ma foi, se dit-il, je voudrais toujours vivre comme j'ai dormi!... Voilà une existence!... c'est peut-être le songe qui est la vie réelle, et la vie réelle qui est le songe!... Cependant, il me semble que j'ai là quelque chose de plombé dans le cerveau!... N'importe! si je suis dans la lune je jouis d'un *beau clair de Terre*.

Il se leva, et la fraîcheur de la nuit passant sur son visage, lui donna une vie nouvelle; en deux jours, il ressuscitait trois fois. Ce fut, sans doute, par un effet mystérieux de la dernière puissance de l'opium, qu'il se sentit surexcité par une gaîté folle, inconnue à son tempérament ordinaire; il s'assit sur le balcon, et adressa de bienveillants sourires à la campagne qui resplendissait sous la lune de Chine, avec autant d'éclat que le jardin de Saint-James sous le soleil de Londres, à midi, au mois de juillet. Ivre de joie et de plaisir, Melford ne se contint plus, et d'une voix fausse et goudronnée, mais retentissante, il entonna le chant de départ du marin anglais.

> *Come all hands ahoy the anchor*
> *From friends and relations we go.*
> *Poll blubbers and cries, devil thank her;*
> *She'll soon take another in tow.*

> Venez tous matelots tirer l'ancre,
> Nous quittons nos amis nos parents.
> Poll sanglotte et pleure, que le diable la remercie !
> Elle en prendra bientôt un autre à la remorque.
>
> *(Traduction libre.)*

Il achevait son premier couplet, lorsqu'il fut arrêté brusquement par une apparition qui ne pouvait être classée parmi les fantômes de sa dernière vision opiacée. Sur la rive opposée du petit lac, se détachait, au clair de lune avec des contours de forme bien arrêtés, une figure vivante dont l'étonnement se manifestait par une immobilité convulsive. Il eût été impossible à Melford de dire à quel sexe et à quelle nation cet être nocturne appartenait : sa tête, ses épaules, ses hanches, sa ceinture, tout hérissés de légères formes indécises et flottantes, le faisaient parfois ressembler à un arbre épanouissant ses feuilles à l'haleine de la nuit.

Melford se rassura un instant avec cette idée végétale;

mais l'arbre poussa deux cris sourds, absolument semblables aux notes lugubres des hibous, et allongeant un pied en avant, l'autre en arrière, il mit une flèche sur la corde d'un grand arc, et visa droit à la poitrine de Melford.

IV

Le mandarin Sampao, l'*y-tchend* de la poste, comme M. Conte à Paris, fut assailli, à son retour à Canton, par une foule de bruits alarmants. L'équipage de la *Jamesina* avait redemandé son jeune mate Melford à toutes les factoreries des Hongs, à tous les souterrains d'Hog-Lane, et aux quarante mille barques qui contiennent la population flottante de Canton. Le *post-Captain* de la *Jamesina* demanda impérieusement et obtint la permission d'entrer dans la ville, et s'installa dans le palais de l'Œil, menaçant de n'en sortir qu'avec Melford mort ou vif. L'Œil se jeta aux pieds du post-captain, et jura sur le saint *thceou-li* du grand *Koung-Tsée* qu'il ne prendrait aucune nourriture avant d'avoir découvert le *mate* perdu. Une rumeur sourde disait que

Melford avait été assassiné devant la maison du mandarin Sampao.

Sampao ne fut pas rassuré après la visite minutieuse opérée dans sa maison ; il pressentit que l'Œil, engagé par son serment à mourir de faim, pousserait les recherches aux extrémités, et que sa redoutable sagacité bien connue, tournerait enfin ses soupçons du côté du cimetière où Melford était inhumé. Au comble de la terreur, l'infortuné mandarin reprit le chemin de sa maison de campagne, un peu après le coucher du soleil, et se fit accompagner de son fils le vaillant Kien, capitaine des Tigres dans la garde impériale (de Pékin, bien entendu).

Kien, alors en congé, venait de recevoir l'ordre d'inspecter les fortifications de Bocca-Tigris, lesquelles consistaient en deux paravents chinois représentant des monstres qui tirent des coups de canon sur des ennemis absents. En Chine, les inspecteurs inspectent réellement ; Kien avait fait sa tournée à Bocca-Tigris, il avait repeint les canons que l'humidité de la rivière avait un peu endommagés ; puis il accourut à l'appel de son père.

C'était un jeune homme de vingt-cinq ans, d'une taille au-dessus de la chinoise ; sa figure avait des reflets européens ; son œil était à peu près horizontal ; une belle moustache noire annonçait le grade qu'il occupait dans l'armée. Il portait un costume magnifique, c'est-à-dire, une longue tunique tachetée de blanc, un casque, façon gépide, avec deux yeux peints sous le cimier, et surmonté d'une plume de paon ; son dos était hérissé d'une multitude de flèches pointées dans un vaste carquois. Il tenait un arc à la main.

Outre ses qualités guerrières, le jeune Kien, fils de la septième femme de Sampao, avait pour son père une vénération respectueuse, sans exemple, même en Chine, le pays des bons fils et des pères dénaturés. Kien avait toujours à la bouche cette belle maxime : *Qui abjure la piété filiale ne veut avoir personne à aimer* ; maxime écrite dans Koung-See, que les barbares appellent Confucius.

Sampao et Kien, sortis de leur barque, s'acheminaient vers la maison de campagne, gardant tous deux un profond silence, selon la coutume des Chinois lorsqu'ils n'ont plus rien à se dire. Arrivé devant le pavillon des domestiques, Sampao poussa un petit cri, semblable à celui du grillon, et la porte s'ouvrit au maître. Deux gestes et une syllabe suffirent pour demander aux serviteurs l'endroit précis où le jeune Anglais avait été enseveli. Les domestiques épouvantés feignirent d'être encore dans les visions du sommeil, et se firent répéter la question pour se donner le temps de réfléchir. Sampao, cette fois, leur ordonna de marcher vers le cimetière, et il les y suivit avec son fils Kien. Les domestiques, de plus en plus effrayés par les regards et la moustache du capitaine Kien, et comprenant qu'il s'agissait d'une exhumation impossible, se jetèrent la face contre terre, et dirent qu'au lieu d'ensevelir Melford, ils avaient précipité le cadavre, avec une pierre au cou, dans le petit lac de la maison. Kien prit deux flèches dans son carquois, et il s'apprêtait à une double exécution, lorsque son père lui cita le verset du Li-Ki : *Ne verse point de sang sur les tombeaux!* D'ailleurs, Sampao, un instant révolté lui-même de la désobéissance de ses domestiques, s'applaudit ensuite de ce nouvel incident, qui rendait infructueuse toute recherche faite par l'autorité supérieure dans le cimetière voisin de sa maison. Il se convainquit facilement que la terre autour de lui n'avait pas été remuée, et que nulle fosse nouvelle n'avait été ouverte depuis la mort de sa dernière femme, la discrète Yé-Tché.

Ordre fut donné aux domestiques de se retirer.

Pour apaiser les ombres des morts, irritées sans doute par la sanglante menace du capitaine Kien, le mandarin et son fils entonnèrent en duo, et sans l'accompagnement obligé du *lo* national, l'hymne en l'honneur des ancêtres.

See hoang sien tsou
You ling yu tien.

Lorsque je songe à vous, ô mes sages ancêtres,
Je me sens élevé jusqu'aux cieux.

A peine avaient-ils terminé ce chant sacré, qu'une voix lointaine, mais qui arrivait claire et distincte dans le silence des nuits, frappa de terreur le vaillant Kien et le prudent mandarin. Ce dialogue concis s'éleva entre nos deux Chinois. *Entends* — oui — une voix — terrible — anglaise — — un fantôme — une avant-garde — le marin — il est là — mort — vivant — vengeur.

Si les barbares, comme nous, adoptaient cette concision, que de sottises nous épargnerions à nos lèvres ! Une chambre de députés chinois terminerait une session en un jour.

Le mandarin se plaça derrière le carquois de son fils, et ils marchèrent tous deux dans la direction du petit bois qui masquait un des côtés du lac : ainsi, plus rapprochés de leur maison, ils reconnurent sans équivoque l'origine de la voix.

Sampao, le lettré, se traduisit avec effroi les menaçantes syllabes de la chanson des marins anglais. Une sueur glacée tomba du ciel des tropiques sur l'épiderme du mandarin. Va! — dit Sampao, et Kien alla.

Kien sortit du petit bois, et s'avança jusque sur la rive du lac, en face et à peu de distance du kiosque de sa sœur Kia. Si le vaillant capitaine avait vu la lune mangée par les deux dragons bleus qui détestent tant cette planète, il n'eût pas été saisi d'une telle stupéfaction. Ce qu'il voyait n'avait pas de nom dans la langue chinoise : sur le balcon de sa chaste sœur, un homme, en robe de chambre jaune de mandarin, chantant un refrain leste et choquant, avec l'insolence d'un maître de maison!

L'indignation fit taire les conseils de la prudence dans l'âme du vaillant Kien. C'est alors qu'il décocha une flèche sur le kiosque où chantait l'inconnu.

Melford, assis au balcon de la chambre de Kia, où nous l'avons laissé, ne s'épouvanta point de la flèche dirigée sur lui; mais cette espèce de danger le rendit subitement à la raison et à la prudence. Avec l'agilité du marin, il s'élança en arrière du balcon dans la chambre, et esquiva le coup; puis, il ferma les volets intérieurs, et attendit la suite de cette étrange scène dans la plus profonde obscurité.

J'ai lu, se dit-il à lui-même, bien des livres de voyages; je n'y ai jamais trouvé une aventure semblable à la mienne, si toutefois c'est une aventure, car il n'est pas bien prouvé que je sois vivant. Au contraire, tout semble m'annoncer que je suis mort, et, au fond, je ne demande pas mieux que d'être mort; cela d'abord me dispensera de la peine de mourir une seconde fois, puisque je me souviens parfaitement que j'ai expiré dans mes bras, à Hog-Lane, et qu'il est fort difficile de mourir. Ensuite, si par hasard je n'étais pas mort, je prévois que ma vie deviendrait si embarrassante, dans ces mystères qui m'environnent, que je serais obligé de m'étrangler pour me délivrer de tant de soucis, trop contraires à mon humeur.

Comme il terminait ce monologue, un fracas épouvantable de voix, de hurlements, de tintements de cuivre, et de porcelaines brisées s'écroulant en cascades, troubla le silence, jusqu'à ce moment tumulaire, de la maison. Des cris perçants de femmes dominaient ce tumulte; on eût dit d'une ville prise d'assaut. La chambre de Melford tremblait comme la cabine d'un vaisseau sur une mer houleuse; les murailles craquaient comme des paravents qui se fendent; les magots s'entrechoquaient sur les consoles de laque, comme des idoles inanimées, et tous ces bruits fort distincts se confondaient avec une multitude d'autres bruits mystérieux que l'oreille n'expliquait pas, et qui semblaient encore appartenir à ce monde idéal, dans lequel Melford croyait vivre depuis le jour de sa mort.

Que sont les incidents de notre prosaïque et ennuyeuse vie bourgeoise, qu'on appelle la vie réelle, auprès de ces révélations de l'inconnu, si communes dans l'existence des marins? Melford, brave comme le cabestan qui ne tremble pas sous une pluie de boulets, sentit pour la première fois des émotions qui semblaient accuser son courage. La tête encore étourdie des visions de l'opium, il ne pouvait ni réfléchir, ni se déterminer à quelque chose : quelle décision

17.

d'ailleurs aurait-il prise? Il ne pouvait être que le héros passif de volontés supérieures à la sienne.

Me résigner et attendre, se dit-il en s'asseyant sur son lit. Voilà ce qu'il pouvait. Il se résigna donc et attendit.

La patience et la résignation sont les vertus théologales du marin. Voué, par son état, aux épreuves d'une existence fabuleuse, celui qui passe sa vie à attendre un boulet sur le front s'estime toujours heureux quand ce qui lui tombe sur la tête n'est pas un boulet. Le marin anglais a de plus un avantage qu'il doit au caractère général de sa nation : ses nerfs sont solides comme des lames de bronze, et dans sa soif d'émotions, il recherche de préférence les aventures assez orageuses pour donner quelque ébranlement à son épiderme d'airain. Cette fois, Melford avait lieu d'être satisfait : dormant ou réveillé, il avait traversé tout un monde en deux jours : il ne connaissait plus ni son âge, ni le pays qu'il habitait, ni le mois, ni la saison : il ne se connaissait plus lui-même, un seul lien semblait encore le rattacher à la nature humaine, son amour et sa fidélité pour sa femme, sa tendresse paternelle pour ses deux enfants.

Cependant le calme paraissait être revenu dans la maison; il n'entendit plus ces voix et ces cris déchirants qui avaient ébranlé sa chambre. Mais ce silence était encore pour lui aussi mystérieux que le fracas. Il aurait bien fait des conjectures; mais à quoi serait-il arrivé? Les conjectures ne reposent que sur un point de départ connu et sont presque toujours d'amusantes erreurs dans la vie réelle; ici elles ne pouvaient se fixer sur rien.

Melford entr'ouvrit avec précaution les volets du kiosque,

et les rayons de l'aurore se glissèrent par la fente de la croisée dans sa chambre. A cette pâle clarté il aperçut une large feuille de papier de Chine qui semblait avoir été glissée par une fissure invisible du mur. Melford la ramassa vivement, et, du premier coup d'œil, il vit que cette page était écrite en anglais, à la quantité de doubles *v* qui chargeaient les mots. Séchant deux larmes de joie arrachées au cœur du marin par l'écriture compatriote, il lut ce qui suit :

« Vous avez déshonoré ma fille chérie ; vous avez flétri
» la gloire de ma maison. Les lois de l'humanité me défen-
» dent de faire couler votre sang, mais elles ne me défen-
» dent pas de murer la chambre où vous avez introduit la
» honte et le déshonneur. C'est là que vous périrez. Ma fille
» sera vendue comme une esclave, au prix de dix onces
» d'argent ; ainsi le veut la loi du sage Taï-Koung, fils de
» Tcheou.

» Si vous consentez à épouser ma fille et à vivre avec elle
» dans cette chambre, loin de tout commerce humain, et
» comme dans une tombe, ou dans un Miao, vous trouverez
» encore un père, des frères et une sœur qui prendront soin
» de vous. Si vous gardez cette lettre, vous consentez au
» mariage ; si vous la jetez au lac, vous refusez. Réfléchis-
» sez. On vous a sauvé la vie ; soyez reconnaissant.

» Sampao, mandarin lettré. »

Melford relut trois fois cette lettre, qui le faisait rentrer dans la vie réelle, quoique chinoise, et il regarda autour de lui, comme pour chercher un interlocuteur et un conseiller dans une circonstance si épineuse. Des pensées contradictoires, se détruisant l'une l'autre, bouillonnaient dans son cerveau ; il regardait le plafond, la tapisserie, le lac, la lettre ; il mordait un angle du papier ; il riait pour se persuader un instant que le cas était risible ; il prenait une pose grave pour s'exciter à une résolution énergique ; il fronçait le sourcil et serrait son poing, car il croyait entendre tantôt les éclats de rire d'une mystification, tantôt les menaces d'une vengeance qui n'était plus retenue que par un lambeau de tapisserie. Enfin il résolut, après une heure d'incertitude, de prendre la chose au sérieux, et de jeter la lettre au lac. Il se mit dans la position d'un marin qui reçoit l'ordre d'amener son pavillon et qui se fait sauter. Plein de cette idée héroïque, il marcha vers le kiosque, tenant à la main sa lettre roulée comme une mèche d'incendie, et là suspendit sur le lac comme sur une Sainte-Barbe. Feu ! se dit-il, et le souvenir de sa femme et de ses enfants éteignit la mèche du marin ! Il ne jeta pas la lettre.

Robinson Crusoë, ce grand homme qui a eu même le bonheur de n'avoir pas existé, se trouvant isolé sur un rocher, île vivante dans une île morte, s'ennuya de faire des monologues, et il inventa tout seul une conversation à deux, un duo parlé entre le *bien* et le *mal*. Melford suivit l'exemple du plus illustre des Solitaires de l'Océan, il se fit l'avocat de son bien et de son mal, et après s'être entendu il se jugea à son tribunal. Le bien l'emportait sur le mal. Il se croyait mort, et il vivait ; il se croyait abandonné du monde et il était entouré de soins ; il aurait pu être muré comme Ugolin dans sa tour, et on lui offrait en mariage la fille d'un mandarin. Certainement, cette dernière proposition une fois acceptée, compromettait son vœu de fidélité, mais il n'avait, hélas ! d'autre parti à prendre pour se conserver à sa femme que de se marier.

Ma Chinoise, se dit-il ensuite en revenant au monologue, ma Chinoise n'est pas belle ; son teint est furieusement basané, ses cheveux sont rares, ses dents ne sont pas au complet, ainsi je fais, en l'épousant, un sacrifice dont ma chère Caroline me saura gré. Oh ! je jure sur l'honneur que j'aurais jeté la lettre au lac, si la fille du mandarin eût été jeune et belle comme ma Caroline ! J'expirais dans ces quatre murs. Attendons. Ceci est un acheminement vers le mieux. Laissons-nous faire, puisque nos bras sont liés. L'espoir est une seconde âme liée à notre corps. Espérons.

Une dernière idée l'arrêta quelques instants encore, et le fit réfléchir. Il voulait écrire au mandarin pour se disculper par une lettre d'un crime qu'il n'avait pas commis, et raconter son aventure dans toute sa mystérieuse vérité ; mais il comprit qu'il avait affaire à des êtres presque fabuleux, qui avaient des préjugés, des lois, des usages inconnus, et inexorables sans doute, et contre lesquels il était impossible d'avoir raison, dans sa position. La fille du mandarin était entrée seule dans la chambre d'un étranger ; cela suffisait peut-être en Chine pour consommer son déshonneur, et exiger une réparation domestique. — Et puis, ajouta-t-il en lui-même, cette pauvre fille, pourquoi s'est-elle perdue aux yeux de ses parents ? Pour venir à mon secours quand j'expirais de soif et de faim ! Oh ! épousons-là, malgré l'absence de sa beauté, de sa fraîcheur, de ses dents et de ses cheveux !

Il aurait sans doute continué ses réflexions à perte de pensée, s'il n'eût été détourné de ses entretiens avec lui-même par une harmonie étrange qui semblait annoncer le commencement d'une cérémonie. Plusieurs voix lentes chantaient l'*hymne aux ancêtres*, *see hoang*, etc., avec accompagnement de *lo* et de *tchoung*. Le *lo* est une espèce de tam-tam ; le *tchoung* est une cloche fêlée. Melford pensa que la famille du mandarin montait l'escalier pour lui faire sa première visite ; il ramassa promptement toutes les pièces éparses de son costume d'emprunt ; il peigna sa moustache et ses cheveux avec ses doigts, lava ses mains avec du thé vert ; et quand il se fut donné la physionomie d'un fashionable chinois, il croisa les bras sur le portrait de la lune peint sur sa poitrine, et attendit de pied ferme le mariage comme un brave attend l'ennemi.

Deux panneaux de la tapisserie s'ouvrirent avec deux cris aigus, et Melford se vit entouré de quatre Chinois. Il ne recula pas d'une ligne pour l'honneur de sa nation. Ce furent les Chinois qui tremblèrent en se voyant si près d'un marin anglais. Nous connaissons déjà le fils cadet de Sampao, le vaillant Kien. Deux de ses frères l'accompagnaient : Tsin, l'officier des pertuisaniers de l'étendard jaune ; il était vêtu d'une casaque indigo, enflée jusqu'à la ceinture sur une robe couleur cacao ; il portait une lance nommée *tchang-siang*, et un bouclier de rotin nommé *pai*. Son visage était plein de douceur. Le troisième frère, Ngang, servait avec l'humble grade de *ping* dans les *pi-chan-piao* (canonniers qui fendent les montagnes). Il était vêtu d'une houppelande de coton gris, avec un soubassement bleu et une ligne de volants. Sa terrible moustache formait une anomalie végétale avec la bonté de sa figure d'agneau.

Melford jugea du premier coup ses quatre ennemis ; il retroussa les manches de sa chemise, aiguisa ses poings sous sa robe de mandarin, et il s'apprêtait à joncher le parquet de Chinois, lorsqu'une idée le retint. Je sortirai facilement d'ici, pensa-t-il ; mais après, où irai-je ? Quand j'aurai tué quatre Chinois d'un coup de poing, qui m'indiquera mon chemin ? Suis-je à la frontière ou au centre du pays ? Quand même je passerais sur le corps d'une armée chinoise, serais-je plus avancé ? Cette idée fut algébriquement débattue dans le cerveau et Melford adopta, par nécessité, une conduite pacifique.

Le mandarin Sampao, revenu de sa frayeur en voyant un sourire sur le visage de Melford, lui dit en bon anglais avec un accent chinois fortement cadencé :

— Dois-je vous parler en père ou en ennemi ?

— En père, répondit Melford, et il serra les mains des quatre Chinois qui tremblaient toujours, surtout le canonnier fendeur de montagnes.

— Consentez-vous, poursuivit le mandarin, à recevoir l'anneau du fiancé ?

— J'y consens, dit Melford.

— Suivez-nous.

La psalmodie de l'hymne des ancêtres recommença. Melford suivit les Chinois dans un corridor sombre, et il entra le dernier dans une chambre doucement éclairée par des vitraux de papier huilé. Au fond, sur un fauteuil rouge brodé en or, une femme était assise, les bras allongés et recouverts, jusqu'à l'extrémité des mains, de mitaines jaunes.

Melford poussa un cri... C'était une jeune fille de quinze ans, d'une beauté merveilleuse, et d'une grâce à ravir un Européen blasé. Malgré la toque de soie noire, bordée d'hermine et de petits chaînons de perles fines à triple rang, on devinait que cette tête charmante avait un trésor de cheveux blonds. Des cils déliés, comme un trait à l'encre de Chine, donnaient une douceur inexprimable à des yeux noirs, veloutés et limpides ; ajoutons un front blanc et pur, des joues de vierge, un nez d'une ciselure exquise, et une bouche pareille à la divine bouche, célébrée par le dernier roi *Kieng-long*, ce grand poëte couronné qui disait : *O mes délices ! tes lèvres sont comme la mine du Ny-Kieou, du corail s'ouvrant sur des perles !*

Le vaillant Kien, un peu rassuré, conduisit Melford devant la belle Kia (on devine que c'était elle), et la jeune fille, découvrant sa main gauche, et baissant modestement les yeux, mit une bague d'ivoire au doigt annulaire de Melford. Les anneaux ont été dans tous les temps et tous les pays le symbole métallique de la félicité des chaînes conjugales. Le ciel a donné cet exemple à l'univers en jetant à la planète de Saturne un anneau de chevalier.

Melford admira surtout la main virginale de sa fiancée ! Quelle main ! et quel bras elle annonçait !

Le mandarin Sampao prit une cruche de terre cuite et la plaça dans l'étroite embrasure d'une petite croisée aveugle, arrondie sur le mur.

Le cas étant urgent, la cérémonie du mariage fut célébrée après les fiançailles. Le mandarin brisa la cruche de terre cuite, et lut aux deux époux les versets du Li-Ki relatifs au mariage. Melford se prêta machinalement à toutes les fantaisies d'un cérémonial étrange, et trop long pour être détaillé ici.

On descendit ensuite à la salle du festin, mais aucune femme n'y fut admise. Ce repas de noces ne fut que pour la forme, car les convives étaient trop agités pour se livrer aux délices de la table. Melford se contenta de manger un potage de nids d'oiseaux et un morceau de pâté d'esturgeon confit dans l'essence de l'*hiangtchun*.

Après le festin, le mandarin fit observer à Melford que son mariage avait été célébré conformément aux rites de la religion de *Fo*, laquelle permet de regarder sa femme avant les épousailles, et n'oblige le mari à faire son présent à la famille que le soir du festin nuptial.

Ce dernier article de la religion de Fo jeta Melford dans un embarras étrange; il n'avait qu'une montre d'argent qui marquait toujours invariablement l'heure qu'il n'était pas, et une clef en cornaline de la rotondité d'un *half-crown*. Probablement, se dit Melford, la religion de Fo ne désigne pas la valeur et la qualité du présent. Et déliant sa clef de cornaline, il la donna gravement au mandarin, qui la reçut avec émotion.

La cérémonie du présent terminée, Melford fut conduit processionnellement par son beau-père et ses trois beaux-frères jusqu'à la porte de la chambre nuptiale. Le mandarin fit au jeune époux un signe qui signifiait: vous pouvez entrer.

A ce moment suprême, Melford hésita; son pied fut

paralysé sur le seuil fatal au delà duquel il y avait un parjure ; il se rappelait sa chère femme Caroline et ses deux enfants abandonnés !

Le mandarin et ses trois fils, alarmés de l'indécision de l'époux, se regardèrent entre eux plus obliquement que de coutume : des monosyllabes de sinistre augure se croisèrent sur des lèvres menaçantes. Melford saisit au vol un instant où il était parvenu à oublier sa Caroline par lassitude de penser à elle, et s'inclinant devant sa nouvelle famille, il ouvrit la porte nuptiale et entra d'un pas résolu.

V

Si le révérend Philips, dans sa relation publiée à Londres en 1817, n'attestait pas la vérité des aventures de Melford, je croirais, moi le premier, que mon récit est faux comme une histoire quelconque ; mais qui oserait flétrir de suspicion un livre du révérend Philips ?

Melford, entré dans la chambre nuptiale, entendit la porte se refermer sur lui : cette mesure de précaution adoptée par le beau-père mandarin, ne lui inspira aucune crainte. Notre marin était rassuré pour toujours ; il connaissait le caractère aimable de ses nouveaux parents. Sampao et ses trois fils étaient plus doux que des Chinois ordinaires. Le danger, pour Melford, n'était pas de ce côté.

Un labyrinthe de paravents déroba d'abord l'intérieur de

la chambre aux yeux du jeune Anglais. En sortant, à force de détours, de ces ruelles de papier peint, Melford crut retomber encore dans ses visions et dans ses rêves de convalescence, tant lui parut étrange le confortable chinois appliqué à une chambre nuptiale ! Tous les meubles avaient une destination mystérieuse et inexplicable pour un Européen ; mais dans ce chaos de fantaisies ciselées sur tous les métaux, sur tous les bois, sur tous les émaux, sur toutes les pierres précieuses, Melford ne trouva pas le seul trésor qu'il cherchait, sa nouvelle femme. Rien ne manquait à cette chambre d'époux, excepté la mariée. Cette grave lacune fit naître dans l'âme de Melford deux sentiments opposés, se balançant, l'un l'autre, avec une force égale ; l'un accusant la faiblesse de l'homme, l'autre honorant la fidélité de l'époux voyageur : il était en même temps ravi et désolé de ne pas trouver devant lui la jeune et belle Kia, cette perle du Kuang-Chow-Foo, échappée de ce brillant écrin de laque et d'émail.

Melford acheva ses perquisitions du premier coup d'œil, car la chambre était petite ; il souleva deux rideaux émaillés de serpents bleus, et servant de porte flottante à deux espèces de cabinets de toilette, et il n'y découvrit aucune trace d'épouse. Enfin, pourtant, à force de heurter des monceaux de chinoiseries énigmatiques, éparses sur le parquet de la chambre, il trouva deux souliers presque invisibles, et qui venaient, à coup sûr, de se dérober sous les pieds d'une jeune fille ; car ils étaient tièdes sous la lèvre coupable qui les interrogea. Melford aurait prolongé son interrogatoire, s'il n'eût pas été distrait par une découverte plus importante : il remarqua, dans un des angles, un moelleux amoncellement de tissus, de la longueur d'un lit européen, et sur un des bords, une empreinte de la dimension d'un corps humain, comme si l'édredon eût cédé sous ce corps étendu, en gardant sa forme : à cette place, les tissus étaient tièdes au même degré que les souliers nains. Melford conjectura naturellement que sa femme avait pris la fuite, et toutes les recherches qu'il fit n'eurent aucun résultat ; il s'assit, et se plongea dans ses réflexions, en tenant un soulier de Kia dans chaque main.

La tête penchée sur la poitrine, il entendit bientôt, à son côté, le murmure sourd d'une respiration étouffée ; il se redressa vivement, et vit une femme devant lui ; ce n'était pas Kia, c'était la même femme qui lui apparut un instant dans la chambre du kiosque : c'était la douce et bonne Taï-Sée, l'épouse du mandarin.

Ellle secoua mélancoliquement la tête, et après avoir décliné son nom et ses titres, elle dit à Melford :

— Nous avons bien souffert pour vous ; ma fille Kia a été accusée, parce que vous avez été vu dans sa chambre. Je n'ai pu la défendre, parce que mon mari m'aurait cru coupable ; vous, vous savez si nous sommes innocentes ! et vous n'abuserez pas de vos droits, car vous devez être généreux comme Tcheou, puisque vous êtes beau comme lui. Vous renoncerez à ma fille Kia.

— J'y renonce tout de suite, dit Melford, qui aimait mieux la liberté que sa Chinoise ; j'y renonce avec une joie triste ; mais vous qui êtes si bonne, donnez-moi les moyens de sortir de cette maison.

— Sortir maintenant, dit Taï-Sée en secouant la tête, c'est impossible. Tant que le redoutable Kien gardera la porte de cette maison, vous serez prisonnier.

— Et quand partira-t-il, le redoutable Kien ?

— A la lune d'haï-tang.

— Et quand viendra cette lune ?

— Après la floraison de l'Hiang-Tchun.

— Voilà qui n'est pas très-clair, dit en lui-même Melford.

— Tsin remplacera son frère Kien. Je connais Tsin, il est bon, je l'endormirai.

— J'attendrai Tsin, dit Melford avec résignation.

— Ainsi, vous ne regrettez rien en quittant cette maison, rien ne vous intéresse ici ?

La voix de la femme qui prononça ces dernières paroles prit un caractère de douceur effrayante ; Taï-Sée s'assit à côté de Melford, malgré les lois du Li-Ki, et retira de ses mains les souliers de Kia. Le jeune marin sentit son visage se colorer d'une noble pudeur, comme dit Racine dans *Phèdre* ; il regarda Taï-Sée. Hélas ! elle avait de plus en ce moment sur sa figure, dévastée par l'ennui et le tropique, un reflet jaune de la lampe de papier huilé qui éclairait la chambre ; elle excitait à la vertu.

— Écoute, mon jeune étranger, poursuivit Taï-Sée ; cette maison que j'habite depuis dix-sept soleils, est pleine de portes mystérieuses connues de moi seule. Kia pleurait ici ; c'est moi qui l'ai enlevée, au moment où tu entrais. Tu ne verras plus Kia ; mais tu me reverras à toute heure du jour. Consens-tu à me revoir ?

Melford fit un signe équivoque, affirmatif et négatif à la fois. Taï-Sée continua :

— Mes paroles te font de la peine ; je ne te parlerai plus ; mais tu me permettras de te voir, de t'écouter, de respirer dans l'air que tu respires ; mon jeune étranger, tu ne sais pas combien je t'aime...

A cette brusque déclaration, Melford, au comble de l'effroi, se leva vivement et menaça Taï-Sée de se briser la tête sur le premier magot venu, si elle continuait à attenter à son honneur. La femme ouvrit ses petits yeux autant qu'on peut ouvrir des yeux chinois, et donna des signes d'un étonnement arrivé à son comble. Melford cherchait un magot de métal pour son suicide de vertu.

— Écoute-moi, dit Taï-Sée ; tu crois peut-être que c'est par jalousie que je t'ai enlevé Kia ? tu te trompes : c'est par un sentiment de justice maternelle que tu comprendras : tu crois peut-être que je t'aime d'amour, tu te trompes ; j'aime ton Angleterre, et si mon pied pouvait se poser autre part que sur la terre du Céleste empire, je te dirais, fuyons ensemble, et conduis-moi au beau pays où est mon amour. Oh ! il y a bien longtemps ! bien longtemps ! j'avais vu fleurir treize fois l'Haï-Tong, la fleur de la modestie ; j'avais épousé Sampao, qui avait fait à mon père de beaux présents, et j'étais malheureuse ! Devant notre maison de Kuang-Chow-Foo, on voyait un tableau de pierre représentant la mère Koung-Tsée allant à la montagne de Ny-Kieou, pour obtenir la fécondité : à travers une fente du mur je regardais toujours ce tableau, qui est l'œuvre de Kiaï-Gin-Y, cet habile ouvrier qui copierait le vent, s'il pouvait le voir passer une seule fois. Un jour, devant ce tableau, il y avait un jeune Anglais qui le dessinait, sous la garde d'un *Ping*, armé d'une lance. A cette époque, on donnait souvent aux Anglais la permission de visiter Kuang-Chow-Foo. Cet Anglais se retournait quelquefois, quand il était fatigué de dessiner, et il regardait autour de lui les maisons de la rue ; et moi, dès ce moment, je ne regardai plus ce tableau... la muraille de notre maison est unie comme une feuille de papier vierge ; il n'y a que cette fente invisible dont je t'ai parlé ; il m'était donc impossible de me faire remarquer de celui que je voyais avec tant de plaisir. Avant le coucher du soleil, ce jeune homme, toujours suivi du Ping, quitta son travail et disparut. Je restai à ma place, les yeux collés à la muraille jusqu'à la nuit. Le lendemain, l'étranger revint pour continuer son travail ; mon époux était à son office dans Hog-Lane ; j'étais seule dans notre maison de ville, et je pris ma place devant le tableau de la mère de Confucius. Dès que je vis le jeune Anglais quitter son dessin et se retourner, je soufflai une à une, par la fente, des feuilles d'Hoa-Ouang, notre reine des fleurs ; et ces feuilles descendirent dans la rue ; quelques-unes voltigèrent comme des papillons autour de lui et tombèrent à ses pieds. L'Anglais les ramassa, les considéra avec une curiosité singulière, et fit de longs efforts d'attention pour découvrir sur la muraille la secrète issue d'où ces feuilles tombaient. Alors je pris trois fleurs, la Mou-Tau qui est rouge, la Kin-Hoa qui est indigo, et la Mo-Hi Loa qui est blanche, trois couleurs des vêtements du jeune homme, et je les effeuillai par la fente du mur. L'Anglais les ramassa plus promptement que la première fois, mit la main sur son front comme pour réfléchir un instant et deviner la pensée attachée à ces fleurs. Bientôt après, au sourire qui anima ses beaux yeux et son doux visage, je vis bien que j'étais comprise; avec affection il toucha, l'une après l'autre, les trois parties de son vêtement, et il sembla dévorer la muraille de son regard. Le Ping dormait, appuyé sur sa lance, selon l'usage des sentinelles chinoises quand elles veillent devant l'ennemi. Ce jour-là, le dessin du tableau ne fit pas beaucoup de progrès.

Taï-Sée s'arrêta un instant pour sécher une de ces larmes qui sortent avec effort, parce qu'elles viennent d'une source tarie depuis longtemps par la douleur. Melford, rassuré pour sa vertu, s'étonnait de la facilité merveilleuse avec laquelle cette femme chinoise parlait anglais.

Taï-Sée continua ainsi :

— Dans la nuit qui suivit ce jour, je fis un dessin du tableau de la mère de Confucius ; vous savez avec quelle exactitude ceux de notre pays reproduisent les objets morts ou vivants. Mon dessin était frappant de vérité. J'attendais le lendemain impatiemment. A l'heure accoutumée, le jeune étranger reparut devant ma maison, et feignant de préparer ses crayons, il regardait notre muraille de bas en haut ; je saisis cet instant, et je fis glisser mon dessin dans la rue. Ma légère feuille fut sans doute emportée au loin par le souffle de l'air, mais elle ne fut pas perdue; je le compris en revoyant l'Anglais à la seule place où je pouvais l'apercevoir, devant le tableau. Il avait les yeux et les mains vers le ciel, gestes universels qui expriment la surprise et l'admiration. Mon bel inconnu frappa vivement son front avec sa main, prit une feuille blanche dans son portéfeuille et dessina sans regarder le tableau pour me faire comprendre que l'ouvrage m'était adressé, puis il roula le papier dans ses mains et marcha vers la muraille, mais à reculons, comme s'il eût voulu juger dans l'éloignement le tableau de la mère de Confucius. Alors, à tout hasard, je pris un long fil de soie de la couleur du mur, j'attachai au bout un petit grelot, et je laissai couler mon fil au pied de la façade. L'Anglais ne reparaissant plus devant le tableau, vis-à-vis, je compris qu'il faisait à mon intelligence l'honneur de chercher le fil attendu. Jugez de ma joie lorsque je sentis une légère agitation au bout de mon fil, et qu'un instant après je vis mon inconnu s'entretenant avec le Ping son gardien, de manière à lui dérober ma muraille. Ma précipitation fut heureusement tempérée par la prudence; je retirai le fil avec une lenteur extrême, de peur de compromettre le trésor qu'il amenait avec lui. Enfin je parvins à toucher le papier et à le tirer à moi à travers la fente. Le dessin représentait un jeune homme que je reconnus tout de suite, il était à genoux devant une femme voilée. Le portrait, quoique fait au crayon, ressemblait merveilleusement à l'original. Je ne voulus pas attendre au lendemain pour envoyer ma réponse : j'avais fait mon portrait depuis peu et j'en étais satisfaite ; les Européens ne savent pas combien nous sommes habiles dans les ouvrages de ce genre ; toute notre nation est peintre en miniature. Je confiai ce portrait à mon fil, et je le fis glisser le long de la façade. Rien n'échappa au coup d'œil vif du jeune homme. Il quitta sa place et ne la reprit qu'après avoir retiré mon portrait. Oh ! de quelle joie inconnue je fus saisie lorsque je vis les transports de l'Anglais ! Il croisait ses mains ; il envoyait des sourires au ciel, des caresses à l'air; il paraissait ivre de bonheur. Dans son enthousiasme, il monta sur une borne et fit un mouvement d'ascension sur la sculpture de la montagne de *Ni-Kieou*, comme s'il eut voulu s'élancer, avec la mère de Confucius, vers ces hauts lieux qui donnent la fécondité.

« Je puis dire que ce jour fut le dernier de ma vie. Le lendemain, comme j'allais reprendre ma place à la fente du mur, je trouvai une large plaque de santal clouée sur mon observatoire ! mon désespoir fut terrible parce que je ne pus le faire éclater. Les scènes de la veille nous avaient sans doute trahis ; notre rue pourtant est presque toujours déserte ; le Ping de garde ne pouvait rien avoir vu. J'attendis, cette fois, mon mari avec impatience, pour juger de toute l'étendue de mon malheur, à l'accueil que je recevrais de lui. Mon mari ne témoigna aucune irritation contre moi ; il fut ennuyeux, mais bon comme à l'ordinaire, et j'appris plus tard que ses soupçons s'étaient portés vers une concubine, que l'espionnage domestique toujours exact lui dénonça.

« Seule avec mes ennuis et mon amour, je résolus de mettre à profit l'instruction de mon mari, d'apprendre de lui la langue de l'étranger. Pour atteindre ce but, je fis taire la répugnance que m'inspirait le mandarin, et je jouai le rôle de femme aimante et soumise. Mon espoir était pourtant bien insensé ; mais l'espoir est toujours ce qu'il peut être ; je comptais sur l'avenir, je comptais sur l'audace entreprenante d'un homme de la nation anglaise ;

je ne pouvais me persuader qu'un amour avec de si beaux et de si doux commencements, devait s'évanouir à jamais devant une plaque de bois santal, et j'étais heureuse de penser que je serais prête à écrire à mon inconnu dans sa propre langue, lorsque le bonheur me le ramènerait. Fiez-vous à l'avenir! seize ans se sont écoulés depuis! Pauvre femme! je suis restée seule avec le portrait de mon bel inconnu! Mes pensées et mes rêves ont été à lui.

Vous comprenez maintenant, vous, à qui je viens de faire cette confidence, vous comprenez quel intérêt vous avez dû m'inspirer, vous qui me rappelez si bien cette ombre charmante qui passa dans le soleil de mes quinze ans, et qui éblouit mes yeux bien plus que le soleil! Vous comprenez que je n'ai pu vous voir malheureux, sans chercher à adoucir les souffrances de celui qui peut-être avait serré la main, sur la mer, du seul homme que ma jeunesse a aimé! Alors j'avais l'âge et la fraîcheur que vous admirez dans ma fille Kia; aujourd'hui qu'un désespoir sans fin, bien mieux que l'âge, a flétri mon front, je ne désire plus revoir votre compatriote; il ne m'aimerait plus, et je l'aime encore; son retour doublerait mon malheur. Au moins, tant que vous resterez dans cette maison, permettez-moi de vous parler de lui; cet entretien me consolera. »

Après ce récit, la bonne Taï-Sée se leva, et côtoyant un rideau qui cachait la porte d'une petite pièce contiguë à la chambre nuptiale, elle disparut.

Melford fut ramené au souvenir de sa chère femme Caroline par l'histoire de Taï-Sée. Il rougit d'avoir été un instant ébranlé dans sa fidélité, lorsqu'une femme chinoise était fidèle à une ombre d'amour depuis seize ans. Heureusement tout concourait désormais à le maintenir dans les limites sacrées de son vœu. Taï-Sée n'était plus dangereuse ; Kia n'était plus visible. Dieu fasse, dit-il, que le diable ne m'invente pas encore une tentation ; car je sens que je faiblis ?

Le cœur de l'homme est ainsi fait : dans les moments critiques, l'instant qui suit détruit toujours les résolutions prises dans l'instant qui a précédé.

Cette première nuit de noces ne laissa donc aucun remords dans le cœur de Melford. Le jeune homme, après avoir reçu une confidence d'amour, se retrouva dans une chaste et vertueuse solitude, quoique entouré de petites statues à demi-animées par la bizarre et mobile clarté de la lampe chinoise. Ces figures avaient un air moqueur et elles semblaient rire comme de malins démons de la mystification nuptiale que subissait le jeune époux. Melford, contrarié sans trop savoir de quoi, saisit le plus effronté de ces magots railleurs, et par les barreaux de fer de la croisée, qui s'ouvrait comme l'autre sur le lac, il le précipita dans l'eau. Le bruit sourd et prolongé que fit le corps en tombant lui prouva que le lac était profond, et qu'il y avait de ce côté, pour un marin, une porte d'évasion toute naturelle si les barreaux de fer étaient enlevés, obstacle qui ne parut pas insurmontable dans un avenir plus ou moins éloigné. Melford se vit déjà libre sur ce grand chemin anglais qu'on nomme l'Océan.

Quand, épuisé de fatigue, il s'étendit, pour dormir, sur le moelleux nuage de tissus un instant effleuré par son invisible épouse, sa dernière réflexion du jour fut celle-ci : Les barreaux de fer de cette fenêtre tomberont; s'ils ne tombent pas, j'assommerai d'un coup de poing le vaillant Kien, le lâche Tsin, le stupide Sampao, tous les magots mâles de cette famille, et j'irai devant moi, où va le soleil, jusqu'à ce que je trouve la liberté ou la mort.

Hélas ! le bon Melford ne connaissait pas les Chinois ! Latude et le baron de Trenk seraient morts tous deux dans une bastille chinoise. Ce peuple est faible, poltron, efféminé, mais il a une foule de petits talents mystérieux et une provision de ruses secrètes qui lui donnent une force redoutable. Ce n'est qu'à la condition d'être ingénieuse, que la faiblesse peut lutter contre la force et parvient à en triompher. Le Chinois est le plus ingénieux des peuples. Le Chinois enfermerait un ennemi dans une cage de verre, et le captif n'en sortirait pas, car ce prétendu verre briserait ses poings. Il y a dans les portes de ce pays d'invisibles verroux que le petit doigt fait mouvoir, et qui sont rivés comme les barreaux de l'enfer ; il y a des barreaux frêles et légers comme des chalumeaux de riz, et à l'épreuve des limes. Pourtant, Melford, qui n'avait pas de lime, comptait sur le grand ressort de sa montre d'argent pour couper ces barreaux ; il se convainquit, à l'épreuve, que les barreaux chinois couperaient tous les ressorts des chronomètres anglais.

Sampao, le mandarin, fervent sectateur de la religion de Fo, avait obéi à un principe religieux plutôt qu'à une loi morale du Li-Ki, en donnant à Melford sa fille qu'il croyait déshonorée ; mais tranquille avec sa conscience de ce côté, il avait pris contre son gendre prisonnier des précautions victorieuses qui neutralisaient toute tentative d'évasion. Melford était condamné à une réclusion perpétuelle, et il ne tarda pas à s'apercevoir que la seule ancre de salut était dans les mains de Taï-Sée. Malheureusement cette femme, par une de ces bizarreries très-peu surprenantes dans le pays des fantaisies, s'éprit d'une amitié chaste, mais vive, pour le prisonnier qui lui rappelait ses amours de quinze ans, et qui parlait la langue du peintre de la mère de Confucius : cette amitié, si contraire aux intérêts de Melford, s'enracina de jour en jour dans les ornières de l'habitude, et devint elle-même un verrou moral que rien ne pouvait plus ébranler : Il fallut donc se résigner encore et prendre son parti avec les apparences de la gaîté. Dès ce moment, tous les jours de Melford se ressemblèrent; l'histoire de l'un serait l'histoire de l'autre. Taï-Sée entrait invariablement à la même heure et toujours par quelque porte invisible : elle s'asseyait à côté de Melford et recommençait avec un acharnement inépuisable l'histoire de ses amours. Au reste, rien ne manquait au prisonnier; un vieux domestique, attaché spécialement au service de Melford, garnissait sa table des mets les plus exquis ; la maison était opulente, et l'on traitait Melford comme un fils de la maison.

Cependant Melford, toujours préoccupé de son évasion, ne négligea pas dans sa retraite l'étude de la langue du pays; il apprit de Taï-Séc le chinois vulgaire; c'était pour le présent une distraction, et pour l'avenir une ressource ; Taï-Sée lui composa ensuite une petite bibliothèque choisie ;

Melford, après deux ans de leçons, lisait avec délices les poésies de la célèbre Pan-Hoeï-Pan, surnommée la savante ; les fables de Seë-Ma-Kouang ; les *instructions sublimes* de Chen-Tzu-Quogen-Hoang-Ti, les poésies admirables du dernier empereur Kien-Long, et le beau poëme de la Cigale par Lieou-Yuen, un des poëtes les plus méditatifs de la dynastie des Song.

Malgré de si douces distractions, la mortelle influence de la prison et de l'exil altérait visiblement la santé de Melford ; le régime aquatique de sa table creusait un estomac robuste habitué dès l'enfance aux substantielles pièces de bœuf. En Chine, le bœuf est proscrit ; on ne le sert qu'à la charrue. Quelle patience d'Anglais pourrait lutter trois ans contre des plats de racine de nénuphar et des entrées de bourgeons de frêne ?

Taï-Sée elle-même s'aperçut bientôt des ravages que l'ennui, la prison et la nourriture avaient imprimés sur les joues de son malheureux ami : toutes les consolations de la littérature chinoise ne valent pas un *rumpsteak* au jambon. Aussi, à la première plainte qui s'exhala de la poitrine dévastée de Melford, Taï-Sée attendrie aux larmes, et reculant devant l'idée d'être la complice du meurtre d'un Anglais, lui offrit les moyens d'une évasion facile et prompte. Alors seulement elle lui dit qu'il n'était éloigné de Canton que de trente *li* (trois lieues), et que son vieux et dévoué serviteur l'accompagnerait sur le canal jusqu'à la première factorerie des Hongs.

Un nuage de douleur courut sur le front rayonnant de Melford ; il s'attrista, dans sa joie, à l'idée de quitter cette douce et bonne Taï-Sée, qui lui sauvait deux fois la vie ; et au moment d'obtenir sa liberté, il eut besoin de toute sa force morale pour accomplir une cruelle séparation qui le rendait au bonheur.

Melford n'eut pas beaucoup de peine à se déguiser convenablement en Chinois : sa figure, par des contractions d'habitude empruntées à Taï-Sée et aux figurines de sa chambre, sa figure avait pris le type du pays. On a remarqué souvent que, dans les ménages bien unis, les femmes, après plusieurs années, finissent par ressembler physiquement à leurs maris, et les maris à leurs femmes : c'est l'effet d'un magnétisme de contraction opéré sur deux visages sans cesse vis-à-vis. Les lignes même des paupières de Melford, chose singulière ! avaient pris insensiblement une direction d'obliquité frappante au premier coup d'œil; son teint, autrefois d'un beau pourpre albion, était arrivé, par une dégradation successive de teintes, à la porcelaine clair de lune : aussi personne dans le Céleste Empire, n'aurait pu se vanter d'être plus Chinois que lui. Lorsqu'il eut revêtu la longue robe fond bleu, zébrée de blanc, émaillée de dragons à pattes, la casaque jaune à parements indigo, et lorsqu'il eut enseveli ses cheveux sous une espèce de casque, écartelé d'orange et de citron, avec une queue de plume de paon, tout l'équipage de la *Jamesina* aurait passé devant lui sans le reconnaître.

Taï-Sée, sanglotant à chaque mot, lui donna ses dernières instructions. Elle lui parla longuement et puis lui fit promettre de garder un inviolable secret sur ses aventures tant qu'il serait sur la terre de la Chine, et lui baisant chastement les mains, elle le confia au vieux serviteur chargé de le conduire à Canton.

Melford, après trois ans de réclusion, respira cet air délicieux qu'on appelle, en Chine comme partout ailleurs, l'air de la liberté.

O Caroline ! ô mes chers enfants ! je vais donc vous revoir ! s'écria-t-il en langue chinoise, dès qu'il eut mis le pied sur la barque. Un dernier adieu sortit de la maison du mandarin et répondit à Melford.

VI

Seul dans son île, Robinson Crusoé trouva quelques pièces d'or, et les apostrophant, il leur dit : *vil métal!* Cependant lorsqu'il s'embarqua pour l'Angleterre, il ramassa le vil métal, lui fit d'humbles excuses, et l'épancha goutte à goutte, en échange de quelque bonheur, sur les mains des marchands européens.

Melford avait aussi une ceinture pleine de ce vil métal, qu'il dédaigna trois ans, et devant lequel il s'agenouilla, lorsque le commandant du *Sun*, vaisseau de la Compagnie, lui demanda cent guinées pour son passage de Bocca-Tigris à Londres. Notre marin, en payant cette somme, resta le léger possesseur de quelques rares pièces d'or, jouant à l'aise dans sa ceinture amaigrie. Que lui importait cela? Au bout des cent guinées il y avait un trésor : Caroline et ses enfants !

A Canton, Melford avait échangé le costume chinois contre le vêtement des planteurs européens ; sur le pont du *Sun,* il portait le large pantalon de toile, une redingote de coutil bleu, et un chapeau, à larges ailes, de paille de riz ; son visage était resté quelque peu chinois, et il lui fallait plusieurs années de commerce avec les chrétiens pour remettre les lignes dans leur état primitif. Pendant la traversée, des passagers ennuyés lui demandaient s'il était né à Canton, et Melford répondait par un signe de tête affirmatif.

Sa résolution d'ailleurs était bien prise ; il voulait profiter du privilége qu'il avait conquis, en étant mort pour tout le monde, excepté pour lui. Il voulait abandonner cette profession de marin qui donnait aux femmes le deuil des veuves, dans leur lune de miel ; il allait donc recommencer une vie nouvelle, à laquelle il apportait l'expérience de l'ancienne ; bénéfice net d'une résurrection.

Une circonstance qu'il avait apprise tout récemment à Canton lui donnait un second brevet de marin mort. La *Jamesina* s'était brûlée vive dans le canal de Mozambique ; elle avait sauté en pleine mer ; quelques débris calcinés, charriés par les vagues, sur la côte de Zanguebar, et un tronçon de bois sur lequel on lisait : *esina,* recueillis comme les certificats de la catastrophe, ne laissaient aucun doute sur le sort des marins qui montaient ce bâtiment. Melford présumait avec raison que sa chère Caroline avait porté le deuil de veuve, mais il s'affirmait, en toute assurance, que cette épouse inconsolable était encore fidèle à l'ombre de son mari. Mais!... se disait-il quelquefois, si..., et tout de suite il demandait à Caroline le pardon de ce *si* injurieux.

La Chine, comme tout autre pays de l'univers, est aux portes de Londres. Le lord qui fait une partie de chasse à Calcutta va voter à Londres dans une question grave, et revient continuer sa chasse. Il n'y a pas de distance pour les Anglais. Melford rajustait déjà sa redingote de coutil, et gonflait le nœud de son madras à son cou, pour se préparer à paraître décemment à sa maison de Tottenham-Rood, et il était encore à quinze cents lieues de Londres! Voyons, se disait-il, surprendrai-je ma femme, ou me ferai-je annoncer? La question posée, il se promenait huit jours sur le pont, méditant sa réponse, et il se décidait pour une surprise brusque : le lendemain il changeait d'avis. Pauvre Caroline! répétait-il souvent; pauvre femme abandonnée, sans amis, sans secours, sans autre parent qu'un frère appelé sous les drapeaux! Oh! le ciel est juste ; il te rend ton époux digne de toi.

Enfin, par une belle matinée de juin, le *Sun* arriva devant London-Bridge!

En mettant le pied sur le pavé de Londres, Melford courut à Tottenham-Rood, à son ancienne maison, dans laquelle il avait laissé sa femme, sa fille et son fils attendu. Il donna sur le timbre de cuivre une volée de coups de marteau, et quand la porte s'ouvrit à ce carillon de réjouissance, il franchit l'escalier d'un bond, en criant comme un fou : Caroline! Lisa! Simon! c'est moi!

Un Anglais méthodiste, froid comme une parabole, et muet comme un clocher destitué par l'hérésie, parut sur le premier plan de la maison, et arrêta le bouillant Melford avec un geste méthodique et glacial, et un *what* sec comme le cri d'un oison.

Melford, n'étant pas vêtu en gentleman, ne pouvait prétendre à aucune considération, d'autant plus que ses trente coups de marteau annonçaient un homme comme il faut, et que son costume de planteur indien salarié ne lui donnait que le droit de frapper à peine deux coups, ce qui parut au méthodiste une insolence digne de punition. Aussi le doigt de ce dévot monsieur s'allongea vers la porte, et ses yeux fixes, ses lèvres serrées, ses narines convulsives prirent ensemble une expression qui signifiait : sortez !

Le marin serra ses poings sur ses hanches comme pour les aiguiser, et il s'apprêtait à l'assaut du premier étage, lorsqu'il se souvint de ces terribles lois anglaises qui déclarent inviolable le domicile des citoyens et protégent la liberté domestique. Il se contenta de lancer au méthodiste ses yeux comme un boulet ramé. L'escalier fut franchi à reculons et Melford sortit la rage au cœur.

A la porte de la maison voisine, un domestique polissait les deux marches du seuil ; ce fut à lui que Melford s'adressa :

— Voulez-vous avoir la bonté, lui demanda Melford, de me dire si mistress Melford demeure toujours dans cette maison ?

Le domestique, agenouillé sur le pavé, se leva et caressa son front avec sa main, en répétant plusieurs fois mistress Melford, comme pour débrouiller un souvenir confus, perdu dans sa mémoire depuis longtemps :

—Mistress Melford! dit-il enfin, oui, mistress Melford;
c'est bien ce nom... la veuve d'un jeune officier de marine, n'est-ce pas ?

— Non.... oui, oui, la veuve.... mais son mari n'est pas mort....

— On m'a dit qu'il était mort aux Indes et....

— Enfin, veuve ou non, qu'importe? dit Melford en interrompant avec vivacité, enfin, la veuve demeure-t-elle dans cette maison là ?

— Non; elle a quitté Londres depuis deux ans... elle habite maintenant Greenwich. Je l'ai vue l'an dernier dans le jardin de White-Hall, et je l'ai suivie jusqu'à Hungherford-Market; là elle descendit l'escalier pour s'embarquer et descendre à Greenwich, probablement.

— Etait-elle seule ?

— Seule, oui, eh ! puisqu'elle est veuve.

— Bien !... je vous remercie, et je vous suis bien dévoué.

Melford, sans perdre un instant, courut à Greenwich, mais il n'arriva qu'à la nuit tombée, et il lui fut impossible de commencer tout de suite ses perquisitions. Cependant, exalté par l'idée que ce bienheureux village renfermait sa chère Caroline, il vagabonda, jusqu'au jour, de rue en rue, interrogeant du regard chaque maison, prêtant l'oreille au plus léger murmure, et croyant reconnaître dans chaque plainte de la nuit un soupir de sa femme ou de ses enfants; mais, dans l'excès de son zèle conjugal, il dépassait quelquefois les limites que la loi impose aux promenades nocturnes; aussi un policeman le surprit épiant, à travers les indiscrétions d'une fenêtre, les mystères d'un rez-de-chaussée.

— Que faites-vous là ? lui dit brutalement l'homme de police.

— Je cherche ma femme, répondit Melford.

Le policeman se contenta de punir Melford par un gros éclat de rire, malgré la gravité de sa profession.

Enfin l'aurore se leva sur la cime du parc, et colora d'un rayon la tour de l'observatoire de Greenwich. Melford déposa l'allure folle d'un pensionnaire échappé de Bedlam, et prit un pas grave; sa tête seule et ses yeux continuèrent leurs mouvements de bas en haut, de droite à gauche, surtout à cette heure matinale, où le bruit des croisées qui s'ouvraient annonçait l'apparition d'une figure sur toutes les façades. Des têtes de femmes se montraient aux balcons, aux vitres luisantes, aux portes entr'ouvertes, aux grilles des jardins, aux soupiraux des cuisines; des groupes d'enfants, garçons et filles, blonds et joyeux comme des anges protestants, couraient aux écoles; et pas un de ces visages de femmes et d'enfants n'échappait au regard de Melford; le fidèle époux passait en revue la population de Greenwich, et il ne trouvait nulle part la figure adorée de sa Caroline, ou des traits de famille qui devaient révéler à leur père un jeune garçon et une petite demoiselle de son sang.

Greenwich, à cette époque, n'était pas comme aujourd'hui une petite grande ville; on pouvait, au moyen de l'*abachus* chinois, compter ses maisons en un clin d'œil; il y en avait à peu près quatre cents. Melford résolut d'en visiter cinquante par jour, s'enquérant en détail de mistress Melford, et croyant arriver à un résultat favorable au bout d'une semaine. Il prit donc ses dispositions en conséquence, et s'étant logé pour la forme dans une modeste taverne du bord de l'eau, il se lança de son gîte chaque matin pour dévorer cinquante maisons entre deux crépuscules. Cette recherche fut inutile, soit que l'indication du domestique eût été fausse, comme toutes les indications que donnent les domestiques, soit que mistress Melford eût changé de nom par le pouvoir d'un second mari.

Oh! cette horrible idée anéantissait Melford! Garder une fidélité de quatre ans, revenir du bout du monde, de la Chine, de la Lune, pour se jeter aux pieds de sa femme et la trouver dans les bras d'un autre!... Il n'y avait plus qu'un poignard à ce dénoûment!

VII

Greenwich fouillé d'un bout à l'autre, Melford fit un retour sur lui-même, et se vit face à face de son dernier portrait de Georges IV, gravé sur sa dernière pièce d'or. Il fallut songer à rentrer à Londres, ville de ressources, pour trouver un emploi qui lui donnât de nouveaux moyens pour fouiller l'Angleterre, maison par maison, afin de trouver sa femme, et surtout ses enfants. Il allongea sa dernière guinée jusqu'à perte de chaleur naturelle, et fut forcé de vendre sa montre pour faire une excursion à Oxford.

Une autre pensée que celle de sa femme l'attirait dans cette ville savante. Un matin, en lisant les affiches, entre la Poste et Saint-Paul, il découvrit une proclamation de l'université d'Oxford, dans laquelle on appelait des concurrents

pour la chaire de langue chinoise. Voilà bien mon affaire !
se dit Melford ; les concurrents, si j'en ai, ne brilleront pas
à côté de moi. Je vais gagner mes cinq cents livres par an,
et je ne me frotterai plus au goudron d'un vaisseau.

Il se rendit à Oxford, et rencontra sous les colonnades
moresques de la grande rue, un assez bon nombre de concurrents qui étudiaient le chinois, avec des yeux égarés.
Cette affluence surprit quelque peu l'ancien mate de la *Jamesina*. Surtout en voyant la figure de ses compétiteurs, il
ne se rendait pas aisément compte de la manière dont ils
avaient pu étudier la langue du céleste empire. Il résolut cependant de passer outre.

Le jour fixé pour le concours public, Melford entra dans
la salle des cérémonies et prêta une oreille attentive au chinois que parlaient ses rivaux ; il n'en comprit pas une
syllabe. Son tour venu, il fit un discours dans la langue de
Taï-Sée, qui aurait fait honneur au plus lettré des mandarins ; il termina par une belle citation du poëme de Kien-Long. Le président du comité d'examen jeta une oreille sur
le juge de droite, et l'autre oreille sur le juge de gauche et
Melford fut refusé à l'unanimité.

Cet échec inattendu déconcerta quelque peu notre jeune
marin. Un Marseillais, ancien prisonnier de guerre, appelé
Lieutaud, fut nommé, par acclamation, professeur de langue
chinoise à l'université d'Oxford. Le chinois de Lieutaud se
composait de deux mots de langue franque *ti sabir*, et du
patois provençal.

Après cet échec impossible, le philosophe Melford reprit
le chemin de Londres pour augmenter, dans cette ville, le

nombre des pensionnaires de la Providence, de ces êtres sans lendemain qui demandent à Dieu de les élever à la position des petits oiseaux : d'ailleurs il avait, en cas de déni de Providence, une ressource commune à ses pareils ; six brasses d'eau, à la marée montante, sous la troisième arche du pont des Moines-Noirs.

Avant d'en venir à cette extrémité terrible, Melford résolut cependant d'épuiser son courage à attendre sa chère Caroline. Il se fiait au hasard, sa dernière ressource. Le hasard n'abandonne jamais ceux qui ont confiance en lui. C'est une justice à lui rendre. Melford en fut la preuve.

Un jour, en traversant la pelouse qui mène, comme un chemin de velours vert, de Carlton-Terrace au pavillon de l'horloge du vieux Saint-James, il vit une jeune dame qui donnait des tasses pleines de lait chaud à de petites filles : il recula d'un pas, les yeux fixes et le visage bouleversé, comme si la pelouse lui eût décoché une couleuvre aux pieds. L'œil d'un époux encore amant ne pouvait se méprendre ; cette femme aurait été reconnue entre toutes les femmes de Londres. Le nom de Caroline monta du fond du cœur aux lèvres de Melford ; mais il ne sortit point. Oh ! c'était bien elle ; le temps, l'absence, le chagrin, ces ennemis de la beauté, avaient, par exception, rendu Caroline cent fois plus belle. Une simple robe d'été, lilas clair, traduisait fidèlement sa gracieuse taille ; son chapeau de paille à la Paméla (excusez l'époque) ne pouvait dissimuler l'opulence de sa chevelure, qui débordait circulairement en cascade d'or ; un céleste sourire rayonnait comme une auréole autour de son frais visage, et l'azur limpide de ses yeux exprimait à la fois la pudeur de la vierge et la joie de la jeune mère qui se réjouit de ses enfants.

C'est au sourire surtout qu'on doit reconnaître la femme aimée, si l'absence vous a séparé d'elle trop longtemps. Melford aurait voulu douter; mais le doute était impossible, même avec la circonstance imprévue qui foudroyait le jeune époux. Il voyait sa femme entourée de trois jeunes filles !... L'aînée, il la reconnaissait très-bien ; une seconde pouvait être admise, à la rigueur, à la place du Simon désiré ; mais la troisième était suspecte.

Ce fut l'apparition de cette troisième fille qui déconcerta Melford et le cloua sur ses pieds, derrière le large tronc d'un ormeau planté là pour le favoriser.

Voyant sans être vu, Melford étudia tous les mouvements de cette famille dont il eût bien voulu que le néant gardât la moitié. Les trois jeunes filles lutinaient la vache avec des éclats de rire, joyeux comme le chant de l'alouette à l'aube ; la jeune mère riait du rire de ses enfants, elle les prenait tour à tour, et les plaçait sur le dos de la bonne bête nourricière qui restait immobile pour ne pas effrayer ces innocentes créatures ; les belles dames qui passaient s'arrêtaient un instant, et applaudissaient à ces jeux, avec ces divins sourires qui rayonnent partout dans Londres, et remplacent le soleil. Oh! ne la prenez pas au sérieux cette gaîté de femme ! Si Melford eût été moins aveuglé par sa colère, il aurait vu que, par moments, la joie s'éteignait sur le visage de Caroline, et que la pauvre mère, détournant ses yeux loin de ses filles, les lançait furtivement au ciel, comme pour lui demander un secours. Puis les jeux et les cris enfantins

19.

recommençaient et rappelaient cette jeune mère à ce qui se passait sur la pelouse du jardin.

Cinq heures sonnèrent à l'horloge voisine, et la jeune femme, qui avait compté les coups avec attention, rajusta le désordre de sa toilette, embrassa ses trois filles, comme pour faire sonner sur leurs joues la fin de la récréation, et fixa ses regards du côté du grand escalier de la terrasse. Elle attend quelqu'un! dit Melford en lui-même; à l'attention avec laquelle elle regarde ceux qui arrivent par cet escalier, on ne peut s'y tromper! et une sueur amère colla la langue du marin contre le palais.

En effet, un homme de quarante-cinq ans, d'un extérieur distingué, marchant d'un pas solennel, et mêlant de la gravité à son sourire, descendit, au bout de quelques minutes, l'escalier de Carlton-Terrace, et fut accueilli, à trois pas de Melford, par les caresses empressées de la jeune famille. Caroline prit les mains de cet homme et les serra si affectueusement que Melford crut recevoir au cœur un coup de bec de vautour. L'inconnu gentleman offrit gravement son bras à Caroline, prit la main de la plus petite enfant (de la sienne! dit Melford) et descendit vers la voûte du pavillon qui débouche devant White-Hall.

Melford suivit tout ce monde qui était véritablement, à cette heure, l'univers pour lui; il remonta de la sorte Parliament-Street, côtoya le palais de Northumberland, entra dans le Strand, qu'il suivit longtemps dans sa longueur, et vit disparaître la famille dans le gouffre noir du marché d'Humgherford, qui mène à l'embarcadère.

— Où vont ceux qui s'embarquent là-bas? demanda-t-il au premier passant.

— A Greenwich.

— A Greenwich! s'écria-t-il, on ne m'avait donc pas trompé! suivons!

Et il descendit l'escalier et s'embarqua, mêlé à d'autres passagers qui dirigeaient aussi leur promenade sur le même point.

L'œil du tigre qui attend la gazelle à l'abreuvoir n'a pas cette fixité de direction que Melford avait commandée à son regard, depuis Londres jusqu'à Greenwich. Il ne vit rien dans la traversée, rien que l'odieux époux de l'infidèle Caroline. Cet homme, assis à la poupe, étalait son bonheur avec une insolence qui provoquait la foudre aux mains d'un rival. Cent fois Melford fut tenté d'aller à lui du pas nonchalant et insoucieux de la panthère et de le précipiter dans les flots; mais il voulut voir jusqu'au bout l'étendue de son malheur conjugal, toujours décidé à quelque dénouement tragique, devant servir d'exemple aux femmes de marins déclarées veuves après quatre ans d'absence de leur propre autorité.

Dans cet ouragan de haine, de jalousie, de désespoir qui grondait en lui, l'amour paternel avait été emporté comme un sentiment vulgaire; il y avait un nuage qui voilait tous les objets vivants et morts, et qui ne laissait visible que cette calme figure d'homme heureux, ce ravisseur légal de la plus belle des femmes; Melford rougissait d'une honte brûlante, en se comparant, lui, pauvre marin dévasté par la misère, à cet homme opulent dont la figure avait le sourire éternel du bonheur accompli.

A force d'examiner ce puissant rival, Melford crut un instant le reconnaître et lui donner un nom ; à la chute du jour, quand un rayon du soleil couchant, échappé de la nue, mettait dans un relief lumineux ce noble visage nonchalamment penché sur une bordure de velours, Melford était sur le point de s'écrier : C'est lui ! mais oui?... à quel mystérieux souvenir d'une vie aventureuse se rattachait-il, cet inconnu? sur quel point du globe avait-il en passant laissé une empreinte si profonde dans la tête du marin ? Melford, abîmé dans le gouffre noir du passé, faisait le tour du monde en cinq minutes, et ne le rencontrait nulle part ; et pourtant il y avait en lui une conviction inexorable qui lui criait : tu l'as vu !... Oui, oui, je l'ai vu dans un rêve, disait-il, dans un rêve que Dieu m'avait envoyé pour me montrer l'époux de ma femme ! La nuit n'a point de secrets ! je l'ai vu dans ce songe affreux qui fit rouler sous mes yeux les terres et les océans, avec un fracas plus terrible à mon oreille que le tonnerre de Trafalgar ! je l'ai vu quand le fantôme de Caroline se leva dans Londres désert, pour me demander asile et protection ; ce fut sans doute cette infâme nuit qui consomma l'adultère, et l'enfer m'envoya cette vision à trois mille lieues de mon lit nuptial ! eh bien ! si l'enfer s'en mêle, l'enfer sera content !

Les noires colonnades de Greenwich se détachaient, dans le crépuscule, sur le pâle ruban de la Tamise ; les passagers, calmes comme tous les passagers de ce globe qui a si peu de passions à sa surface, quoi qu'on en dise, les passagers comptaient sur leurs doigts les *pences* et les *schillings*, prix de la traversée. Cette circonstance, toute vulgaire qu'elle était, ramena Melford aux accidents de la vie commune; du haut de ses visions, il tomba dans le fond de sa bourse : elle était vide ! Le voilà prisonnier pour trois schillings à bord d'un ponton anglais !

— Oh! ma vie pour trois schillings! s'écria-t-il au fond du cœur en parodiant Richard III.

Un brouillard et la nuit descendaient sur la Tamise; les passagers s'étaient amoncelés sur la planche du péage : Melford gagna l'arrière et se laissa glisser dans le fleuve; puis, nageant entre deux eaux, il atteignit le rivage à vingt pas du pont de débarquement.

Il n'y a pas de meilleurs flambeaux dans les ténèbres que la jalousie et l'amour; Melford sortit des eaux pâle et ruisselant comme le spectre d'un naufragé, et atteignit en deux bonds cet homme, cette femme, ces enfants, qui portaient sa vie avec eux; il ne s'égara point sur leurs traces; il mit ses pieds dans le sable déplacé par leurs pieds; il dévora l'air qui se fendait devant eux et qui lui apportait un son de voix si doux lorsque sa femme était un ange; il les suivit par les sentiers escarpés qui montent en tournant sur les hauteurs du parc; une grille de fer s'ouvrit devant eux et se referma. On était arrivé. Melford resta seul dans le chemin et regarda la grille longtemps, comme doutant de l'étendue de son malheur; puis il mit son visage entre deux barreaux et sourit, comme sourit le damné, à la grille de l'enfer, dans la fresque d'Andrea Orcagna.

Tout ce qu'une passion échauffée au soleil des tropiques

inspire de désespéré dans le cœur d'un homme, Melford le ressentit en cet instant fatal. Que de joie, que de bonheur, que de douces étreintes, cette maison allait couvrir ! et lui était jeté à la porte de ce paradis ; lui, maître absolu de cette femme ! lui, chassé comme un chien parasite de ce festin de volupté !

— Non, non, assez de caresses adultères ! s'écria-t-il, assez de flétrissure sur elle et sur moi ! place au maître ! arrière, voleur de ma chair !

Il plongea sa main droite dans ses vêtements et s'assura que son inséparable dirck, de bonne trempe anglaise, était toujours lié à sa ceinture.

— Bien ! dit-il ; c'est une femme qui a fait inventer le poignard.

Et il sonna à la grille comme un ami de la maison. On ouvrit du dedans ; il entra d'un pas modéré, traversa le jardin, et sur le seuil de la maison il trouva un petit domestique noir qui attendait. La nuit était noire et cachait le désordre physique et moral de Melford.

— Je veux parler à... au maître de la maison, dit-il en vulgarisant le ton de sa voix.

— A sir O*** ? dit étourdiment l'enfant.

— A sir O***, répondit Melford, répétant ce nom comme un écho stupide.

— Donnez-vous la peine d'entrer dans ce salon.

L'enfant ouvrit la porte d'un salon d'attente et monta l'escalier. Melford entra, et il s'effraya de lui-même en trouvant un miroir devant lui.

Il tira son poignard de marin et en essaya la pointe.

— Bien! dit-il; et, levant son poignard, il poignarda l'air en forme d'essai. Je me nomme et je le tue... dit-il; après, nous verrons... Oui, oui, ajouta-t-il, oui, fais ta dernière caresse; je t'accorde encore celle-là!

Cette détermination énergiquement prise, Melford se mit à regarder les tableaux du salon : il y en avait un si étrange qu'il le frappa, même dans un de ces moments suprêmes où l'on ne s'étonne de rien. Ce tableau bizarre représentait de hautes montagnes au fond, et une femme sur le premier plan. On lisait sur le cadre : *Bas-relief de la ville de Canton représentant la mère de Confucius allant sur les monts Ny-Kieou demander la fécondité.* — *Dessiné à Canton par sir O***.*

La main qui tenait le poignard s'entr'ouvrit et l'arme tomba sur le parquet. Une soudaine illumination dévoila à Melford le mystère de cette ressemblance des traits de cet homme avec un autre visage qu'il avait vu dans la maison du mandarin. Un de ces inépuisables jeux du hasard, qui sont traités d'invraisemblables par les hommes de vie bourgeoise et moutonnière, donnait à Melford pour rival ce peintre voyageur qui passa devant les yeux de Taï-Sée, et lui inspira un amour si profond que sa fille Kia, née dans la première période de cette étrange passion, avait gardé l'empreinte matérielle de la pensée de sa mère, une ressemblance merveilleuse, et bien innocente pourtant dans son origine, quoiqu'elle parut révéler une coupable paternité.

— Moi, dit soudain Melford en lui-même, moi, assassiner cet homme qui a donné à la bonne douce Taï-Sée les seuls moments de chaste bonheur qu'elle ait eus, cette pauvre femme ! jamais ! jamais !

Il ramassa le poignard en disant : Il ne se tournera que contre moi !

Un bruit de pas qui retentit dans l'escalier tira le jeune marin de ses réflexions et de ses monologues. Melford rappela toute sa force et son sang-froid, et appuyant nonchalamment un de ses coudes sur le marbre de la cheminée, il attendit. En jetant les yeux sur l'adresse d'une lettre posée là parmi d'autres papiers, il apprit la haute qualité du maître de la maison ; il allait parler à sir O***, premier secrétaire (*first-clerk*) de l'amirauté, à l'Office de White-Hall.

Sir O*** entra, et rien ne peut exprimer la contraction de surprise qui bouleversa son calme visage lorsqu'il vit dans le salon un superbe jeune homme en costume de naufragé qu'on vient de rappeler à la vie, et qui garde encore sur sa face la pâleur verdâtre de la mort. Cependant sir O*** reprit bien vite l'allure impassible du gentilhomme qui s'attend à tout et ne craint rien ; et répondant par un léger signe de la main au salut de Melford, il lui dit :

— Monsieur, que demandez-vous ?

— Rien ! répondit Melford.

La situation peut élever un monosyllabe à la hauteur d'une tragédie complète. Ce *rien* prononcé d'une voix rauque, entre deux bougies, par un sinistre personnage, ébranla un instant le courage de Sir O***. Melford n'ajouta pas une syllabe, et regarda le parquet.

— Ce salon a une porte, dit sir O*** ; il paraît, Monsieur, que vous l'avez oubliée.

— Pouvez-vous, Monsieur, dit Melford, me montrer le dessin sur papier de Chine qui vous fut envoyé par une main invisible à Canton, et qui représente ce que représente ce tableau ?

— Silence ! Monsieur, dit sir O***, avec une agitation mêlée de crainte.

— Silence ! dites-vous ? Est-ce que la jalousie rôde autour de ce salon ?

— Point de questions ! dit sir O***, d'un ton sec et noté par une colère sourde qui va éclater à la première contradiction.

— Point de questions, soit, dit Melford, avec ce sang-froid qu'une menace donne à l'homme courageux ; eh bien ! je vais vous faire des réponses...

— Point de réponses ! Pas un mot de plus ! Sortez !

Et il fit deux pas vers Melford.

— Pas un mouvement de plus ! s'écria Melford, en élevant son poignard par-dessus la tête.

Sir O*** marcha tranquillement vers la porte et la ferma résolument ; puis se replaçant devant Melford, il croisa les bras et dit :

— Point de bruit ! monsieur ; que voulez-vous ? Je ne vous connais pas !

— Je vous connais, moi !

— Voulez-vous m'assassiner ?

— Ce serait déjà fait, si je l'eusse voulu.

Et il jeta son poignard aux pieds de son interlocuteur.

— Parlons bas, dit sir O***, il y a des femmes dans la maison.

— Il y en a une de trop, dit Melford, en appuyant sur chaque mot.

— Laquelle ?

— La mienne !

A ce mot, prononcé d'un ton sec, sir O*** poussa un cri, éleva ses mains et les croisa sur sa tête en considérant sir Melford de la tête aux pieds.

— Regardez-moi bien, regardez-moi bien, dit Melford ; si vous m'eussiez connu, je ne serais pas reconnaissable, tant le malheur m'a changé ! Je suis sir Melford, natif d'Anglesey, dans le Devonshire, officier de la marine royale, et l'époux de votre femme ou de votre maîtresse ; vous voyez qu'il y a ici un homme ou une femme de trop.

— Oh ! miracle du ciel ! s'écria sir O***, avec un rayonnement de joie qui éclata sur toute sa personne, vous êtes sir Melford, dites-vous ! Que Dieu soit béni ! Il est toujours bon et juste, sir Melford !

— Il paraît, dit Melford un peu embarrassé de la joie inexplicable de son interlocuteur, il paraît, sir, que ma présence ne vous épouvante pas.

Sir O*** sonna pour appeler un domestique ; il ouvrit la porte et dit quelques mots en dehors.

— Sir Melford, poursuivit-il, avant tout, je veux vous présenter à ma femme et à mes enfants.

— Ah ! vous raillez ! s'écria Melford que la fureur saisissait à la gorge ; vous raffinez l'outrage ; eh bien ! je vous ferai en public tel affront sanglant.....

Sir O*** s'approcha de Melford, avec un air de bonté si persuasive, qu'elle le désarma. En même temps, la porte du salon s'ouvrit, et une dame, tenant par la main deux jeunes gens de quinze à seize ans, parut et s'arrêta sur le seuil comme effrayée de l'air de désolation qui régnait autour d'elle.

— Madame, mes enfants, dit sir O***, vous avez entendu parler bien souvent, dans nos entretiens du soir, de l'infortuné sir Melford, le voilà devant vous. — Sir Melford, voilà ma femme et mes enfants.

Melford ouvrit les yeux démesurément, et garda quelques minutes un silence de stupéfaction; puis d'une voix étouffée il dit :

— Et mistress Melford? et ma femme, et mes enfants à moi où sont-ils?

— Toute votre famille est ici; elle habite le pavillon de ce jardin.

— Oh! je veux les voir! je veux les voir! s'écria Melford en courant vers la porte.

Sir O*** l'arrêta doucement, et lui serrant les mains avec affection, il lui dit :

— Point d'imprudence, mon fils, car vous êtes mon fils, puisque mistress Melford est ma fille adoptive; point d'imprudence; ne précipitons rien. Il faut que ma femme prépare habilement mistress Melford à revoir son mari, qu'elle pleure sans espoir depuis trois ans. Une reconnaissance trop brusque la tuerait, cette bonne Caroline! Nos soins et notre affection vous l'ont conservée, Melford, elle, et votre chère Lisa, et les deux charmantes petites jumelles que vous ne connaissez pas encore.

— Donnez-moi de l'air! donnez-moi de l'air! s'écria Melford ; je veux respirer ! J'étouffe ! je veux voir mes filles ! Madame, vous qui pleurez, parce que vous êtes mère, conduisez-moi vers mes enfants... Allez, allez... la joie ne tue pas puisque je suis encore vivant; c'est un préjugé de croire qu'on meurt de joie !

— Allez, Madame, dit sir O***, faites ce que veut sir Melford. Votre femme est une pierre précieuse que j'ai enlevée à la corruption d'une grande ville. Tous les jours, pendant un an, elle est venue à l'Amirauté me demander des nouvelles de son mari, et je n'avais que des réponses désolantes à lui donner. Enfin, lorsque l'espoir, le dernier espoir, a été perdu, je lui ai dit : Ma fille, vous êtes trop belle pour rester à Londres, trop sage pour vous remarier, trop pauvre pour vivre honnêtement avec une famille; venez dans la mienne. Et je l'ai établie chez moi.

Melford se jeta aux genoux de sir O*** en sanglotant ; il murmura quelques paroles de reconnaissance couvertes de larmes ; et lorsqu'il se releva, il arrivait au comble du bonheur : sa femme et ses filles étaient dans ses bras.

UN ACTE DE DÉSESPOIR.

UN ACTE DE DÉSESPOIR.

I

Au traité de paix de 1814, tous les prisonniers français qui se trouvaient à bord du ponton de Kingstown, en Irlande, furent rendus à la liberté. Presque tous traversèrent, le lendemain de leur délivrance, le canal Saint-Georges, pour regagner la France. Dans le petit nombre de ceux qui ne témoignèrent pas le même empressement à revoir la patrie, Dublin a conservé les noms des enseignes Célestin et Xavier : c'étaient deux orphelins qui, par leur naissance, appartenaient plutôt à la mer qu'à la terre, et qui, n'ayant rien dans leurs souvenirs, ni caresses maternelles, ni clocher de village, ni fiançailles suspendues par la conscription, trouvèrent que Dublin était une ville qui méritait comme une autre d'être habitée, et ils résolurent de se fixer, du moins provisoirement, dans cette magnifique et hospitalière cité.

Il y avait d'ailleurs une raison majeure qui les portait à fonder un modeste établissement à Dublin. Dans leur longue captivité, ils mettaient à profit un très-remarquable talent d'artistes, en fine menuiserie : ils avaient fait un musée complet, à pièces détachées, représentant chacune quelque point de vue à portée de leur bagne flottant; et certes, le hasard de leur position les servit à souhait, car le travail des hommes et de la nature a prodigué des perspectives superbes entre Kingstown et Dublin, jusqu'au promontoire de Howth-Hill.

Nos deux marins croyaient avoir une fortune à exploiter en montrant ce musée à la capitale de l'Irlande, et surtout en provoquant la politique munificence de quelque riche lord qui achèterait ce beau travail à un prix énorme. Célestin et Xavier n'avaient pas un *schilling* en pôche; mais ils n'auraient pas vendu leur musée pour vingt mille livres sterling : dans leur amour-propre d'auteurs, ils estimaient leur travail quatre fois cette valeur, au moins.

Ils louèrent une chambre d'entresol sur la place de *Christ-Church*, et placardèrent cette enseigne :

GREAT ATTRACTION !
VENEZ VOIR
TOUTES LES MERVEILLES DE LA RADE ET DE LA VILLE DE DUBLIN !
CETTE FLEUR DE LA TERRE, CETTE PERLE DE LA MER !
UN SCHILLING LE BILLET.

La foule ne manque jamais aux exhibitions en Angleterre ; c'est un pays rempli de gens qui ne demandent pas mieux que d'échanger un schilling contre une émotion de deux minutes : les recettes étaient superbes. Célestin et Xavier faisaient des rêves d'or ; en huit jours ils avaient déjà dans leur coffre cent livres sterling en billets de cinq livres, menue monnaie des *bank-notes*. Ils se voyaient millionnaires au bout de l'an, car leur plan était d'exploiter toutes les grandes villes de l'Angleterre, et de rentrer en France avec une chaise de poste et deux laquais.

Hasard ou haine détruisit en un clin d'œil ces beaux projets.

Un incendie dévora le musée de Célestin et de Xavier; eux-mêmes faillirent perdre la vie en essayant d'arracher aux flammes leur fortune, hélas! trop combustible. La mode des assurances contre l'incendie était encore, à cette époque, à peu près inconnue à Dublin. D'ailleurs nos deux marins n'auraient pas songé à prendre cette précaution.

Ils perdirent tout, même leurs cent livres en billets de banque; à peine si leur bourse renfermait deux ou trois *souverains* et quelques *couronnes* : c'était du pain pour quinze jours.

Kean et Kemble se sont bien souvent tordus de désespoir devant le public anglais; mais la pantomime désolante de ces deux acteurs fut vaincue par les convulsions de nos deux pauvres marins. Dès qu'une parole put arriver aux lèvres cadavéreuses de Célestin, il s'écria :

— Tonnerre de sort! (il était de Marseille) faut-il avoir été maudits au berceau! Nous sautons, sur *l'Orient*, à Abou kir, on nous pêche et on nous envoie aux galères de Plymouth! bien! Nous nous échappons. A Trafalgar, on nous coule bas avec *l'Infernet!* on nous repêche et on nous envoie à Kingstown! encore mieux! Nous ramons dix ans sur les pontons, nous faisons vingt chefs-d'œuvre avec nos doigts, nos dents et du mauvais bois avarié ; cette fois nous touchons à la fortune. Voilà que l'enfer nous envoie un échantillon de ses chaudières et nous brûle vifs! Malédic=tion !

En parlant ainsi, Célestin traversait le pont de Saint-Ste=phens; sous ses pieds grondait la rivière de Liffey, que la fonte des neiges avait considérablement grossie. Le marin lança un coup d'œil d'à-plomb sur les eaux jaunâtres et tor=rentielles, et le même regard fatal rebondit sur le visage de Xavier.

— Je te comprends! dit Xavier ; nous sommes destinés à périr dans l'eau douce. Embrassons-nous, et ainsi soit-il.

— Que je sois damné si je recule ! dit Célestin.

Et il s'élança sur le parapet de *Stephens-Bridge*. Xavier fit le même bond. Ils croisèrent fortement les bras sur leur poitrine, comme pour s'exprimer à eux-mêmes l'énergique résolution de ne pas nager comme de francs loups de mer qu'ils étaient, et ils se précipitèrent tête première dans la Liffey.

Le bruit affreux que fit cette double chute de deux grands corps réveilla en sursaut une meute de chiens de Terre-Neuve, qui depuis fort peu de temps avaient commencé leur service à la tête du pont. Lord O'Calligham, célèbre philanthrope irlandais, était le fondateur de ce corps de garde de chiens sauveurs, et ce jour-là précisément la meute terre-neuvienne faisait son début. Les agiles animaux arrivèrent au fond de la Liffey en même temps que Célestin et Xavier. Les deux marins se sentirent saisis aux basques de leurs habits par des gueules vigoureuses ; mais, comme leur projet de suicide était irrévocable, ils luttèrent contre leurs sauveurs avec une incroyable énergie. Hommes et chiens remontèrent subitement à la surface des eaux ; la rivière écumait sous ces convulsions précipitées de pattes, de bras et de pieds. Déjà deux chiens, plus exercés au sauvetage que les autres et plus acharnés sur les deux marins, allaient porter la peine de leur zèle et n'exhalaient plus de leurs gosiers que des cris étouffés semblables à ceux de l'agonie, car ils avaient avalé plus d'eau bourbeuse qu'il n'en faut à dix chrétiens pour se noyer, lorsque Célestin et Xavier, touchés subitement de compassion en faveur de ces deux pauvres bêtes agonisantes, les entraînèrent avec eux à la nage vers la rive de la Liffey et les sauvèrent de la mort.

Eux aussi se sauvèrent du même coup, par mégarde et sans le vouloir. La foule accourue, témoin de cette scène, donna son admiration aux chiens et sa pitié aux deux marins. Le shériff Edmund Tacker, vieillard de soixante et dix ans, fit un petit discours de circonstance aux étrangers sauvés des eaux, et les conduisit processionnellement à l'église catholique de Saint-Patrick.

Célestin et Xavier jouissaient du bénéfice d'une seconde vie. Ils étaient morts une fois et ils ressuscitaient. Ces deux Lazares de la marine française avaient acquis à Dublin, surtout parmi le peuple, une juste célébrité, à cause de leur suicide avorté qui annonçait en eux un rare courage et une énergique organisation. Cette illustration, conquise dans les eaux de la Liffey, était pourtant assez stérile pour eux ; elle ne leur rendait ni leur beau musée brûlé, ni la grande fortune qui était au bout de cent exhibitions. Le shériff leur avait dit :

— Travaillez, mes enfants, gagnez votre pain, et vous retrouverez encore le bonheur.

Au fond, le shériff avait raison. A l'âge de trente ans, dans quelque position que ce soit, il y a toujours du pain au bout de deux bras. Mais Célestin et Xavier s'étaient placés, par un raisonnement faux, en dehors du devoir commun. Ils souffraient et travaillaient depuis l'âge de dix ans ; ils s'étaient énervés dans l'immobilité nonchalante du ponton ; les chefs-d'œuvre sortis de la pointe de leurs doigts n'avaient pu donner aucune énergie à leurs muscles ; ce travail de broderie les avait, au contraire, efféminés et rendus impropres aux ouvrages virils. Ensuite, ils étaient arrivés, en marchant de la conjecture à la conviction, à se persuader que l'incendie de leur musée n'était pas un événement de hasard, mais un crime combiné par jalousie ou vengeance au préjudice de deux Français ; de sorte qu'ils croyaient voir leur incendiaire ennemi dans chaque passant. Ces deux malheureux, après avoir jeté une fois leur vie au fond de la Liffey, et croyant n'avoir plus aucun devoir à remplir sur la terre, et aucune punition humaine à redouter, combinèrent un plan infernal contre cette ville de Dublin qui les avait tués par l'eau et le feu.

— Écoute, Xavier, disait Célestin ; j'ai entendu conter à bord, dans mon enfance, l'histoire de M. Roux, négociant de Marseille. M. Roux avait à se plaindre des Anglais, comme nous. C'était un riche particulier qui prêtait de l'argent à Louis XVI ; il ne connaissait pas sa fortune ; il aurait mis, pendant un quart d'heure, des zéros à la suite d'un 1, sans donner le compte de ses richesses. Il avait une flotte de vingt vaisseaux marchands, je ne sais combien de corsaires. M. Roux, voyant que Louis XVI restait tranquille, déclara la guerre, lui Roux, au roi de la Grande-Bretagne. Sa lettre, qui annonçait les hostilités, commençait ainsi : Moi, Roux Ier, a Georges III. C'était en règle. Roux Ier commença par faire beaucoup de mal aux Anglais ; mais le roi d'Espagne et Louis XVI intervinrent entre les deux puissances belligérantes, et le traité de paix fut signé.

— Je connaissais cette histoire, dit Xavier, voyons où cette histoire doit-elle nous mener.

— Tu ne le comprends pas, mon ami ?

— Parle toujours, mon Provençal.

— Eh bien ! nous allons faire comme mon compatriote Roux Ier. Nous déclarons la guerre à Dublin.

— Déclarons.

— Nous avons un antécédent ; notre position est meilleure que celle de Roux Ier ; nous sommes dans le cœur de notre ennemi.

— Dans ses entrailles.

— Et si notre ennemi nous refuse nos contributions de guerre, nous le faisons sauter comme il nous a fait sauter à Aboukir ; cela est juste, Xavier, n'est-ce pas ?

20.

— Célestin, du premier coup j'ai approuvé ton plan, hier quand tu me l'as indiqué sans développement...

— Je te le développerai, Xavier...

— Moi, pour y mettre quelque chose, je réduis ce plan à sa véritable expression en le moralisant. Nous louons, dis-tu, un premier étage à *Sakeville-street*.

— Oui...

— Bien! nous montons le vaisseau le *Sakeville* et nous allons nous battre contre le vaisseau le *Dublin*. Ce sera un combat naval sur terre.

— C'est cela.

— A quand donc la déclaration des hostilités, Célestin?

— Quand nos batteries seront prêtes... A demain.

— Oui, à demain : je brûle de faire mon quart à bord du *Sakeville*, à l'ancre entre deux maisons; je crains d'avoir le mal de terre ; je n'ai jamais navigué sur le continent. As-tu le pied terrestre, toi ?

— Xavier, on s'habitue à tout, quand on est mort une fois dans sa vie comme nous deux. Ecoute, tu as approuvé mon plan, il faut le résumer en quelques mots.

— Avec nos achats faits en détail, çà et là, dans Dublin, nous avons un baril de poudre anglaise, première qualité ; voilà la base de notre affaire.

Nous avons loué un premier étage à *Sakeville-Street*, entre les bureaux de la poste et la belle manufacture de Richard Schwab; c'est une position superbe ; nous tenons le centre du plus riche quartier de Dublin ; nous sommes en mesure d'incendier toute la correspondance de l'Irlande, quelques millions d'étoffes, et tout *Sakeville-Street* par ricochet, corps et biens.

La nuit de demain, nous affichons aux quatre coins de Dublin un placard ainsi conçu ; il est adressé AUX HABITANTS :

« Les deux marins noyés et sauvés de la Liffey déclarent
» la guerre à la ville de Dublin.

» Ils sont logés *Sakeville-Street*, 27, entre *Post-Office* et la
» manufacture de Richard Schwab.

» Le plancher de leur chambre contient un baril de deux
» cents livres de poudre, prêt à sauter dans les cas suivants :

» 1° Si les hommes de police font la moindre tentative pour
» entrer dans la chambre à poudre.

» 2° Si l'on arrête l'un des deux marins, celui qui se pro-
» mènera dans Dublin, lorsque l'autre tiendra la mèche al-
» lumée sur le baril.

» 3° Si l'on n'apporte pas aux deux marins toutes les cho-
» ses nécessaires à leur existence et à leurs amusements,
» lorsqu'ils les demanderont.

» 4° Si les voisins s'écartent de leurs maisons comme
» pour les isoler, et les menacer ainsi de quelque attentat de
» la police.

» 5° Les deux marins promettent sur l'honneur de proté-
» ger nuit et jour la ville et les propriétés des habitants de
» Dublin, si les habitants de Dublin se comportent bien à
» l'égard de deux infortunés, honorablement connus dans la
» capitale de l'Irlande.

» 6° L'un des deux marins fera chaque jour dans Dublin
» sa promenade de midi à cinq heures ; tous les citoyens

» sont invités à veiller sur lui ; si à cinq heures et demie il
» n'était pas rentré, son camarade laisse tomber la mèche
» sur le baril, et *Sakeville* saute comme l'*Orient* à Abou-
» kir.

» Signé, CÉLESTIN et XAVIER. »

Lorsque leurs dispositions furent prises et toutes habilement calculées, Xavier sortit au milieu de la nuit avec une centaine de copies de cette proclamation, et il la placarda partout. Au lever du soleil, le shériff reçut une lettre des deux amis par laquelle il était invité à se rendre sur-le-champ chez eux, dans l'intérêt de la ville de Dublin.

A cette heure, Dublin n'avait pas encore ses yeux assez ouverts pour lire la proclamation des deux marins.

Le shériff, qui savait que ces deux enragés Français étaient capables de toutes les folies, oublia son rang, et se rendit à l'invitation. Il fut reçu dans la chambre à poudre avec une grande politesse de ponton. Célestin lui présenta un siége et lui dit :

— Mon honorable shériff, prenez la peine de lire cet exemplaire de la proclamation que nous avons affichée aux quatre coins de Dublin.

Le shériff regarda Célestin, prit le papier, mit ses lunettes, et lut en faisant un bond sur sa chaise à chaque article.

— Honorable shériff, dit Célestin, vous connaissez maintenant notre petite affaire aussi bien que nous ; il me reste à vous présenter notre palladium ; c'est une Sainte-Barbe à domicile qui est là devant vous, à fleur de plancher ; un petit volcan de poche... n'ayez pas peur... et ne criez pas !... au moindre cri, mon shériff, nous sautons par-dessus le clocher de Saint-Patrick. Regardez Xavier qui rapproche la mèche... une mèche qui brûle toujours, mon shériff; c'est le feu de Vesta. Les vestales ont changé de sexe seulement. Que dites-vous de l'idée, shériff ?

Le vieux magistrat, immobile de surprise et d'effroi, regardait le cercle menaçant et noir, fortement scellé dans le plancher.

Célestin prit une poignée de grains de poudre et la présentant au shériff :

— Voyez, dit-il, c'est d'une qualité supérieure ; jugez de notre Vésuve domestique par l'échantillon. Emportez cela chez vous pour le faire analyser par vos chimistes ; ils vous diront si c'est de la graine d'oignon. Maintenant, nous vous rendons à votre liberté, monsieur le shériff.

Le vieillard se leva sans oser faire paraître sur sa figure le moindre sentiment qui pût blesser deux ennemis terribles, et sans prononcer une parole ; car il ne pouvait parler que pour flétrir, en digne magistrat, le crime de ces projets incendiaires. Célestin et Xavier le conduisirent jusqu'à l'escalier, l'un l'obligeant de prendre l'échantillon de poudre dans une boîte, l'autre lui présentant la mèche allumée comme une sentinelle présente les armes à son chef.

II

Quelques heures après, il était facile de voir que la proclamation avait produit son effet. Aux environs du monument de Nelson, et devant le palais des postes, la foule de tous les jours était réduite à quelques groupes inquiets. Les constables inondaient *Sakeville*, mais en affectant de ne rien avoir d'hostile et de menaçant dans leur attitude. Dans le lointain, on apercevait le shériff qui s'était arrêté hors de la portée de l'éruption, et qui semblait, par ses gestes, recommander la prudence à ses interlocuteurs.

A midi, Célestin, en costume de marin de ponton, et la cocarde française à son chapeau goudronné, sortit hardiment sur le pavé de *Sakeville* ; et, quand il fut au milieu de cette rue d'une largeur immense, il se retourna pour échanger des saluts avec Xavier qui se montra un instant à la croisée, sa mèche allumée à la main.

Célestin marcha droit au shériff, et lui dit :

— La pièce est commencée, cela marche bien ; Dublin sera sage, et nous serons reconnaissants.

— Monsieur, dit le shériff, le service de la poste souffre beaucoup ; les boutiques ne s'ouvrent pas dans *Sakeville-Street* : voyez, il y a de l'inquiétude.

— Eh! de quoi s'inquiète-t-on, honorable shériff? nos intentions sont pures. Il fallait s'inquiéter lorsque la main d'un criminel incendia notre musée, et nous réduisit à l'indigence. Aujourd'hui, que Dublin fasse son devoir, et tout ira bien. Je vais commander notre déjeuner à l'hôtel de Greamesh, le premier hôtel du monde. Il va sans dire, shériff, qu'à la moindre douleur d'entrailles, nous vous accusons d'empoisonnement, et *Sakeville* saute en cent millions de morceaux. Tout est prévu, shériff, tout, même la tentative d'empoisonnement.

— N'ayez point de crainte, Monsieur...

— De crainte! bah! c'est à Dublin de trembler! De crainte! vous moquez-vous de moi?... Depuis ma naissance à bord de l'*Indien*, je passe ma vie à mourir ; j'ai vu l'enfer à cinq ou six reprises, comme je vous vois.

— Mais, Monsieur, ajouta le shériff avec une voix douce et persuasive, renoncez à cette abominable folie!... à...

— Shériff, n'ajoutez pas un mot, ou je fais un signe et nous sautons par-dessus les nuages.

Puis, s'adressant à la foule qui l'environnait, le marin ajouta :

— Messieurs, je vous ordonne de vous retirer, j'ai besoin d'air ; laissez-moi seul.

En un clin d'œil la foule avait disparu ainsi que le shériff.

Célestin ressentit un juste sentiment d'orgueil en voyant avec quelle facilité une de ses paroles jetait la consternation dans le peuple de Dublin. D'un pas majestueux, il s'achemina vers l'hôtel de Greamesh, et il demanda d'une voix maritime et provençale qu'on lui servît à déjeuner.

Toute la domesticité des deux sexes, le *land-lord* en tête, accourut aux ordres de Célestin ; on lui servit trente plats sur une table, et des vins d'Oporto, de Sherry et de Claret. Le repas terminé, il fit un choix dans les plats intacts, les mit dans une corbeille, et appelant le *land-lord*, il lui dit :

— Monsieur, ceci est pour mon frère Xavier, c'est son déjeuner ; maintenant, donnez tout ce que j'ai laissé à ces groupes de pauvres femmes qui ont assisté par les croisées à mon déjeuner.

Le maître de l'hôtel s'inclina en faisant un signe très-expressif d'obéissance aux volontés du baril de poudre voisin, représenté par le marin français.

Célestin fit le signal convenu avant d'ouvrir la porte de la chambre volcanique, et Xavier approcha la mèche allumée du baril de poudre. Célestin referma la porte à triple tour, et déposa les provisions sur une table.

— Serre-moi les mains, Xavier, dit-il en s'asseyant : tout marche bien ; la machine est admirablement bien montée ; Dublin est à nous... Quel déjeuner je viens de dévorer chez Greamesh ! quels vins ! quels domestiques charmants ! Déjeune, déjeune à ton tour, mon ami ; j'ai commandé notre dîner pour sept heures...

— Et le shériff? le shériff, dit Xavier en découpant un *rumpsteake* au jambon.

— Le shériff a peur ; il nous connaît, tout Dublin nous connaît, Xavier ; on sait que nous sommes gens à mettre le fait après la menace. La police est embarrassée ; elle cherche un expédient, elle ne trouve rien. En rentrant, j'ai rencontré un monsieur qui m'a abordé poliment et m'a dit : Au nom de Dieu, capitaine, n'oubliez pas de rentrer à cinq heures. — Quel intérêt avez-vous à cela ? lui ai-je demandé. — Je suis Richard Shwab, votre voisin. — Ah ! je comprends, lui ai-je dit ; eh bien ! soyez tranquille, je serai sage ; mais que Dublin soit sage aussi ! M. Richard m'a répondu de la sagesse de Dublin.

— Parbleu ! s'écria Xavier, si Dublin nous vexe, nous l'enverrons promener dans la lune.

— Oh ! il le sait bien. Vraiment, je suis enchanté de la vie qui s'ouvre devant nous. J ai cent projets dans la tête... D'abord, je vais demander en mariage la fille de Richard Shawb, notre voisin.

— Ah ! mon Dieu ! Célestin !...

— Et je te marie, toi aussi, du même coup ; je te donne la fille de M. Greamesh, une rousse charmante qui a douze mille livres de dot, cent mille écus !...

— Mais que nous importe la dot, Célestin ! nous sommes emprisonnés ici pour toute la vie ; comment jouir d'une dot ?

— Et ! qui connaît l'avenir ! Prenons toujours la dot si

elle se présente. Demain je demande mis Shwab pour moi, et miss Greamesh pour toi...

— Et si l'on nous refuse...

— Nous sautons... c'est la réponse à tout... Nous ne sauterons qu'une fois..... Demain je me fais meubler deux chambres nuptiales par le premier tapissier de Dublin. Nous aurons deux noces superbes...

— Où donc ?

— Où ? chez Greamesh ; dans des salons magnifiques Toi tu passeras le premier, moi le second ; il faut toujours que l'un de nous deux garde ce volcan. Nous invitons à nos noces toute la haute société de Dublin ; nous dansons jusqu'au jour ; nous dévorons dans un festin et dans un bal cent mille francs...

— Et qui paiera ?

— Parbleu ! Shwab et Greamesh, nos beaux-pères, paieront.

— C'est juste, Célestin ; mais après, comment tout cela finira-t-il ?

— Ah ! qui sait ? Cela ne finira peut-être pas. Il n'est pas nécessaire que cela finisse. Cela commencera tous les jours, j'ai même le projet de me faire nommer maire de Dublin, et toi préfet du département de l'Irlande. En attendant de donner un essor fabuleux à notre ambition, commençons par les choses aisées ; marions-nous : lorsque nous aurons des enfants, nous les établirons avantageusement dans les trois royaumes.

Cette conversation fut interrompue par un fracas tumultueux de musique anglaise qui remplissait Sakeville-Street.

Célestin ouvrit et ferma la porte, toujours avec les précautions d'usage, et descendit dans la rue, où il ne manqua pas de rencontrer son voisin Richard qui semblait attaché à tous ses mouvements.

— Qu'est-ce que cela? demanda vivement Célestin à M. Shwab.

— C'est le *festival* de Dublin qui passe, répondit poliment M. Richard.

— Et où va-t-il ce festival enragé?

— A *Town-Hall*.

— Et que va-t-elle faire à *Town-Hall*, cette musique de damnés?

— Elle va accompagner trois cents choristes qui chanteront le *Gread-God* et la *Création* de Handel.

— Monsieur Richard Shwab, allez dire à ce festival que j'aime la musique, et que je veux entendre le *Great-God* et la *Création*, sous ma croisée, là, ce soir, avant le coucher du soleil.

— Capitaine, dit Richard, nous allons tâcher de vous arranger cela...

— Comment? vous hésitez!

— Non, non, rien n'est si aisé, je vais voir le shériff. Nous vous apporterons le *festival*.

Célestin remonta chez lui et annonça à Xavier le concert du soir qu'il venait de commander à M. Richard.

— Ce sera un beau triomphe, lui dit-il, si nous avons cette armée de musiciens.

Et il se mit à la croisée pour entendre le *festival*.

Une heure avant le coucher du soleil, on vit poindre à

l'extrémité de Sakeville M. Shwab triomphant; il servait d'avant-garde au festival. L'armée des exécutants défila dans cette rue, la plus large de toutes les rues de l'univers, et se rangea en bataille devant *Post-Office*. Une symphonie servit d'ouverture ; chaque musicien, selon l'usage, joua son air favori, avec cette noble indépendance qui caractérise l'artiste anglais. Ensuite trois cents gueules se précipitèrent sur Hændel et le déchirèrent sans pitié.

Célestin, du haut de sa croisée, remercia les choristes et les musiciens, et dans sa munificence de roi, il ordonna à Greamesh de désaltérer toute cette armée avec la brasserie de Luxton.

Greamesh s'inclina.

Cependant il était aisé de voir que Greamesh se contraignit violemment pour ne pas laisser échapper un violent désespoir.

A neuf heures du soir, la nuit étant fort sombre à cause d'un orage du commencement de l'été, Célestin ne put résister à l'envie de sortir, mais dans le plus grand incognito, pour entendre les conversations qui se tenaient à leur sujet dans les promenades publiques. Il y avait beaucoup de monde à *Phœnix-Park*. Le marin se glissa ténébreusement dans les groupes, et sa curiosité eut lieu d'être satisfaite. On ne parlait que de la mise en état de siège de Dublin par les deux marins français.

Des ouvriers de Richard Shawb, des employés de *Post-Office*, des convives habitués de Greamesh, tous plus immédiatement intéressés que les autres citoyens à cette étrange affaire, se faisaient remarquer par la violence de leurs propos.

— Il n'est pas juste, disait-on dans ce groupe, que deux ou trois personnes riches payent pour toute la ville. Voilà cette folie du festival qui a pris encore deux cents livres dans la bourse de M. Greamesh. — D'autres voix disaient : Si ces fantaisies de marins se prolongent, Greamesh et Richard sont ruinés en huit jours. — C'est évident. — Et que voulez-vous qu'on fasse! — On a écrit hier au gouvernement. — Belle ressource! Le gouvernement ne fera rien. — Il enverra des troupes. — Eh! ils se moquent bien des troupes! — Le plus fâcheux, c'est qu'il se forme à Dublin un parti pour ces deux marins. — Un parti? — Oui, les pauvres sont pour eux. Ce soir, les musiciens, ivres de porter et d'ale, ont crié : *Houra for Celestin!* et c'était Greamesh qui payait !... Oh! cela ne peut pas durer. — Entendez, entendez donc! les choristes du festival ont composé une chanson.

> La naïade du houblon est tarie;
> Houra pour Célestin!

La foule courut vers la procession qui traversait Phœnix-Park, Célestin se retourna et se mit face à face avec M. Richard.

— Ah! je ne vous quitte pas, lui dit M. Richard à voix basse.

— Prenez garde, monsieur Richard; ne jouez pas le rôle de mon ange gardien, prenez garde!

— Capitaine, rentrez, rentrez, il est tard; votre ami fera quelque mauvais coup.

— Soyez tranquille, mon ami a mes instructions..... A propos, monsieur Richard, il faut que vous me donniez un conseil ; prenez mon bras et causons en bons voisins.

— Capitaine, je serai charmé de vous donner un conseil.

— Oui, chemin faisant, donnez-moi un conseil... J'ai envie de me marier ; qu'en pensez-vous ?

— Mais... capitaine... je pense...

— Vous comprenez, monsieur Richard, que nous ne pouvons pas vivre, Xavier et moi, dans cet isolement ; nous avons des devoirs à remplir envers la société...

— Eh bien ! je pense que si vous avez au cœur quelque amour de jeunesse...

— Non, monsieur Richard, non, et tous nos amours de jeunesse sont pauvres : aujourd'hui nous avons des prétentions ; nous visons aux héritières. Le beau sexe est superbe à Dublin ; nous avons fait notre choix.

— Ah ! dit M. Richard d'une voix étouffée, vous avez fait un choix ?

— Deux choix... Croyez-vous que les familles consentiront à nous établir ?...

— Mais pourquoi pas ? dit le voisin d'une voix tremblante. N'êtes-vous pas de braves jeunes gens ?...

— C'est ce que nous disons...

M. Richard tomba dans une profonde rêverie, et après avoir gardé quelque temps le silence, il dit à Célestin.

— Écoutez capitaine, vous m'avez demandé un conseil, je veux vous donner un conseil d'ami ; me le permettez-vous ?

— Donnez, mon voisin.

— Vous allez vous préparer une vie d'enfer, croyez-le bien ; Dublin vous doit une réparation, il vous la fera, j'en suis garant. La société d'assurances, M. Greamesh, l'administration des postes et moi, nous ferons un sacrifice ; nous vous enrichirons d'un seul coup, et nous vous mettrons sur le chemin de France avec deux cent mille francs dans votre portefeuille et la liberté.

Célestin s'arrêta, et fixa ses yeux dans les yeux de M. Richard.

— Mon voisin, dit-il après une longue pause, quand nous aurons cette fortune en portefeuille, et que nous aurons éteint notre mèche, comme des imbéciles, on nous pendra.

— Oh! s'écria M. Richard, ne craignez rien ; cent notables de Dublin, le shériff en tête, et moi, nous jurerons sur l'Écriture sainte qu'on ne vous fera aucune violence, et qu'il vous sera permis de revoir votre pays avec votre fortune et votre liberté.

— Cela demande réflexion, mon voisin... Écoutez, voici un terme moyen... vous donnerez 200,000 fr. à mon ami Xavier ; il partira, et j'attendrai à Dublin qu'il soit arrivé en France ; toujours sans quitter, moi, le baril de poudre. De cette manière au moins, vous ferez un heureux, et il n'y en aura qu'un de pendu.

— Il n'y en aura point.

— Acceptez-vous ma proposition, voisin ?

— Oui.

— Eh bien ! j'accepte la vôtre. Occupez-vous de l'affaire sur-le-champ.

— A la minute, capitaine ; le sol brûle ; il n'y a pas de nuit. A l'aube, je vous attends chez Greamesh.

— Adieu, mon voisin.

— Bonne nuit, capitaine ; vous me verrez avant le soleil.

Célestin tomba bientôt dans les bras de son ami, lui conta son entrevue avec le voisin, et ils exécutèrent à deux une ronde de réjouissance autour du volcan.

A l'aube, les cent notables, les 200,000 fr., le shériff et la Bible étaient dans la maison de Célestin, Xavier descendit, reçut le serment et les billets de banque, et partit pour Kingstown dans la chaise de poste de M. Richard.

Célestin gardait le volcan.

Xavier, en arrivant à Calais, écrivit une lettre à son ami, en lui disant qu'il l'attendait, l'œil fixé sur la Manche. Célestin sortit hardiment, la lettre de Xavier à la main, et sa mèche éteinte. Le peuple l'accompagna sur la route de Kingstown aux cris mille fois répétés de *Houra for Célestin !*

En ce moment, Xavier et Célestin vivent dans le coin le plus fertile du département des Bouches-du-Rhône ; ils sont membres de la Société d'agriculture, et les premiers agronomes du Midi. Célestin a inventé un semoir mécanique, et mérité une médaille d'or à la dernière exposition.

FIN.

TABLE DES MATIÈRES

	Pages.
Le Château d'Udolphe.	1
Boudha-Var.	29
Histoire d'une Colline.	87
Bonheur d'un millionnaire.	179
Les nuits d'été à Londres.	219
Physionomie de Manchester.	231
Anglais et Chinois.	251
Un acte de désespoir.	345

FIN DE LA TABLE.

Poissy. — Typographie Aubleu.

Chez les mêmes Éditeurs
BIBLIOTHÈQUE CONTEMPORAINE
Format in-18 Anglais.

1re Série à 2 francs le volume.

Auteur	Titre	vol.
ALEX. DUMAS.	Le vicomte de Bragelonne.	6
—	Mém. d'un Médecin (Balsamo)	5
—	Les Quarante-Cinq.	3
—	Le Comte de Monte-Cristo.	6
—	Le Capitaine Paul	1
—	Le Chev. d'Harmental.	2
—	Les Trois Mousquetaires.	2
—	Vingt ans après.	3
—	La Reine Margot	2
—	La Dame de Monsoreau.	3
—	Jacques Ortis.	1
—	Le Chev. de Maison-Rouge.	1
—	Georges.	1
—	Fernande.	1
—	Pauline et Pascal Bruno.	1
—	Souvenirs d'Antony.	1
—	Sylvandire.	1
—	Le Maître d'Armes	1
—	Une Fille du Régent	1
—	La Guerre des femmes	2
—	Isabel de Bavière.	2
—	Amaury.	1
—	Cécile.	1
—	Les Frères Corses.	1
—	Impressions de Voyage :	
—	— Suisse	3
—	— Le Corricolo.	2
—	— Midi de la France	2
GEORGE SAND.	La Petite Fadette.	1
E. de GIRARDIN.	Études politiques.	1
—	Quest. administ. et financières	1
—	Le Pour et le Contre	1
—	Bon Sens, bonne Foi	1
—	Le Droit au travail au Luxembourg et à l'Assemblée Nationale.	2
EM. SOUVESTRE.	Un Philosophe sous les toits.	1
—	Confessions d'un ouvrier	1
—	Derniers paysans.	2
—	Chroniques de la mer.	1
—	Scènes de la Chouannerie.	1
—	Dans la prairie.	1
—	Les Clairières.	1
—	Scènes de la vie intime.	1
—	Derniers Bretons (s. presse).	2
—	Le Foyer breton (s. presse).	2
—	Sous les filets (»).	
—	En Quarantaine (»).	1
PAUL FÉVAL.	Le Fils du diable.	4
—	Les Mystères de Londres.	3
—	Les Amours de Paris.	2
L. VITET.	Les États d'Orléans	
BAB.-LARIBIÈRE	Histoire de l'Assemblée Nationale constituante.	
ALBERT AUBERT	Les Illusions de jeunesse.	1
F. LAMENNAIS.	De la Société première.	1
EUGÈNE SUE.	Les Sept Péchés capitaux.	6
JULES SANDEAU.	Catherine	1
—	Nouvelles	2
—	Sacs et Parchemins.	1
—	Un Héritage.	1
—	Romans et Nouvelles (sous presse)	2
ALPHONSE KARR.	Raoul Desloges.	2
GAB. RICHARD.	Voy. autour de ma maîtresse.	1

Auteur	Titre	vol.
LOUIS REYBAUD.	Jérôme Paturot à la recherche de la meilleure des Républiques.	4

2e Série à 3 francs le volume.

Auteur	Titre	vol.
LAMARTINE.	Trois mois au Pouvoir	1
JULES JANIN.	Contes d'été (sous presse).	1
—	Hist. de la littérature dramatique (sous presse).	2
—	Nouvelles (3e édit.)	1
PR. MÉRIMÉE.	Épisode de l'Hist. de Russie.	1
—	Mélanges historiques et littéraires (sous presse).	1
—	Les 2 Héritages (sous presse).	1
JOHN LEMOINNE.	Études critiq. et biographiq.	1
GUST. PLANCHE.	Portraits d'artistes (s. presse)	2
F. PONSARD	Théâtre complet.	1
—	Études antiques.	1
ÉMILE AUGIER.	Poésies complètes.	1
LOUIS REYBAUD.	Jérôme Paturot à la recherche d'une position sociale.	1
—	Nouvelles.	1
—	Romans.	1
Mme E. de GIRARDIN.	Marguerite ou 2 Amours (sous presse).	1
ALPHONSE KARR.	Agathe et Cécile (s. presse).	1
—	Au bord de la mer (»).	1
MÉRY.	Nuits italiennes (sous presse)	1
—	Nuits anglaises (»)	1
DE PONTMARTIN	Contes et Nouvelles (s. presse)	1
LÉON GOZLAN.	Hist. de 130 femmes.	1
—	Les Vendanges (sous presse).	1
—	Nouvelles (»).	1
D'HAUSSONVILLE.	Histoire de la politique extérieure du gouvernement français, 1830-1848.	2
EUG. FORCADE.	Études historiques (s. presse)	1
HENRY MURGER.	Scènes de la Bohème.	1
—	Scènes de la Vie de jeunesse	1
—	Le Pays Latin	1
—	Scènes de la vie de Théâtre (sous presse).	1
CUVILLIER-FLEURY.	Portraits politiques et révolutionnaires (2e édit.)	2
—	Portraits historiques et littéraires (sous presse).	2
OCT. FEUILLET	Scènes et proverbes.	1
—	Bellah.	1
E. TEXIER.	Critiques et Récits littéraires (sous presse)	1
—	Promenade au Toboso (»).	1
ALEX DUMAS FILS.	La Dame aux Camélias (5e édition)	1
HECT. BERLIOZ.	Les Soirées de l'orchestre	1
L.-P. d'ORLÉANS, ex-roi des Franç.	Mon Journal. Événements de 1815.	2
F. DE GROISEILLIEZ.	Histoire de la Chute de Louis-Philippe (2e édit.).	1
CHAMPFLEURY.	Contes vieux et nouveaux.	1
—	Les Excentriques.	1
HENRI BLAZE.	Écrivains et Poètes de l'Allemagne.	1
ÉMILE THOMAS.	Hist. des Atel. nationaux.	1

www.ingramcontent.com/pod-product-compliance
Lightning Source LLC
Chambersburg PA
CBHW060346190426
43201CB00043B/866